中国页岩油资源发展战略研究

金之钧 ◎ 等编著

石油工业出版社

内 容 提 要

本书介绍了美国页岩油开发历程、现状、前景与成功经验，以及世界页岩油勘探开发进展与资源潜力，总结了中国页岩油勘探开发现状与科技进展，分析了中国页岩油地质特征与资源潜力，探讨了中国页岩油发展面临的挑战，最后提出了未来15年（2021—2035）中国页岩油主要发展目标与措施建议。

本书可供政府有关管理部门，油气与能源领域的科研、生产及管理人员，以及相关专业大专院校的师生阅读参考。

图书在版编目（CIP）数据

中国页岩油资源发展战略研究 / 金之钧等编著 .— 北京：石油工业出版社，2022.4
ISBN 978–7–5183–5263–0

Ⅰ.① 中… Ⅱ.① 金… Ⅲ.① 油页岩资源 – 产业发展 – 研究 – 中国 Ⅳ.① F426.22

中国版本图书馆 CIP 数据核字（2022）第 036468 号

出版发行：石油工业出版社
（北京安定门外安华里 2 区 1 号　100011）
网　　址：www.petropub.com
编辑部：（010）64251539　　图书营销中心：（010）64523633
经　　销：全国新华书店
印　　刷：北京中石油彩色印刷有限责任公司

2022 年 4 月第 1 版　2022 年 4 月第 1 次印刷
787×1092 毫米　开本：1/16　印张：13.5
字数：246 千字

定价：120.00 元
（如出现印装质量问题，我社图书营销中心负责调换）
版权所有，翻印必究

中国页岩油资源发展战略研究
编 委 会

主　编：金之钧

编　委：（按姓氏拼音排序）

　　　　董　宁　高德利　黎茂稳　梁新平　李志明

　　　　刘宇巍　路　菁　马晓潇　孟祥龙　牛　骏

　　　　苏建政　尚柱成　杨国丰　周庆凡

前言 Preface

本书的页岩油是指蕴藏在大套烃源岩层系中，包括页岩及其夹持的致密砂岩和碳酸盐岩等的石油资源（特别说明的除外）。

美国通过"页岩革命"，页岩油（有时也称致密油）产量已经超过了常规石油产量。近10多年来，美国页岩油产量快速增长，2020年页岩油产量约为 3.8×10^8 t，占其石油总产量的65.7%。页岩革命的巨大成功致使美国原油对外依存度不断下降，为美国能源独立奠定了坚实的基础。从美国页岩油发展经验来看，页岩油是目前现实的相对可靠的石油接替资源。我国页岩油开发能不能突破，有多大规模，是关系我国石油供给、保障能源安全的关键因素之一。我国能否像陆相生油理论一样，掀起一场陆相页岩油革命，不仅关乎国家石油安全，关乎百万石油人可持续发展问题，也关乎能否在世界页岩革命中抢得先机。

根据初步认识，我国陆相页岩油资源丰富，分布层系多、范围广，包括松辽盆地的白垩系、渤海湾盆地等东部断陷盆地的古近系、中部地区鄂尔多斯盆地上三叠统、四川盆地上三叠统和中—下侏罗统、西北地区的二叠系—侏罗系等，烃源岩层系中蕴藏着巨大的页岩油气资源。国土资源部油气中心（2011）初步估算我国部分盆地页岩油地质资源量为 152.92×10^8 t。美国能源信息署（2013）估算的我国页岩油技术可采资源量为 43.52×10^8 t，位居世界第三位。我国石油对外依存度已经超过了70%，依靠常规石油资源上产难度极大。目前来看，页岩油是最现实的具有规模上产能力的接替资源，如果突破了陆相页岩油勘探开发关键技术，就能够有效动用超过百亿吨的页岩油地质资源量，至少保障国家 2×10^8 t 石油年产量延长稳产期40年。

开发页岩油资源也是我国东部老油田实现可持续发展的战略选项。我国东部老油区有几十万石油企业员工，加上职工家属和相关企业有近百万人。但目前普遍进入产量递减阶段，面临着石油接替储量不足、石油产量持续下降、人员富余、效益变差、企业可持续发展困难等问题。因此，页岩油技术和产业的突破，将有效促进我国东部老油田的可持续发展。而且，我国页岩油资源大部分集中于东部老油区，该区域石油管网完善，基础设施齐全，人口密度大，油气消费能力强，勘探开发页岩油可以节约大量的基础设施投入，具备低成本开发的优势。

我国页岩油地层总体上属于陆相沉积,与美国海相盆地沉积有很大差异。在地质上,我国陆相页岩沉积相变快、非均质性强、热演化程度低、成岩作用弱,难以借鉴北美页岩油选区评价方法。在工程上,陆相页岩油储层塑性强,地层压开难度大,难以形成有效的压裂缝网,人工裂缝波及体积小,北美相对成熟的水平井多分段体积压裂技术对这类储层的适应性差,前期压裂试验成功率低。同时还存在陆相页岩油黏度较高等因素导致流动能力差、采出困难等难题,加之我国页岩油工作起步晚,缺少完善的发展战略,严重制约了我国页岩油勘探开发进程。

由于我国页岩油开发面临着上述巨大的挑战,其勘探开发工作进展缓慢,需要从国家层面统筹推进。我国页岩油勘探开发工作起步晚,页岩油主导技术还没有突破。在低油价下,我国页岩油技术研发和投资都受到了制约,呈现发展乏力的倾向。在2014—2017年,由于降本增效压力,国内各大油公司基本停止了对页岩油勘探开发工作量的投入,导致勘探开发工作基本处于停滞状态,这种状况严重影响页岩油勘探开发的进展。作为重要的战略资源,页岩油目前还没有上升到国家高度给予充分重视。因此,需要从国家层面上统筹考虑,制定出页岩油产业发展路线图和相应的政策措施,激励不同类别市场主体的投资和研发热情,国家主导整合科技资源,加强科研基础设施建设,组织开展重大项目攻关,建立国家页岩油先导试验区,做好重点突破和产业布局。充分发挥国家的战略引导作用,集中精力办大事,为我国国民经济健康发展提供能源保障。

为此,中国科学院于2017年设立了"中国页岩油发展战略研究"咨询项目。该项目的研究目的是立足国内,放眼世界,通过调研世界页岩油资源勘探开发现状,借鉴美国页岩油开发成功经验,深入认识我国页岩油资源潜力和发展现状,系统分析我国页岩油发展的机遇和挑战,科学预测我国页岩油发展趋势,为制定我国页岩油发展战略提供科学依据,并提出对我国页岩油产业发展的战略对策建议。

"中国页岩油发展战略研究"咨询项目由中国科学院地学部金之钧院士与技术学部高德利院士主持,中国科学院朱日祥院士、周忠和院士、郭正堂院士、郝芳院士、邹才能院士,页岩油"973"项目首席科学家黎茂稳教授,油气专项"中国典型盆地陆相页岩油勘探开发选区与目标评价"项目首席科学家苏建政教授级高级工程师等多位国家页岩油领域领军人物共同参与。项目依托单位为中国石化石油勘探开发研究院,项目研究团队由中国石化、中国石油、中国石油大学、中国科学院等多家单位的相关科研人员共同组成。

该项目于 2017 年 7 月正式启动，至 2019 年 7 月结束。在这两年中，项目组开展了大量的国内外调研工作。在国内，2018—2019 年先后分三批赴我国东部的大庆、吉林、辽河、大港和胜利油田分公司，西部的新疆油田分公司，以及中部长庆油田分公司和陕西延长石油集团公司开展考察。在调研期间，项目组听取了各油田分公司在页岩油勘探开发方面的进展报告，观测了岩心，参观了实验室技术设备，观测了野外地质露头并考察了现场钻井情况。同时项目组专家还向油田领导和科研人员介绍了页岩油研究进展和国内外页岩油勘探开发动态。

项目组织了部分研究人员于 2018 年 5 月 1 日至 11 日赴美国考察美国页岩油（致密油）勘探开发情况，与能源咨询公司、服务公司、油公司、高校及科研机构进行了技术交流，开展了岩心观察、野外地质考察和油田现场参观。走访了 IHS Markit 公司、斯伦贝谢公司研发总部、GE 贝克休斯公司等多家国际能源服务公司及咨询公司。在油田现场考察了康菲石油公司、赫斯公司、马拉松石油公司等美国国内主要的非常规作业者、油公司和多家小型新兴石油公司。从哈里伯顿公司、斯伦贝谢公司和几家小型服务公司的作业现场，了解了前线设备和技术。访问了北达科他大学，参观了 EERC 国家能源环境实验室、俄克拉何马州岩心库、北达科他州地调局岩心实验室等机构。在阿纳达科盆地和巴肯油区进行了地质踏勘和现场考察，实地踏勘了阿纳达科盆地地质剖面以及威利斯顿盆地的野外露头，观察了阿纳达科盆地密西西比亚系致密灰岩和泥盆系伍德福德组岩心以及巴肯油区巴肯组岩心。与中国石化国际石油勘探开发公司美国分公司、中国石化休斯顿研发中心进行了深入探讨和技术交流，听取了中国石化国际石油勘探开发公司美国分公司执行项目情况以及阿纳达科盆地页岩油、常规油气勘探开发生产与研究进展介绍，获取了大量第一手资料。

2018 年 8 月 29 日至 9 月 5 日项目组织了部分研究人员赴俄罗斯考察，先后访问了西西伯利亚地区汉特—曼西斯克州地下资源合理利用分析研究中心、西西伯利亚地质设计研究院、喀山大学并参加喀山国际地质开发会议。与俄罗斯科学院副院长 V G Bondur 院士进行了会谈，双方就页岩油、稠油勘探开发理论技术方面感兴趣问题进行了交流。了解了俄罗斯页岩油发展现状与趋势、典型盆地页岩油地质特征及资源潜力、主力页岩油产油区西西伯利亚盆地巴热诺夫页岩勘探开发现状，以及喀山大学稠油页岩油开发技术等。国外调研的最新成果形成了调研报告，在中国石化、中国石油等单位进行了广泛宣传，引起了我国各大石油公司的重视。

2019年4月28日至29日项目组参加了中国地质学会石油地质专业委员会举办的"第二届页岩油资源与勘探开发技术国际研讨会",会议的主题是"中国页岩油发展战略",主要目的是进一步加强国内页岩油的基础理论及技术研究,推动我国页岩油勘探开发实践。来自国内外各大油公司及油服公司、国际能源署、国内外相关高校及研究院所等单位的近400名代表共聚一堂,共同探讨页岩油勘探开发的最新进展、技术挑战以及我国页岩油发展战略。金之钧院士代表项目组作了《中国页岩油/致密油发展战略研究进展》的报告,邹才能院士作了《陆相页岩油理论与技术》报告,黎茂稳博士作了《东部古近系陆相页岩油资源定量表征方法研究进展》报告,苏建政教授级高级工程师和杨国丰高级工程师分别作了《页岩油工程技术现状及展望》和《页岩油勘探开发成本分析》的报告,从不同方面报告了项目研究成果,得到了与会专家的高度评价。

"中国页岩油发展战略研究"咨询项目在认真分析世界和我国页岩油勘探开发现状的基础上,借鉴美国页岩油开发成功经验,深入认识我国页岩油发展潜力,剖析了我国页岩油发展的机遇和挑战,提出了未来15年我国页岩油主要发展目标和措施,以期为制定我国页岩油发展战略规划、推动页岩油产业健康高效发展提供科学依据,供领导决策参考。该项目于2019年7月通过中国科学院学部组织的专家验收,项目成果获得中国科学院专家咨询委员会的高度认可,综合打分为"优秀"。项目主要成果被国家能源局《中国页岩油"十四五"发展规划》所采纳。

2019年8月27日至30日,AAPG国际会议暨展览会在阿根廷布宜诺斯艾利斯召开。中国石化派出了以金之钧院士和中国石化石油勘探开发研究院高级专家白振瑞为团长的2个团组共计9人代表参会。代表团除了全程参加会议外,还参加了8月24日至26日内乌肯盆地油气系统考察,主要考察了内乌肯盆地的瓦卡穆尔塔组页岩油气,结合会议了解阿根廷内乌肯盆地的瓦卡穆尔塔组页岩油气资源以及储量和产量情况。

至此,笔者考察了全球主要页岩油生产国家和主要页岩油盆地。

本书是在"中国页岩油发展战略研究"咨询项目报告的基础上,加上编写组成员多年的研究积累以及近两年页岩油勘探开发进展编写完成的。共包括前言、第一章至第五章及后记7个部分。前言由金之钧、周庆凡编写;第一章由周庆凡、杨国丰、尚柱成等编写;第二章由杨国丰、周庆凡、梁新平等编写;第三章由黎茂稳、苏建政、董宁、李志明、马晓潇、牛骏、孟祥龙等编写;第四章由黎茂稳、苏建政、李志明、马晓潇、牛骏、孟祥龙等编写;第五章由金之钧、苏建政、董宁、孟祥龙、刘宇巍、路菁等编写;后记由金之钧编写。金之钧、周庆凡、董宁完成了全书统稿、审校和定稿。

在项目研究和本书编写过程中，得到了中国科学院、中国石化石油勘探开发研究院、中国石油勘探开发研究院和中国石油大学（北京）的关心和指导。中国石油大庆油田分公司、吉林油田分公司、辽河油田分公司、大港油田分公司、新疆油田分公司、长庆油田分公司、中国石化胜利油田分公司、江汉油田分公司、休斯顿研究中心、国际石油勘探开发公司美国分公司和阿根廷分公司，以及陕西延长石油集团公司、中国石油大学（华东）和石油工业出版社等给予了大力支持和帮助。在此一并表示衷心的感谢。

本书涉及内容多，难免挂一漏万，加之编写人员水平有限，不妥之处在所难免，敬请读者批评指正。

目录 / Contents

第一章　美国页岩油勘探开发历程与成功经验

第一节　美国页岩油勘探开发现状与发展前景 ··· 1
　一、美国页岩油发展阶段 ··· 1
　二、页岩油勘探开发现状 ··· 4
　三、页岩油资源与发展前景 ·· 10

第二节　美国主要页岩油区带地质特征 ·· 15
　一、二叠盆地 ·· 15
　二、巴肯区带 ·· 20
　三、伊格尔福特区带 ··· 24
　四、阿纳达科盆地 ·· 28
　五、奈厄布拉勒区带 ··· 33
　六、蒙特利区带 ··· 35

第三节　美国页岩油开发成本与降本增效措施 ··· 40
　一、页岩油区钻井与完井成本 ··· 41
　二、巴肯页岩油勘探开发成本分析 ··· 44
　三、低油价下降本增效措施 ·· 50
　四、页岩油公司收支与债务情况 ·· 54

第四节　美国页岩革命成功因素 ··· 57
　一、资源基础 ·· 58
　二、科技进步 ·· 58
　三、市场条件 ·· 59
　四、政策法规 ·· 59

  五、基础设施 ·· 61

参考文献 ··· 62

第二章 世界页岩油资源及勘探开发进展

第一节 世界页岩油资源潜力与分布 ··· 65
  一、世界页岩油资源潜力 ·· 65
  二、世界页岩油资源分布规律 ·· 68

第二节 美国以外主要国家勘探开发进展 ··· 70
  一、俄罗斯 ·· 70
  二、加拿大 ·· 72
  三、阿根廷 ·· 75
  四、其他国家 ·· 77

第三节 世界页岩油发展前景展望 ··· 78

参考文献 ··· 80

第三章 中国页岩油勘探开发现状与科技进展

第一节 中国页岩油勘探开发历程 ·· 82
  一、兼探页岩油阶段（2010年以前） ··· 82
  二、探索页岩油阶段（2010—2014年） ··· 82
  三、技术攻关与突破阶段（2015年至今） ·· 83

第二节 中国主要页岩油区勘探开发现状 ·· 85
  一、准噶尔盆地 ··· 86
  二、鄂尔多斯盆地 ·· 88
  三、三塘湖盆地 ··· 89

  四、渤海湾盆地 90
  五、松辽盆地 96
  六、南襄盆地泌阳凹陷 97
  七、江汉盆地 98
  八、苏北盆地 100
  九、四川盆地 101

第三节 中国页岩油勘探开发科技进展 103
  一、资源评价与地质评价方法 103
  二、地球物理技术应用 114
  三、工程工艺技术 132

参考文献 148

第四章 中国页岩油地质特征与资源潜力

第一节 中国页岩油地质特征及富集因素 152
  一、中国与北美页岩油地质特征对比分析 152
  二、陆相页岩油形成的基本条件 156
  三、陆相页岩油富集因素 157

第二节 中国页岩油资源及分布 161
  一、页岩油资源评价分析 161
  二、重点区带资源潜力 163

第三节 中国页岩油勘探开发面临的挑战 171
  一、资源禀赋的挑战 171
  二、工程技术的挑战 172
  三、低油价的挑战 175
  四、体制机制的挑战 177

参考文献 178

第五章　中国页岩油发展的战略与对策

第一节　发展思路与目标 ·· 182
　一、发展思路 ··· 182
　二、发展目标 ··· 183

第二节　发展重点区带与层系 ··· 183
　一、准噶尔盆地芦草沟组 ··· 184
　二、鄂尔多斯盆地长 7 段 ··· 185
　三、松辽盆地白垩系 ··· 187
　四、渤海湾盆地沙河街组—孔店组 ··· 189
　五、江汉盆地潜江凹陷古近系和四川盆地复兴地区 ·· 192

第三节　勘探开发关键技术攻关 ··· 193
　一、中高成熟度高压区页岩油资源勘探开发技术 ··· 193
　二、中高成熟度常压低压区页岩油资源勘探开发技术 ·· 194
　三、中低成熟度页岩油资源勘探开发技术 ·· 194

第四节　对策与建议 ·· 194
　一、提高对中国页岩油发展战略地位的认识 ·· 194
　二、加强页岩油勘探开发实验室与人才队伍建设 ··· 197
　三、推进页岩油勘探开发重点示范工程建设 ·· 197
　四、制定和完善鼓励页岩油勘探开发的相关配套政策建议 ································· 197

后记 ··· 199

第一章

美国页岩油勘探开发历程与成功经验

美国页岩油（含致密油，下同）开发始于20世纪50年代。在21世纪初，借鉴页岩气开发的经验，美国把水平井分段压裂等技术引入页岩油开发，实现了威利斯顿盆地巴肯页岩油大突破，引发了美国页岩油革命，不断向伊格尔福特页岩区、二叠盆地等地区拓展，美国页岩油开发进入"快车道"，页岩油产量逐年大幅增长，一举发展成为世界页岩油第一大国。美国页岩油开发取得的巨大成功，不仅大幅提高了美国石油产量，还带来了页岩油勘探开发理论和技术的进步，同时积累了页岩油勘探开发丰富经验，引起了包括中国在内世界上许多国家的重视。它山之石，可以攻玉。深入了解美国页岩油勘探开发历程，借鉴美国的成功经验，从中获取有益启示，有助于促进中国页岩油勘探开发的发展。

第一节 美国页岩油勘探开发现状与发展前景

一、美国页岩油发展阶段

美国是世界上实现页岩油商业开发最早的国家，也是目前页岩油产量最大的国家。美国页岩油的成功开发不仅大幅提高了美国原油的供应能力，也对世界原油市场格局产生了极大影响，得到广泛的关注。美国页岩油勘探开发近10年发展迅速，扭转了自20世纪70年代以来美国原油产量下降趋势，产量快速增长。但是追根溯源，美国页岩油勘探开发也有60多年的历史，可以将其发展历程划分为三个阶段：发现探索阶段（1953—1999年）、技术突破阶段（2000—2008年）和快速发展阶段（2009年至今）。

1. 发现探索阶段（1953—1999年）：发现页岩油田

美国第一个页岩油田（Antelope油田）在1953年发现于威利斯顿盆地，该油田位于Nesson背斜，正式投产于1955年（Julie LeFever，2005）。当时的发现者Stano-lind公司主要采用直井开发技术，开发的目的层为巴肯组上段和巴肯组下面的斯里福克斯（Three

Forks）组，在当时的技术条件下，平均单井产量为27.4toe/d[1]。6年之后，也就是1961年，壳牌公司在威利斯顿盆地进行石油勘探时，在首要目的层勘探失利的情况下，转向勘探巴肯组上段，发现了埃尔克霍恩牧场（Elkhorn Ranch）油田，再一次证明了巴肯组上段的油气潜力。由于该段以暗色海相页岩为主，发育大量天然裂缝，且裂缝的存在对产量有积极意义，于是作业者认为该段发育泥岩裂缝油藏。在之后的近30年时间里，石油公司在巴肯页岩区带内的油气勘探开发活动几乎全部集中在该区发育的一系列背斜构造附近，钻探的目的层均为巴肯组上段，一共发现了26个油田。随后一些石油公司尝试将水平井技术应用到巴肯组上段油藏中，取得了很好的效果，原油产量提高至约50t/d，且能稳产达2年之久。这一做法对其他作业者产生了强烈的示范效应。石油公司对巴肯页岩区带的热情一直持续到20世纪90年代初，当时大约有20家石油公司在该地区从事油气勘探开发活动。之后因油价持续走低，且预测受天然裂缝控制的巴肯组上段油藏产量潜力有限，巴肯页岩区带的油气勘探开发活动在经历一个高潮期后进入缓慢发展阶段。

2.技术突破阶段（2000—2008年）：突破巴肯组中段

2000年，加拿大一家独立石油公司在经过近5年的勘探后发现，巴肯组中段的孔隙度明显优于其上段和下段，由此提出了巴肯组烃源岩所生成的油气可能更多地聚集在中段，之前开发的上段只是其中很少一部分的认识，并据此认识在威利斯顿盆地西部成功发现了埃尔姆古丽（Elm Culee）油田（S A Sonnenberg 和 Aris Pramudito，2009）。这一发现和认识在页岩油产业发展进程中具有里程碑式的意义，改变了巴肯页岩区带的油气勘探开发活动，巴肯组中段开始成为公司油气勘探的首要目的层，从而认识到了页岩油的巨大潜力，有的机构评价巴肯页岩油产量将超过伊拉克的原油产量。受到埃尔姆古丽油田发现的启示，地质学家迈克尔·约翰逊（Michael S Johnson）研究提出在盆地东部的帕歇尔（Parshall）地区具有类似埃尔姆古丽油田的勘探目的层。2006年EOG能源公司开始钻探，效仿了页岩气开发，将水平井与水力压裂技术相结合，在巴肯组中段获得高产油气流，取得巨大成功，发现了帕歇尔油田（Michael S Johnson，2012），从此揭开了巴肯页岩油开发的新篇章。

3.快速发展阶段（2009年至今）：页岩油繁荣

由于页岩气革命爆发导致美国天然气产量大幅增长，随之出现天然气供大于求，天然气价格明显下降，原来从事页岩气开发的公司利润大幅下降甚至亏损，在页岩气开发上

---

[1] toe 表示吨油当量。

面临严峻的挑战。帕歇尔油田成功发现之后，促使一些石油公司开始大力地转向利用页岩气技术开发页岩油，寻求在页岩油领域获得新突破，巴肯页岩区带成为页岩油开发重要的热点之一，开发井数量和油区产量快速增长（图1-1、图1-2）。整体产量从2008年的超12×10^{4}bbl/d，增加到2014年的120×10^{4}bbl/d，短短6年内的产量增幅接近10倍，造成原油外运困难。2014年的油价断崖式滑塌，对巴肯页岩区带开发产生了一定影响，产量降低到2016年的100×10^{4}bbl/d。但是，低油价迫使石油公司和服务公司提高效率，开发成本从2014年的50～65美元/bbl降低到目前的35～45美元/bbl，总体产量在过去不到两年的时间又恢复到120×10^{4}bbl/d的水平，目前巴肯页岩区带仅次于二叠盆地，仍然是美国第二大页岩油产区。

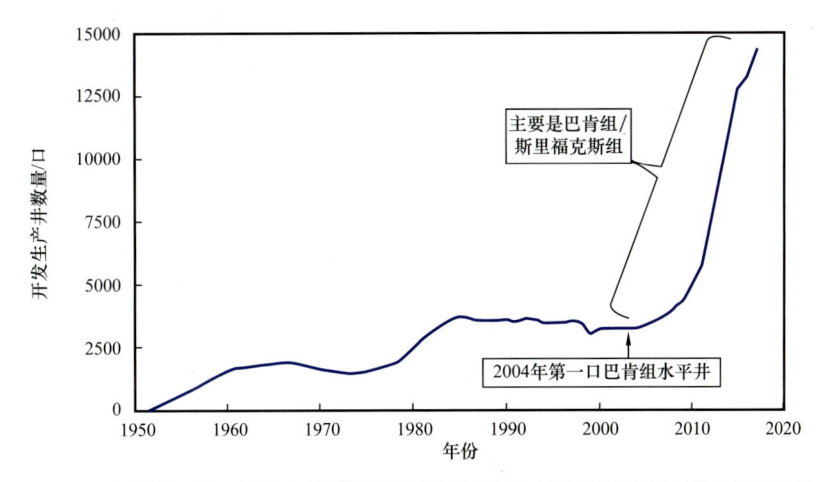

图1-1　巴肯页岩区带开发生产井数量历史统计图（据中国石化石油勘探开发研究院，2018）

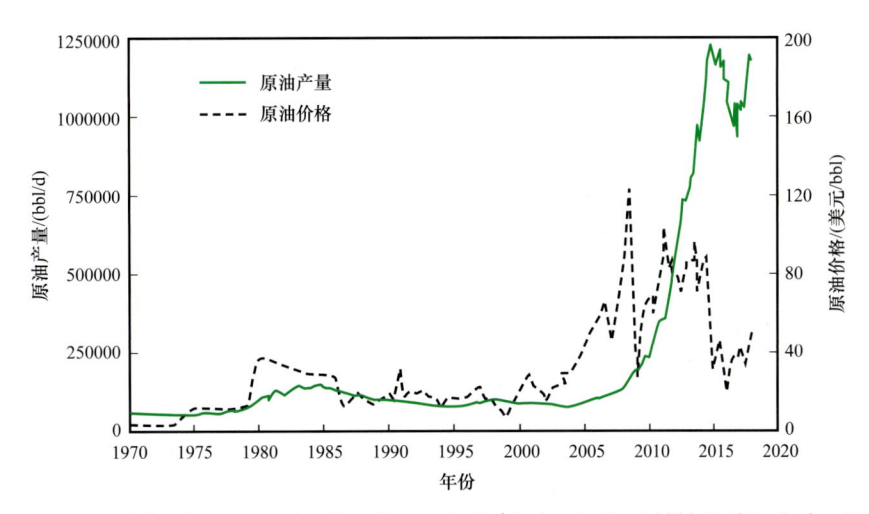

图1-2　巴肯页岩区带原油产量和原油价格历史曲线（据中国石化石油勘探开发研究院，2018）

在美国页岩气产业中扮演重要角色的切萨皮克能源公司于2012年初通过资产出售和联合经营获得120亿美元现金以应付天然气跌价所造成的流动资金短缺。该公司改变了投资计划，大幅缩减其页岩气钻探业务，重点转向页岩油。切萨皮克能源公司的经营数据显示：2012年第二季度，公司干气钻机数量从2011年的75台锐减至24台；干气钻井费用从2011年的31亿美元降至9亿美元，为2005年以来最低水平。美国独立油气生产商林恩能源公司在2012年作出了将8.8亿美元计划投向页岩气的资金集中用于页岩油开发的决定。戴文能源公司在2011年大幅缩减在富含气的阿卡玛（Arkoma）区域钻井活动，而将含油气的阿纳达科（Anadarko）区域的勘探面积增加了一倍，在该地区的原油产量实现翻番。大陆资源公司在2012年对阿纳达科区域分配了3.55亿美元投资预算，对油气比低的阿卡玛区域仅分配了200万美元。此外，马拉松石油公司、埃克森美孚公司、BP公司等也都在伍德福德（Woodford）区带增加了对页岩油业务的投入。投资流向的转移有力地提升了美国页岩油产量。

除在巴肯页岩区带成功开发外，在巴肯以外的伊格尔福特（Eagle Ford）、奈厄布拉勒（Niobrara）等其他区带页岩油也接连取得成功，特别是近几年在二叠盆地的发展，促进美国页岩油产量持续快速增加，带来了美国页岩油的繁荣。

二、页岩油勘探开发现状

美国页岩油分布广泛。据美国能源信息署（EIA）的资料，美国页岩油主要产自7大页岩区，它们是：（1）阿纳达科盆地区，主要有伍德福德（Woodford）区带；（2）阿巴拉契亚盆地区，主要发育马塞勒斯（Marcellus）和尤蒂卡（Utica）区带；（3）巴肯页岩区，主要发育巴肯（Bakken）和斯里福克斯（Three Forks）区带；（4）伊格尔福特页岩区，主要发育伊格尔福特（Eagle Ford）区带；（5）海恩斯维尔页岩区，主要发育海恩斯维尔（Haynesville）/博西尔（Bossier）区带；（6）奈厄布拉勒页岩区，主要发育奈厄布拉勒（Niobrara）区带；（7）二叠盆地区，主要发育沃尔夫坎普（Wolfcamp）、博恩斯普林（Bone Spring）与斯普拉贝里（Spraberry）区带（图1–3）。

1. 主要页岩区钻完井数

钻井数和完井数是反映页岩油勘探开发活动的重要指标，也是业界判断页岩油产业景气程度的重要依据。油价是导致美国页岩区钻井数和完井数变化最直接、最重要的因素，随着油价的波动，页岩区钻井与完井数会发生明显的变化。

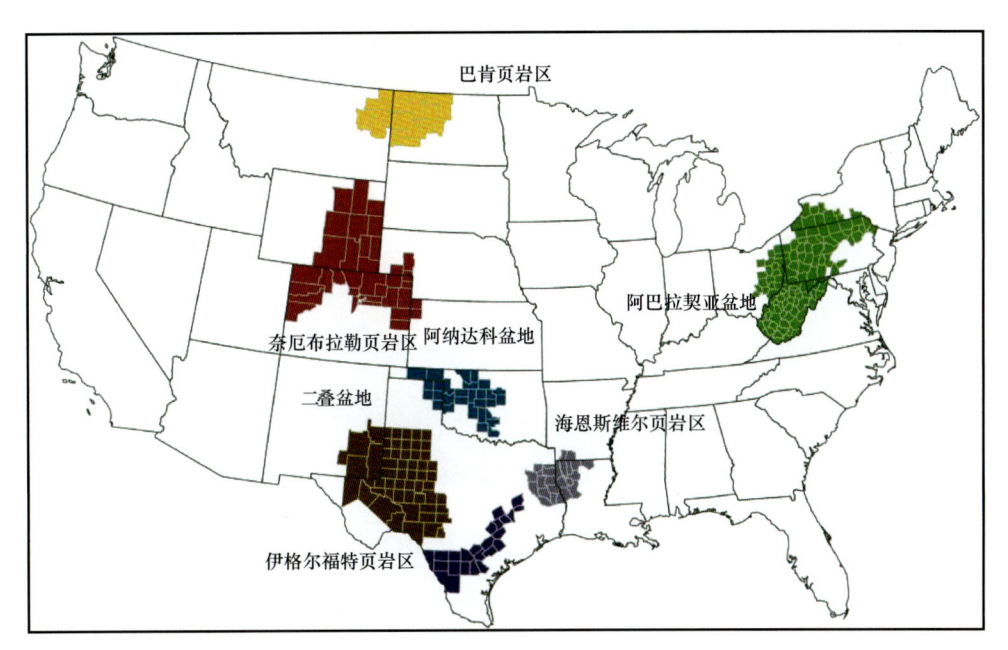

图 1-3　美国本土 48 州主要页岩区分布（据 EIA，2021b）

1）钻井数

图 1-4 反映了美国 7 个主要页岩区 2014—2020 年月度钻井数的变化，显示了 2014 年下半年和 2020 年初油价大幅下降导致美国主要页岩区钻井数两轮明显下降。第一轮钻井数下降从 2014 年 9 月的 2000 口下降到 2016 年 4 月的 468 口，下降了 1532 口，随后逐渐恢复。第二轮钻井数下降从 2020 年 1 月的 1087 口下降到 2020 年 6 月的 292 口，仅 5 个月就减少了 795 口，比第一轮钻井数下降更快，目前在缓慢恢复中（图 1-4）。

2）完井数

图 1-5 反映了美国 7 个主要页岩区 2014—2020 年月度完井数的变化，与图 1-4 钻井数变化类似，2014 年下半年和 2020 年初油价大幅下跌导致美国主要页岩区完井数两轮明显下降。第一轮完井数下降从 2014 年 10 月的 1964 口下降到 2016 年 5 月的 599 口，下降了 1365 口，随后逐渐恢复。第二轮完井数下降从 2020 年 2 月的 1131 口下降到 2020 年 6 月的 274 口，仅 5 个月就减少了 857 口，也比第一轮完井数下降更快，目前正在恢复中（图 1-5）。

3）已钻待完井数

2014 年下半年，国际油价骤然暴跌，导致上游投资随之大幅缩减，但由于受美国矿权管理和钻探设备租赁的约定，在应用压缩勘探开发投资、把有限投资集中到页岩油气核心区等措施的同时，美国从事页岩油气作业的公司采取了"先钻井延迟完井"的应对策

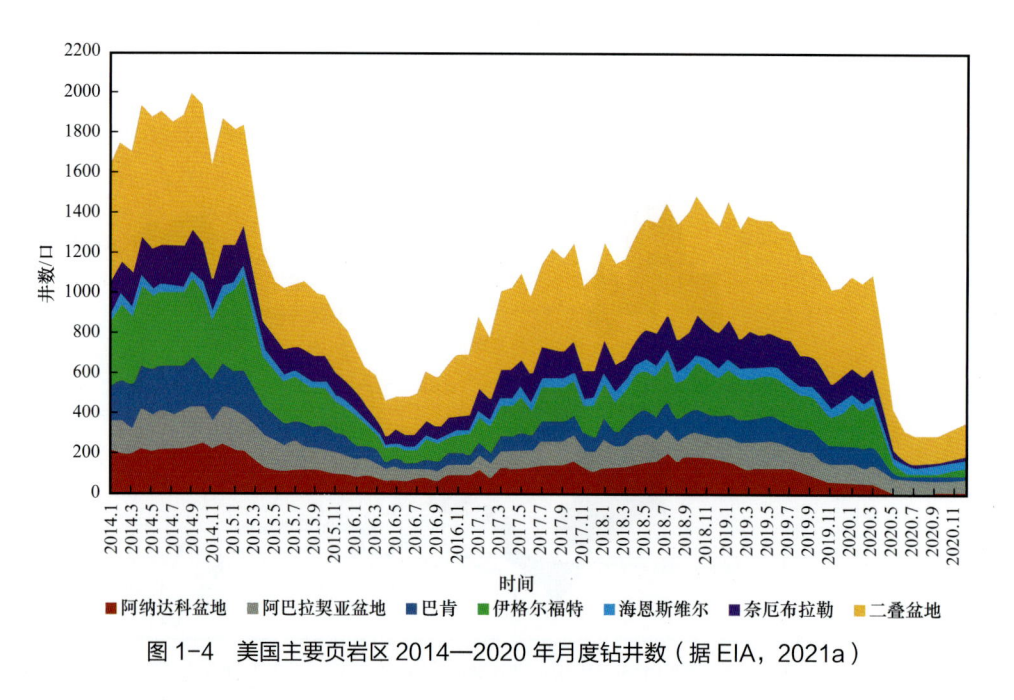

图 1-4　美国主要页岩区 2014—2020 年月度钻井数（据 EIA，2021a）

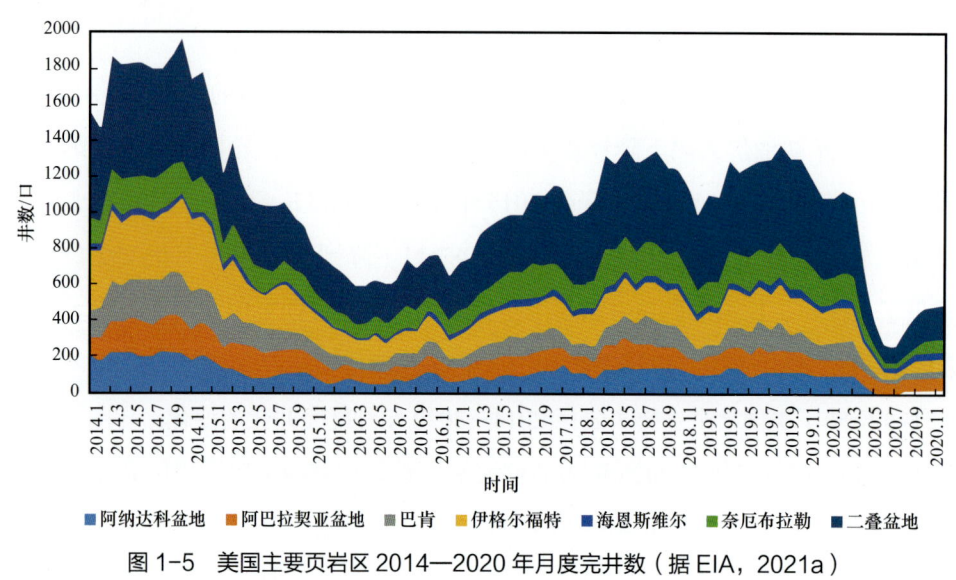

图 1-5　美国主要页岩区 2014—2020 年月度完井数（据 EIA，2021a）

略。已钻待完井（DUC）的井还可以用于调控资本效率指标，使资本效率最大化。在低油价时，页岩油气公司通过在核心区大量钻井将资本集中到 DUC 井上，以等待更好的价格和/或更低的成本，从而延伸资本，提升资本运营效率，最终增加全生命周期的收益。因此，除动用钻机数、钻井数和完井数等指标外，DUC 井数逐步成为判断页岩油气行业景气程度的一项重要指标。

图1-6显示了2014—2020年美国主要页岩区月度累计DUC井数。2014年1月以来，月度累计DUC井数总体呈增长趋势，到2019年6月达到8491口，随后呈下降趋势，2020年12月为7298口。近几年，DUC井主要分布在二叠盆地，二叠盆地DUC井占比呈逐渐增长趋势，从2014年1月不足15%增加到2020年12月近50%（图1-6）。

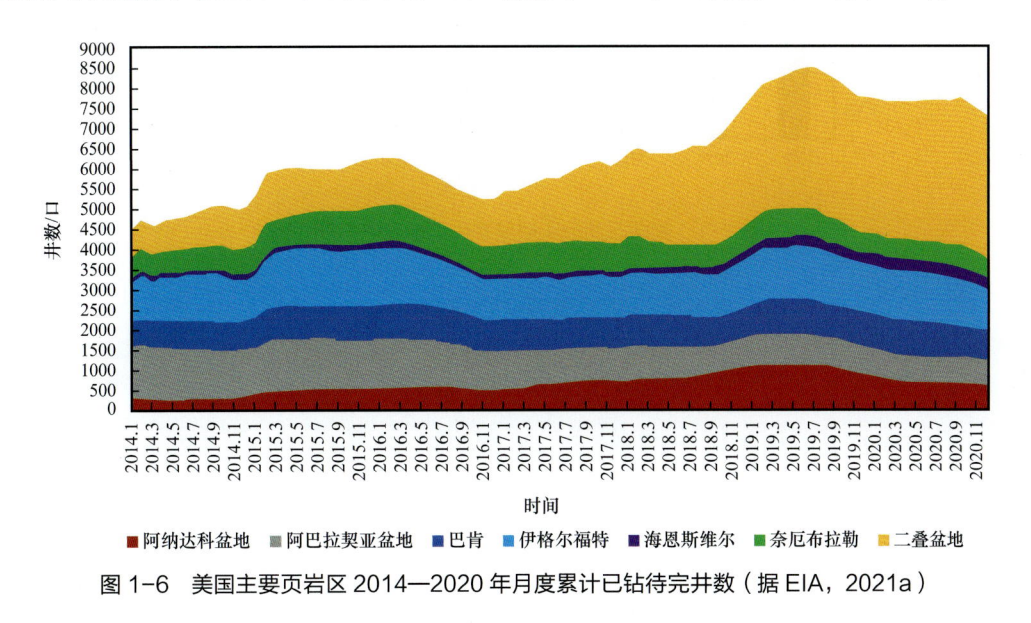

图1-6 美国主要页岩区2014—2020年月度累计已钻待完井数（据EIA，2021a）

2. 页岩油储量

自2011年以来，美国页岩油（包括原油+凝析油）证实储量总体呈增长趋势，仅2014年因油价暴跌导致2015年末的页岩油证实储量同比减少，但2016年又恢复增长持续到2019年。美国页岩油证实储量在总证实储量中的占比持续升高，从2011年的12.5%上升到2019年的49.3%（图1-7）。

据EIA发布的美国油气储量年度报告的不完全统计，截至2019年底，美国页岩区页岩油证实储量为232.40×10^8bbl，储采比10.2，页岩油证实储量比2018年增加3.06×10^8bbl，约占当年美国总证实储量的49.3%，其中95%以上的页岩油证实储量来自3大页岩区带（表1-1）。二叠盆地沃尔夫坎普/博恩斯普林区带的页岩油证实储量为119.94×10^8bbl，是美国第一大页岩油资源区；威利斯顿盆地巴肯/斯里福克斯区带页岩油证实储量为58.45×10^8bbl，位居第二位；第三大页岩油资源区是墨西哥湾沿岸盆地西部的伊格尔福特区带，页岩油证实储量为42.97×10^8bbl（表1-1）。

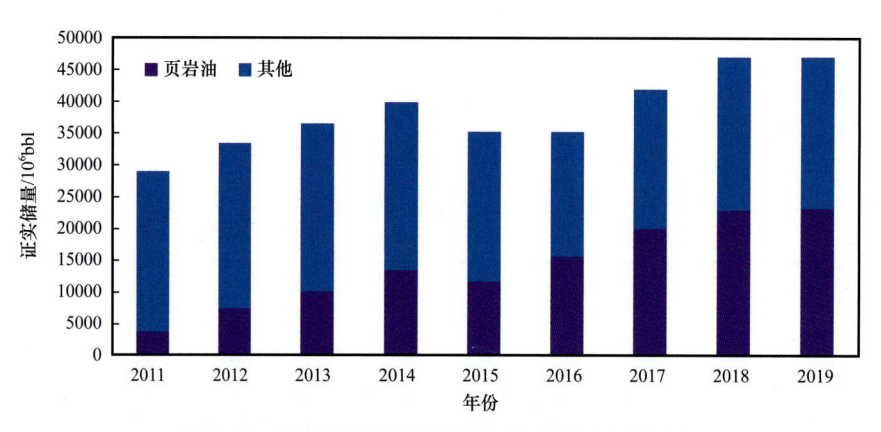

图 1-7 美国石油证实储量变化（据 EIA，2021b）

表 1-1 美国主要页岩区带页岩油证实储量

盆地	页岩区带	所在州	2018年产量/10⁶bbl	2018年末证实储量/10⁶bbl	2019年产量/10⁶bbl	2019年末证实储量/10⁶bbl	储采比
二叠	沃尔夫坎普/博恩斯普林	新墨西哥、得克萨斯	922.0	11096.0	1209.0	11994.0	9.9
威利斯顿	巴肯/斯里福克斯	南达科他、蒙大拿、北达科他	458.0	5862.0	517.0	5845.0	11.3
西墨西哥湾沿岸	伊格尔福特	得克萨斯	449.0	4734.0	451.0	4297.0	9.5
俄克拉何马南阿纳达科	伍德福德	俄克拉何马	34.0	560.0	53.0	524.0	9.9
阿巴拉契亚	马塞勒斯	宾夕法尼亚、西弗吉尼亚	17.0	345.0	21.0	326.0	15.5
丹佛—朱尔斯堡	奈厄布拉勒	科罗拉多、堪萨斯、内布拉斯加、怀俄明	25.0	317.0	25.0	235.0	9.4
沃斯堡	巴奈特	得克萨斯	2.0	20.0	2.0	19.0	9.5
	小计		1907	22934	2278	23240	10.2

注：页岩油包括原油和凝析油。

资料来源：Proved Reserves of Crude Oil and Natural Gas in the United States，Year-End 2019，EIA，2021.

3. 页岩油产量

由于页岩气产量的快速增长，导致美国天然气供大于求，致使天然气价格大幅下降。

自 2005 年美国原从事页岩气开发的公司开始转向页岩油开发，将水平井+压裂技术用于页岩油开发，美国的页岩油开发取得了重大突破，引发了页岩油革命。首先在威利斯顿盆地巴肯页岩区带取得成功，随后推向伊格尔福特页岩区、奈厄布拉勒页岩区和二叠盆地区等，页岩油产量从 2009 年开始进入快速增长阶段。然而受油价的影响，美国页岩油产量经历两次下降过程，第一次是因为 2014 年下半年的油价暴跌，页岩油在 2015 年 3 月达到 $490 \times 10^4 \text{bbl/d}$ 的阶段峰值后，出现连续 18 个月的递减，2016 年 9 月降至 $431 \times 10^4 \text{bbl/d}$ 的阶段低谷。随后转为快速回升，直至 2019 月 11 月达到目前峰值，当月页岩油产量为 $829.7 \times 10^4 \text{bbl/d}$。第二次页岩油产量下降发生在 2019 年 12 月之后，受新冠疫情的影响，产量快速、大幅度下降，仅用 6 个月的时间产量从 2019 年 11 月的 $829.7 \times 10^4 \text{bbl/d}$ 下降到 2020 年 5 月的 $616.6 \times 10^4 \text{bbl/d}$，平均每月下降 $35.6 \times 10^4 \text{bbl/d}$，随后又恢复增长，2020 年 12 月美国页岩油产量达到 $700.7 \times 10^4 \text{bbl/d}$（图 1-8）。

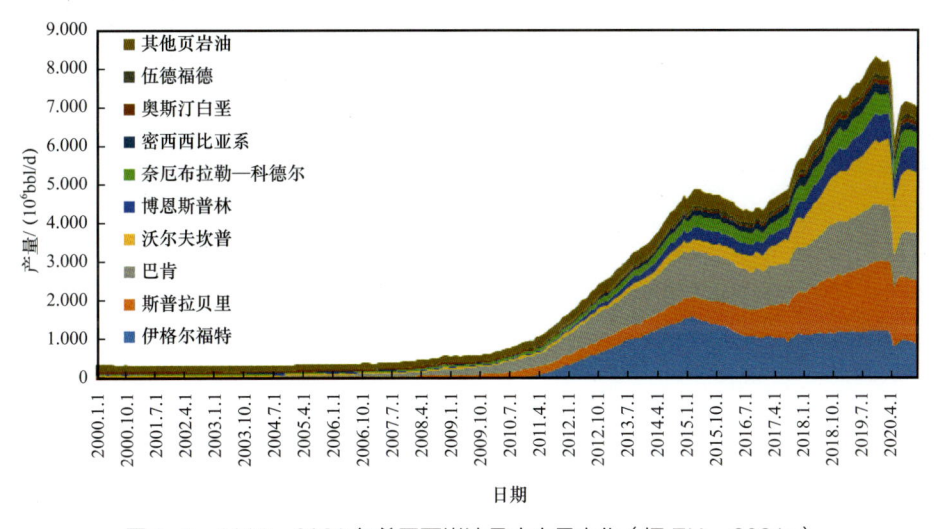

图 1-8　2000—2020 年美国页岩油月度产量变化（据 EIA，2021c）

美国页岩油产量主要来自二叠盆地、巴肯和伊格尔福特 3 大页岩区，其产量占美国页岩油总产量的 90% 以上。二叠盆地（包括沃尔夫坎普、博恩斯普林与斯普拉贝里区带）是目前美国最大的页岩油产区，2020 年 12 月产量已超过 $381.2 \times 10^4 \text{bbl/d}$，占美国页岩油总产量 54.4%。威利斯顿盆地的巴肯页岩区带是美国页岩油开发源地，2019 年 11 月产量曾达到 $155 \times 10^4 \text{bbl/d}$，是目前的峰值。2020 年 12 月巴肯区带的页岩油产量为 $120 \times 10^4 \text{bbl/d}$，占美国页岩油总产量的 17.1%，目前是美国第二大页岩油产区。伊格尔福特区带是继巴肯区带之后发展起来的页岩油产区，于 2015 年 3 月达到产量峰值，产量约

为 $162.3×10^4$bbl/d，当时是美国第一大页岩油产区。2020 年 12 月伊格尔福特区带的页岩油产量为 $93.2×10^4$bbl/d，占美国页岩油总产量的 13.3%，位居巴肯区带之后（图 1-8）。

三、页岩油资源与发展前景

1. 页岩油资源评价

与页岩气一样，美国页岩油开发之所以取得巨大成功除了得益于技术进步、成熟市场条件、良好基础设施等地上因素外，与其丰富的地下资源是分不开的。多家机构研究表明，美国拥有丰富的页岩油资源。

2013 年 EIA 发布全球页岩油气资源评价报告，美国页岩油技术可采资源量为 $581×10^8$bbl（EIA，2013），仅次于俄罗斯，名列世界第二位（表 1-2）。2017 年 EIA 发布《年度能源展望 2017》报告，报告引用的美国页岩油技术可采资源量为 $903×10^8$bbl（EIA，2017）。

表 1-2　页岩油技术可采资源量前 10 位国家（据 EIA，2013）

排序	国家	页岩油技术可采资源量 /10^9bbl
1	俄罗斯	75
2	美国	58
3	中国	32
4	阿根廷	27
5	利比亚	26
6	委内瑞拉	13
7	墨西哥	13
8	巴基斯坦	9
9	加拿大	9
10	印度尼西亚	8
世界总计		345

美国地质调查局（USGS）在 2013—2018 年期间，利用大量开发井资料，应用 FORSPAN 模型对美国二叠盆地、巴肯和伊格尔福特三大主力页岩油产区的页岩油资源量开展了更为精细的评价，仅这三个地区待发现的页岩油技术可采资源量就达到

$863×10^8$bbl（均值）。其中二叠盆地页岩油技术可采资源量达到 $704×10^8$bbl（表1-3），是目前评价的世界范围内页岩油资源最为丰富的地区，这就不难理解二叠盆地为什么成为美国乃世界页岩油产量最大的地区。巴肯页岩油区待发现技术可采资源量为 $7375×10^6$bbl（表1-4），伊格尔福特页岩油区待发现技术可采资源量为 $8515×10^6$bbl（表1-5）。

表1-3 二叠盆地页岩油区待发现技术可采资源量评价（据USGS，2016，2018a）

评价单元	页岩油待发现技术可采资源量 /10^6bbl			
	F95	F50	F5	均值
特拉华盆地沃尔夫坎普页岩C段连续油藏评价单元	382	1467	3477	1635
特拉华盆地沃尔夫坎普页岩B段下部连续油藏评价单元	2642	5297	8838	5458
特拉华盆地沃尔夫坎普页岩B段上部连续油藏评价单元	4606	8861	14657	9154
特拉华盆地沃尔夫坎普页岩A段连续油藏评价单元	8406	12791	19556	13229
博恩斯普林Ⅲ连续油藏评价单元	4941	6468	9521	6739
博恩斯普林Ⅱ连续油藏评价单元	3869	5096	6878	5191
博恩斯普林Ⅰ连续油藏评价单元	658	2113	3588	2113
阿瓦隆页岩下段连续油藏评价单元	507	1096	1984	1153
阿瓦隆页岩上段连续油藏评价单元	718	1573	2576	1599
特拉华盆地小计（2018）	26729	44762	71075	46271
斯普拉贝里中段连续油藏评价单元	632	1352	2593	1447
斯普拉贝里下段连续油藏评价单元	1238	2593	5032	2793
米德兰盆地斯普拉贝里组小计（2017）	1870	3945	7625	4240
米德兰盆地沃尔夫坎普页岩A段连续油藏评价单元	3754	5633	8483	5815
米德兰盆地沃尔夫坎普页岩B段上部连续油藏评价单元	3769	5644	8505	5829
米德兰盆地沃尔夫坎普页岩B段下部连续油藏评价单元	794	1342	2351	1430
米德兰盆地沃尔夫坎普页岩C段连续油藏评价单元	577	1306	2728	1433
米德兰盆地沃尔夫坎普页岩D段连续油藏评价单元	2420	4658	8262	4920
米德兰盆地北部沃尔夫坎普页岩连续油藏评价单元	116	458	1139	521
米德兰盆地沃尔夫坎普组小计（2016）	11430	19041	31468	19948
二叠盆地总计	40029	67748	110168	70459

表 1-4 巴肯页岩油区待发现技术可采资源量评价（据 USGS，2013）

评价单元	页岩油待发现技术可采资源量 /10⁶bbl			
	F95	F50	F5	均值
埃尔姆古丽—比灵斯诺斯连续油藏评价单元 50310161	218	281	355	283
盆地中部连续油藏评价单元 50310162	892	1113	1379	1122
内森—小奈夫连续油藏评价单元 50310163	907	1139	1423	1149
东部过渡带连续油藏评价单元 50310164	706	876	1082	883
西北部过渡带连续油藏评价单元 50310165	90	197	357	207
斯里福克斯连续油藏评价单元 50310166	1604	3440	6834	3731
巴肯区带总计	4417	7046	11430	7375

表 1-5 伊格尔福特页岩油区待发现技术可采资源量评价（据 USGS，2018b）

评价单元	页岩油待发现技术可采资源量 /10⁶bbl			
	F95	F50	F5	均值
伊格尔福特 Marl 连续油藏评价单元	3397	4962	7443	5129
水下普拉托—卡恩斯海槽连续油藏评价单元	77	178	302	182
塞诺曼阶—土伦阶泥岩连续油藏评价单元	1792	3064	5101	3204
伊格尔福特群及相关塞诺曼阶—土伦阶总计	5266	8204	12846	8515

2. 页岩油产量发展趋势

2020 年页岩油已经在美国的石油产量中占据 65.7% 的份额，按照 EIA 的预测，在三种情景下这一比例在未来仍将持续增加，页岩油是未来美国石油产量增长的主要动力。在参考情景下，未来页岩油产量在 2025 年左右达到峰值，随后保持基本稳定态势；在高油气供应情景下，2021—2030 年之间美国页岩油产量增长较快，随后进入缓慢增长阶段；在低油气供应情景下，美国页岩油产量高峰（2019 年）已过，未来几年将从此轮下降中缓慢恢复，2025 年之后将整体呈缓慢下降趋势（图 1-9）。

二叠盆地是目前最大的页岩油产区，也是未来的最大产区。据 EIA 预测，在参考情景下，2030 年、2040 年和 2050 年产自二叠盆地（包括沃尔夫坎普、博恩斯普林与斯普拉贝里三个区带）的页岩油产量分别占全美页岩油总产量的 49.1%、47.0% 和 45.3%，尽管二叠盆地页岩油产量占比呈下降趋势，但是丝毫没有动摇其美国页岩油最大产区的地位。威利斯顿盆地的巴肯区带仍将是美国第二大页岩油产区，未来 30 年的年产量约占全美页岩油总年产量的 17% 左右。排在第三位的是伊格尔福特区带，未来 30 年的年产量约占全美页岩油总年产量的 10% 左右（图 1–10）。

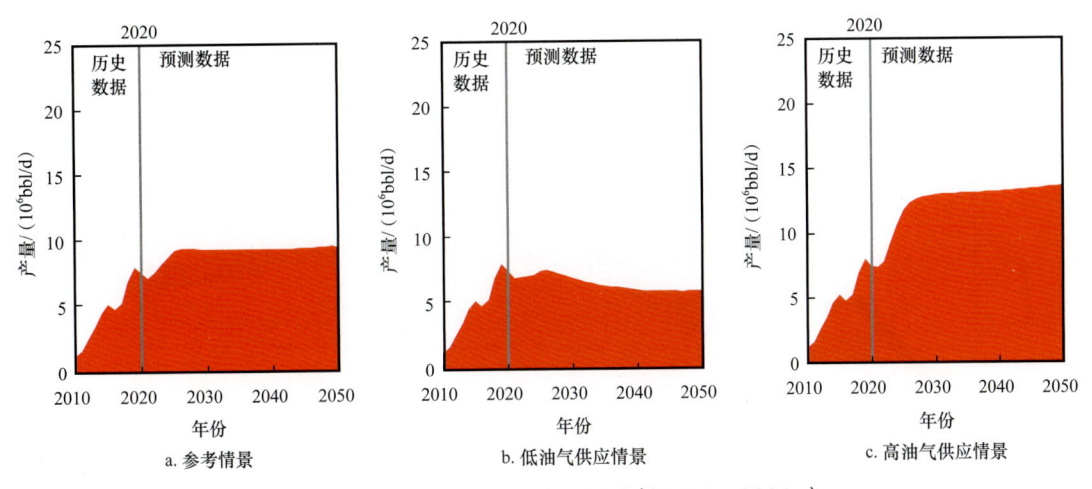

图 1-9 美国页岩油产量发展预测（据 EIA，2021c）

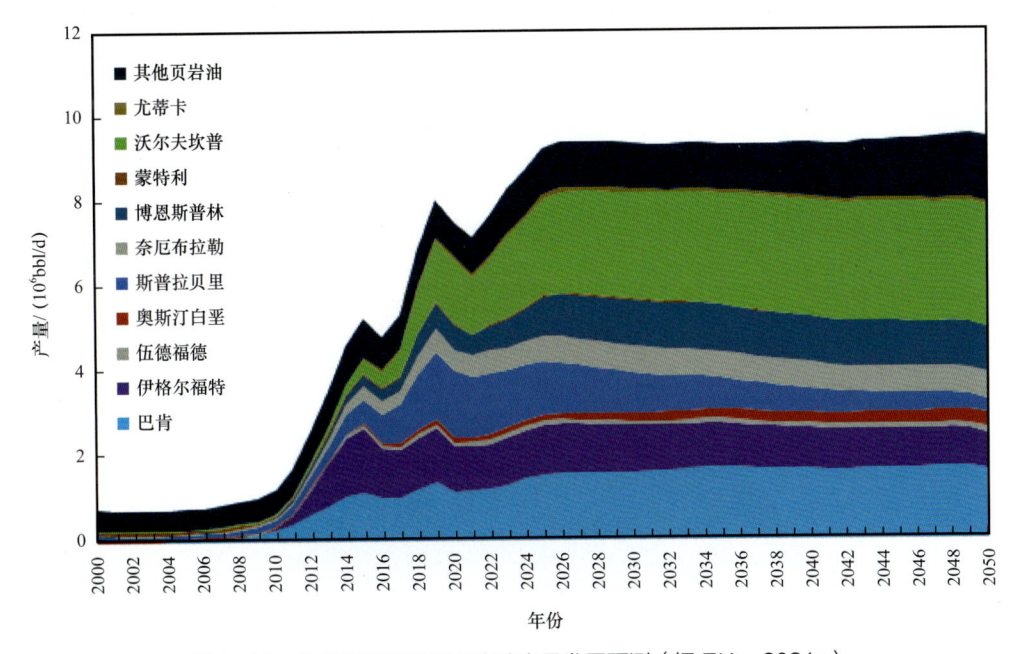

图 1-10 参考情景下美国页岩油产量发展预测（据 EIA，2021c）

据欧佩克（OPEC）报告，页岩油（含非常规天然气液）是美国未来液态燃料供应的主要来源，占全美液态燃料供应总量的份额持续增长（图1-11）。未来5年，美国页岩油产量将从2019年的11.7×10^6bbl/d增加到2025年的14.5×10^6bbl/d。在2030年左右达到峰值，产量为15.8×10^6bbl/d，随后呈下降趋势，预测2035年、2040年和2045年产量分别为15.4×10^6bbl/d、14.3×10^6bbl/d和13.3×10^6bbl/d（图1-12）。从全球范围看，未来全球页岩油供应仍由美国主导，加拿大、俄罗斯、阿根廷等国也有一定的贡献（图1-13）。

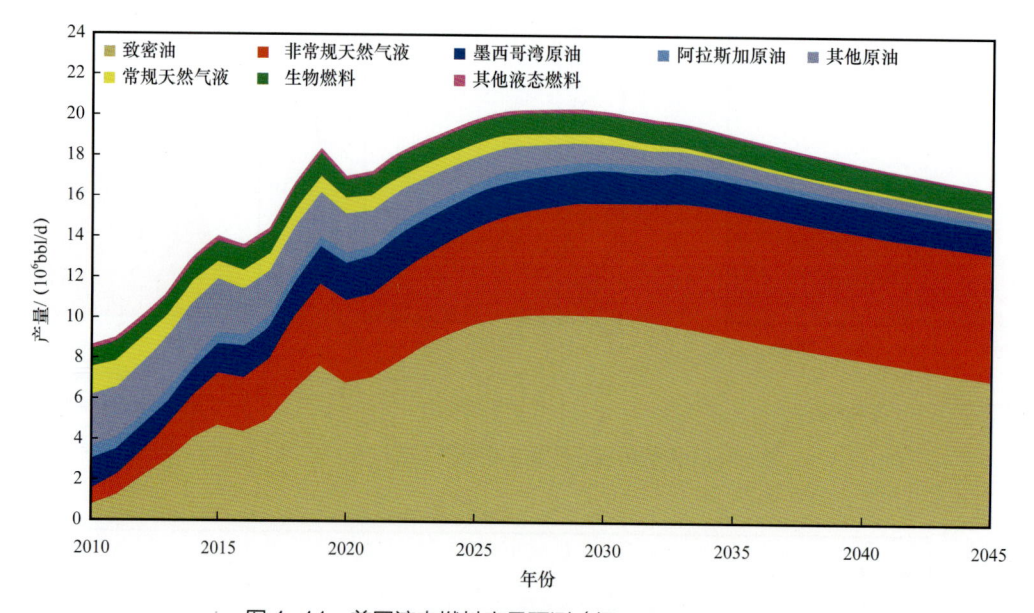

图1-11　美国液态燃料产量预测（据OPEC，2020）

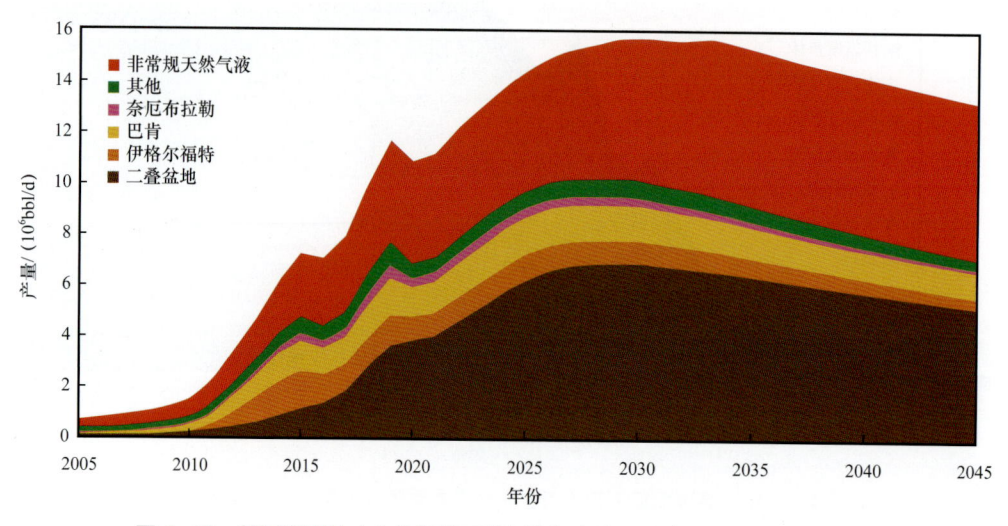

图1-12　美国页岩油（含非常规天然气液）产量预测（据OPEC，2020）

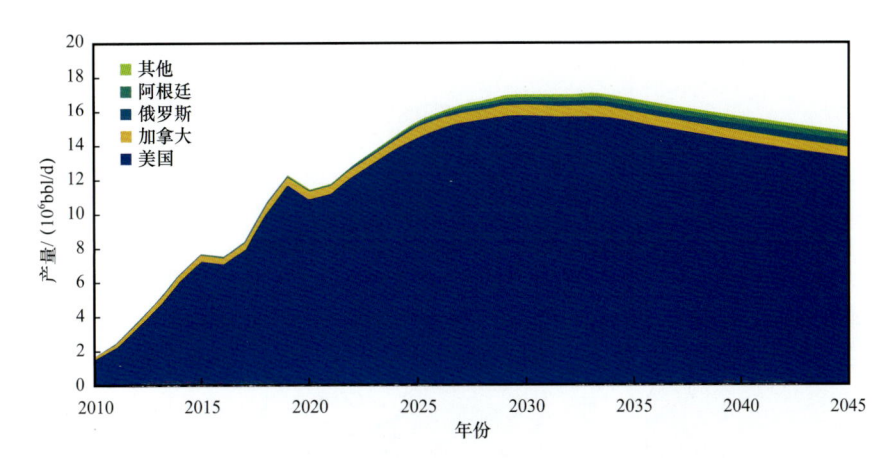

图 1-13　世界页岩油（含非常规天然气液）产量预测（据 OPEC，2020）

第二节　美国主要页岩油区带地质特征

美国大陆整体上一直处在相对稳定的构造环境，沉积盆地虽然经历了漫长的地质演化过程，但是油气系统保存比较完好，形成了良好的页岩油地质条件，页岩油资源广泛分布。美国页岩油目前主要产自二叠盆地的沃尔夫坎普、博恩斯普林和斯普拉贝里区带，威利斯顿盆地的巴肯区带以及墨西哥湾盆地西部的伊格尔福特区带等（图 1-3）。

一、二叠盆地

二叠盆地面积 $8.6 \times 10^4 \text{mile}^2$，分布在新墨西哥州和得克萨斯州的 52 个县境内。东西宽约 250mile，南北长约 300mile。二叠盆地构造上属于马拉松—沃希托造山带前陆。二叠盆地发育于中石炭世的开阔海域。现今的二叠盆地总体呈北西—南东向，主要由三个构造单元组成，即特拉华盆地、中央台地和米德兰盆地（图 1-14）。

特拉华盆地和米德兰盆地的构造发展主要受中央台地抬升的影响，其次是马拉松—沃希托造山带的逆掩作用。宾夕法尼亚亚纪和沃尔夫坎普世（Wolfcampian）米德兰盆地与特拉华盆地的快速沉降及中央台地的抬升导致盆地的差异发育。由于基底的差异运动，中央台地的抬升导致米德兰盆地和特拉华盆地的差异沉降和不同的盆地形态。构造运动持续到沃尔夫坎普期末，两个次级盆地快速变形和沉降停止，但是整个盆地的沉降持续到二叠纪末。

从地层柱状图和区域剖面图（图 1-15、图 1-16）上可以看出二叠盆地内地层的变化情况。虽然各次级盆地内地层的埋深、名称和发育程度各异，但它们仍有一些共

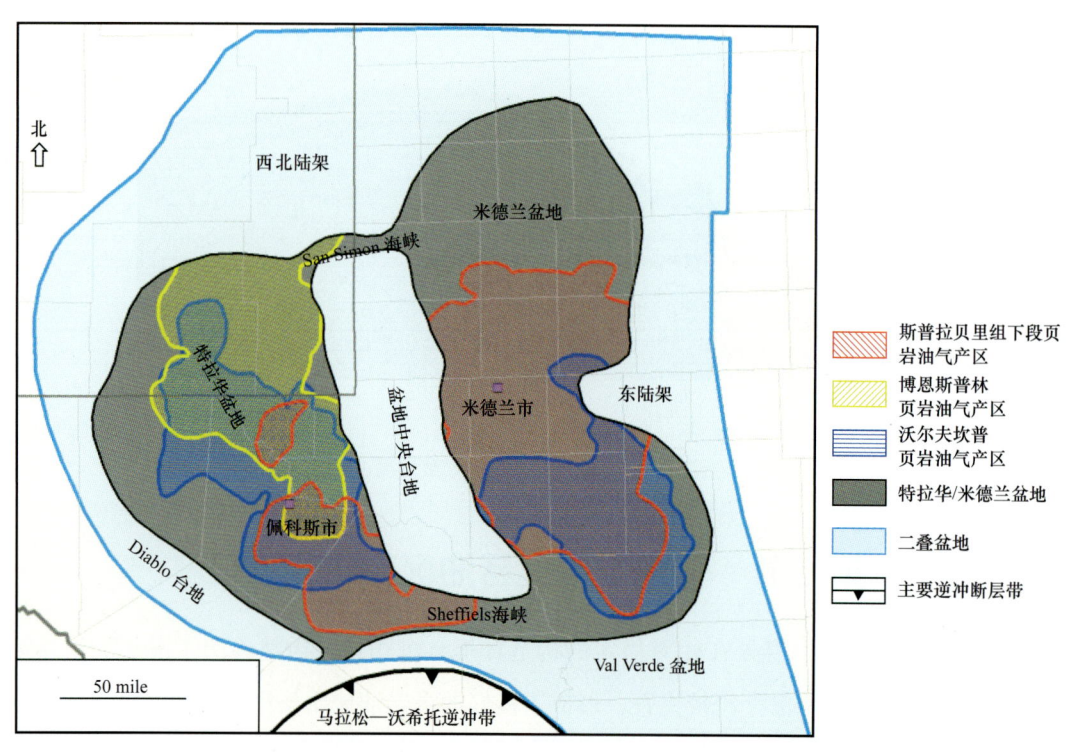

图 1-14 二叠盆地主要构造单元（据 Wilson，2015；James，2015；Art Berman，2016，修改）

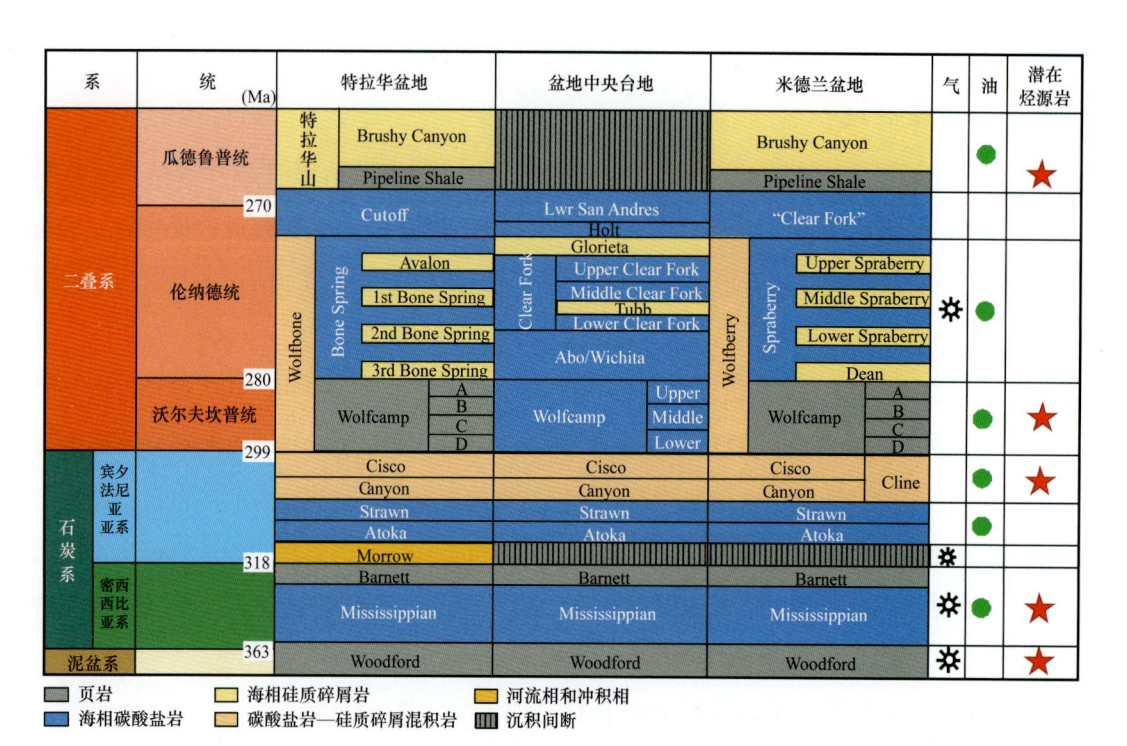

图 1-15 二叠盆地地层格架（据 Tackett，2016；DeFelice，2016）

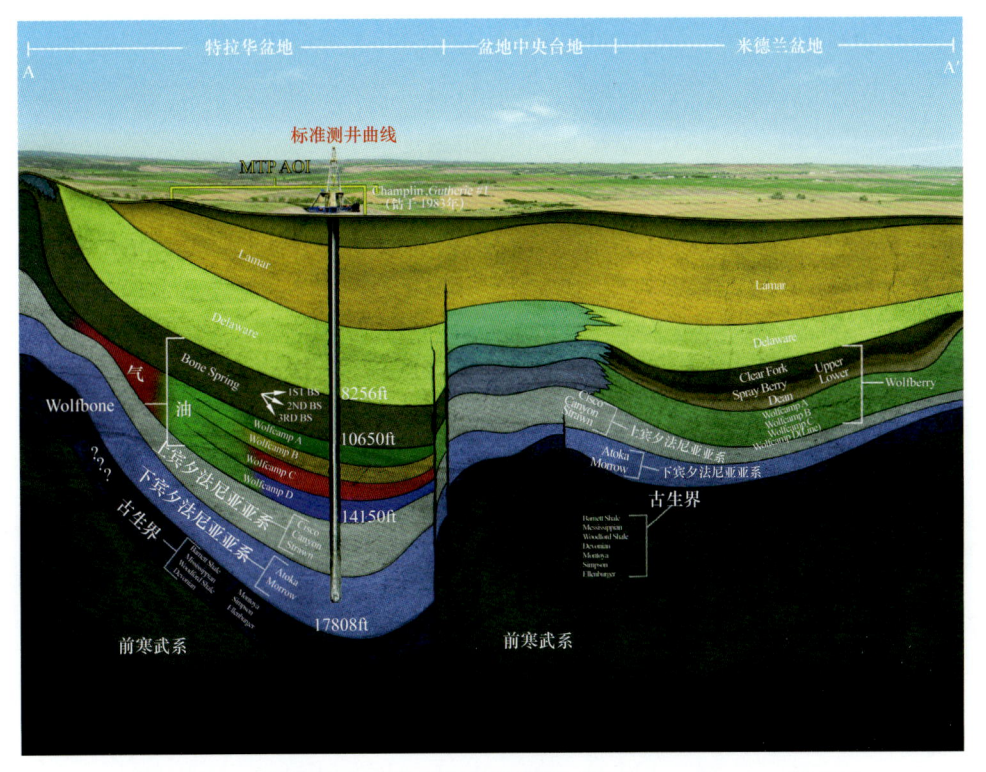

图 1-16 二叠盆地东西向区域横剖面示意图（据 James Conca，2017）

同的特征。在所有的四个次级盆地内，按照地质年龄从新到老的顺序排列，伦纳德统（Leonardian）、沃尔夫坎普统和宾夕法尼亚亚系储层均富含石油，是潜在的直井和水平井开发目的层。尤其是特拉华盆地和米德兰盆地，二者都发育了类似的储集岩，而且这些储层已产油几十年。

特拉华盆地位于二叠盆地的西部，面积大约 $1 \times 10^4 \text{mile}^2$，呈卵圆形，从新墨西哥州南部的 Eddy 县、Lea 县和 Chaves 县向南延伸，进入得克萨斯州西部的 Culberson 县、Loveing 县、Reeves 县、Ward 县和 Jeff Davis 县，盆地中央台地把它与开发程度更高的米德兰盆地分隔开来。

虽然特拉华盆地通常被归入大二叠盆地，但与其东面的盆地中央台地和米德兰盆地相比，其上二叠统看似基本相似，但实际上是不同的。米德兰盆地内发育斯普拉贝里组，盆地中央台地上发育克利尔福克（Clear Fork）组，而特拉华盆地则发育博恩斯普林组（图 1-16）。

特拉华盆地的面积要比米德兰盆地略大，而且其地层埋深和厚度都比后者大。特拉华盆地有点类似碗状，其埋深最大的成藏有利区沿着佩科斯（Pecos）河的西缘分布。

整个特拉华盆地都是一个多层叠置的复合层带，多个地层段都有油气潜力（Usman Ahmed 等，2016）。特拉华盆地最早受关注的地层段是博恩斯普林组，具体讲是博恩斯普林组二段和三段砂岩。作业者已经对这两个目的层的多个"甜点"进行了识别，包括中部的 Lee 县和 Eddy 县以及新墨西哥州与得克萨斯州边界附近的区域，甚至还包括西得克萨斯州特拉华盆地南部博恩斯普林组三段的一个"甜点"。埋深较小的阿瓦隆（Avalon）页岩和博恩斯普林组一段砂岩，虽也属于这套地层的一部分，而且也已开展过钻探，但其勘探程度并不一样。虽然 EOG 能源公司已经对这个又被称为伦纳德页岩（根据博恩斯普林组所属的地质年代命名）的层段开展了几个季度的钻探，但直到 2012 年这些层段的钻探活动才出现了小幅增多。特拉华盆地沃尔夫坎普组是位于博恩斯普林组之下的一套独立的地层，在勘探成熟度较高的米德兰盆地和盆地中央台地上，也就是沃尔夫贝里和沃尔夫福克（Wolffork）区带，沃尔夫坎普组中的钻井数量非常多，而且开发方式大都是直井合采。然而，在特拉华盆地，沃尔夫坎普组的水平井开发一定程度上仅局限于盆地的北部，只有较浅目的层开发的经济性比较好。随着水平井钻井活动向南拓展，近几年西得克萨斯州的沃尔夫坎普组才成为关注的重点。

博恩斯普林组位于较浅的特拉华群砂岩和较深的沃尔夫坎普组之间，其构成包括三个博恩斯普林砂岩段和三个博恩斯普林碳酸盐岩段以及阿瓦隆页岩。这些砂岩段和碳酸盐岩段从浅到深的叠置顺序依次是：博恩斯普林一段碳酸盐岩、阿瓦隆页岩、博恩斯普林一段砂岩、博恩斯普林二段碳酸盐岩、博恩斯普林二段砂岩、博恩斯普林三段碳酸盐岩和博恩斯普林三段砂岩。通常，作业者会把博恩斯普林一段碳酸盐岩和一段砂岩合并在一起，称之为博恩斯普林组一段，以此类推。博恩斯普林组的总厚度中值为 2500~3500ft，向东该套地层的厚度和埋深都增大，最后在盆地中央台地上尖灭。

博恩斯普林组的上部地层段对应于西北陆架上 Yeso 组的 Blinebry 段和 Paddock 段、盆地中央台地上的克利尔福克组和米德兰盆地中的斯普拉贝里组。在这三个不同的次级盆地中，合并开采的沃尔夫坎普组油气层的层带名称并不相同，在特拉华盆地中为沃尔夫博恩区带，在盆地中央台地上为沃尔夫福克区带，而在米德兰盆地内为沃尔夫贝里区带。所有这三个区带都是由沃尔夫坎普组油气层及其上覆的伦纳德统油气层构成的。博恩斯普林组产出流体的烃类构成在整个层带内都相当均匀，原油大致为 60%，天然气液大致为 20%，干气大约是 20%。博恩斯普林组的厚度与阿巴拉契亚泥盆系页岩的厚度相当，只是其含油率更高。

米德兰盆地位于盆地中央台地的正东面，呈南北向展布，从南面的 Lamb 县和 Hale 县一直延伸到北面的 Crockett 县。该盆地的直井开发历史很长，可以追溯到 20 世纪 40 年代，其储层的厚度分布均匀而且产能比较高，是吸引作业者的主要因素。米德兰盆地的地质条件变化很大，不同位置不同层位之间的差别显著，而且该盆地内的生产井一般都是多层合采。区块在盆地内的地理位置不同，其直井完井层段差别也很大。历史上，在单段完井的直井中斯普拉贝里组是最常见的目的层，但随着近年来钻井技术和高效压裂技术的进步，沃尔夫坎普组也已成为主要的目的层。

斯普拉贝里组储层总体上是一套以细粒砂岩或粗粉砂岩和泥岩为主的低孔、低渗泥质岩石，属于水下扇和盆底沉积。该套地层储层复杂，天然裂缝发育，而且部分区域内其黏土含量比较高，这可能是超压的结果。斯普拉贝里组上段包含多个薄油层，这些油层之间通常被厚度大约为 150ft 的非产层分隔。与其间的非产层相比，主力产层的泥质含量一般较低，而且孔隙度比较高（>7%）。该组埋深平均为 7000~8000ft。

沃尔夫坎普组在二叠盆地广泛分布，在特拉华盆地和米德兰盆地都存在（图 1-17）。尽管沃尔夫坎普组开发时间较晚，但是近期评价表明其资源潜力巨大，产自沃尔夫坎普组的页岩油产量呈快速增长趋势，已成为二叠盆地页岩油的主力来源。

沃尔夫坎普页岩为二叠纪沃尔夫坎普组沉积期沉积的富有机质地层，在盆地的三个次级单元都有分布，其构造和地层厚度整体受基底构造控制。二叠盆地沃尔夫坎普页岩厚度在 200~7050ft 之间，其中特拉华盆地为 800~7000ft，米德兰盆地为 400~1600ft，中央台地为 200~400ft。沃尔夫坎普组为一套复杂的地层单元，在盆地边缘主要为富有机质页岩和泥质碳酸盐岩，沉积和成岩作用控制了沃尔夫坎普组的非均质性，由上到下分为四段（A、B、C、D），这四段的岩性、化石含量、孔隙度、TOC 和热成熟度明显不同，其中 A 和 B 段是页岩油的主要钻探目标（EIA，2018）。其厚度大于 1000ft，埋深大于 3000ft，孔隙度为 4.0%~8.0%，TOC 为 1.0%~8.0%。

在特拉华盆地和米德兰盆地的深部贫氧区域沉积了大量有机质，岩心分析表明沃尔夫坎普页岩 TOC 为 2.0%~8.0%。沃尔夫坎普组岩相在整个盆地有明显变化，碳酸盐岩浊积岩源于中央台地，其 TOC 为 0.6%~6.0%。而以硅质碎屑为主的浊积岩来自周边高地，其 TOC 通常小于 1.0%，非钙质泥岩夹层的 TOC 高达 8.0%，油样分析表明沃尔夫坎普组页岩油主要源于海相 Ⅱ 型干酪根，部分产自 Ⅲ 型干酪根。

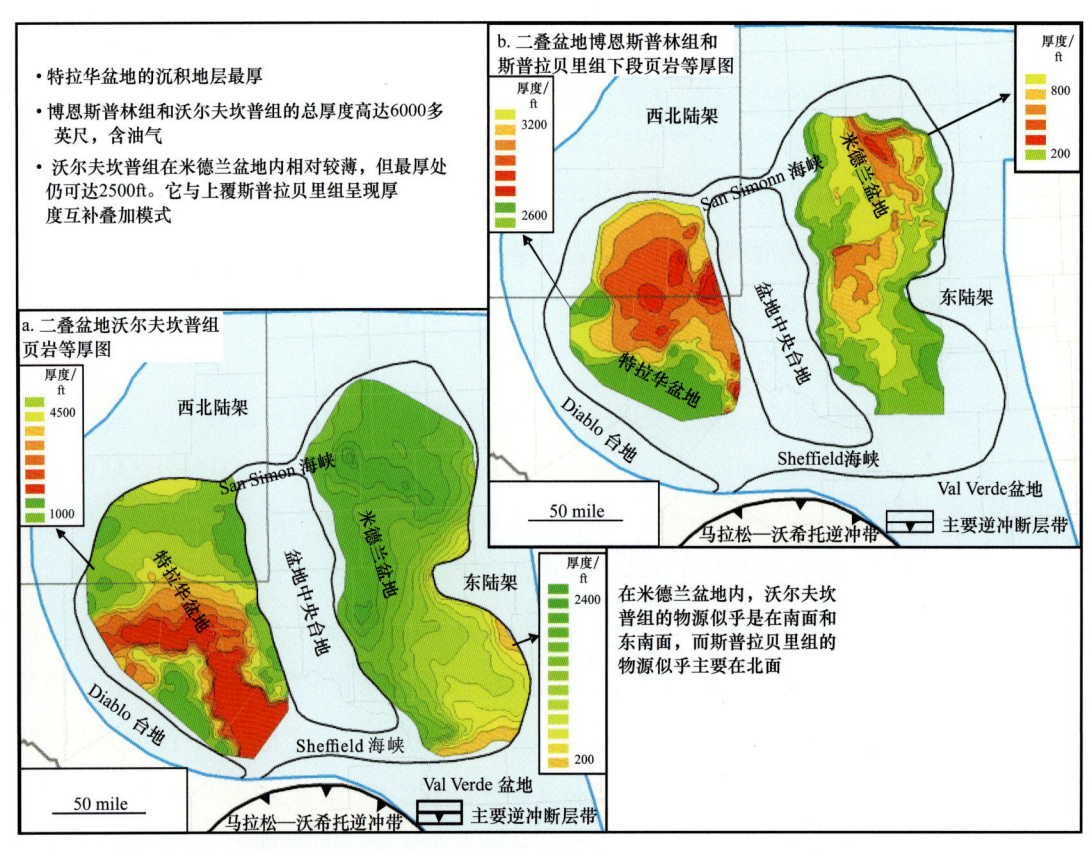

图 1-17　二叠盆地主要页岩油区带等厚图（据 DI Geology，2015；Gardner，2017）

二、巴肯区带

巴肯页岩区带位于威利斯顿盆地（图 1-18），是美国页岩油开发的发源地，目前是美国第二大页岩油产区。巴肯组沉积于晚泥盆世至早密西西比世（360Ma 前）浅陆架中的海槽环境。图 1-19 是其大地构造沉积环境图（Blakey，2007；Sonnenberg 等，2011）。

一般所说的巴肯区带，其主力产层包括巴肯组和斯里福克斯组（Usman Ahmed 等，2016）。图 1-20 是威利斯顿盆地的地层柱状图。巴肯组分为上、中、下三段，巴肯组上段、下段为石英含量较高的页岩，有机质含量平均为 2%～12%，个别地区可高达 20%（Meissner F F，1978；Webster R L，1984）。巴肯组中段为富含石灰质和白云质的细粉砂岩，部分小层富含黄铁矿。图 1-21 是巴肯组岩心矿物分析图，页岩中石英含量较高（30%～50%）。巴肯组上、中、下三段的厚度比例在盆地中不同部位有所变化，整个巴肯组厚度从边缘的 0 到沉积中心地带约 150ft（图 1-22），主要产区厚度在 50～150ft 之间。

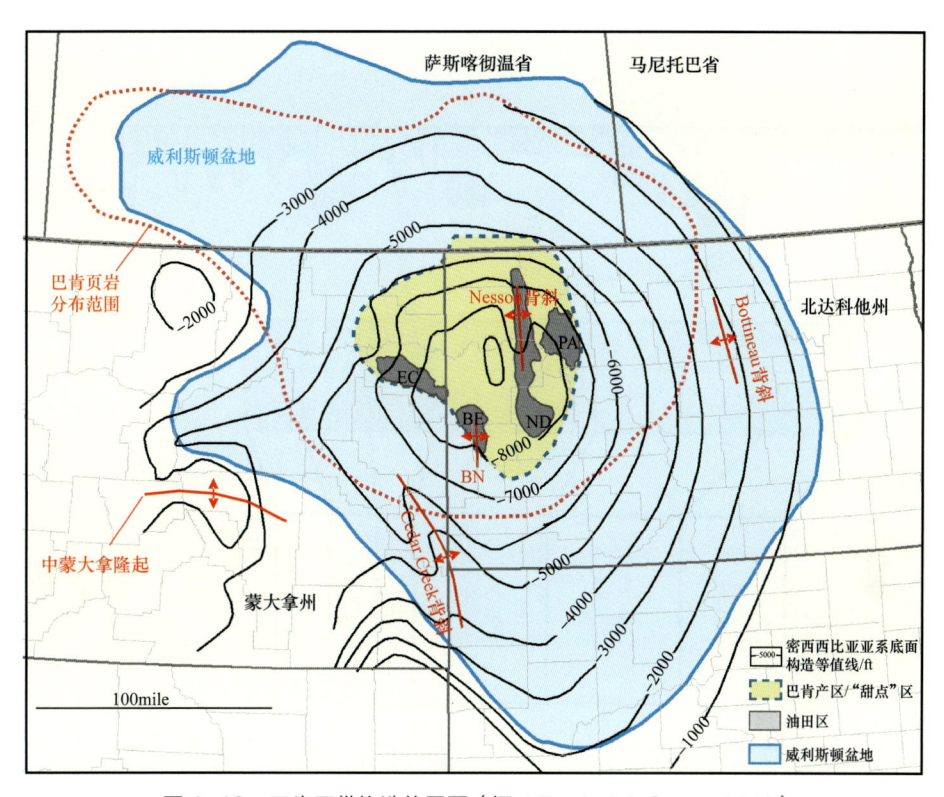

图 1-18　巴肯区带构造位置图（据 J Frederick Sarg，2012）

PA—帕歇尔地区；ND—北达科他背斜区；EC—埃尔姆古丽油田；BE—Bicentennial—Elkhorn 油田；BN—Billings 鼻状构造

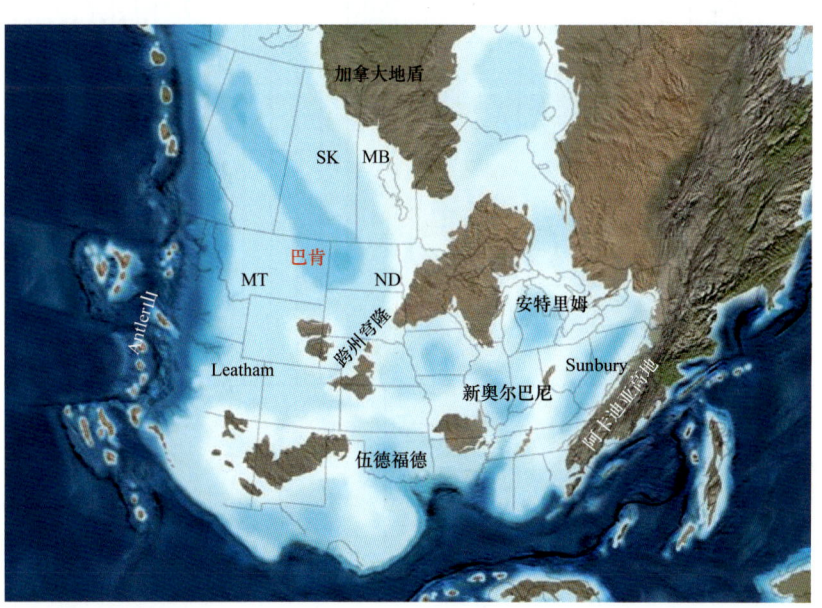

图 1-19　巴肯区带晚泥盆世—早密西西比亚世（360Ma）黑色页岩沉积环境图（据 Stephen A Sonnenberg，2010）

MT—蒙大拿州；SK—萨斯喀彻温省；MB—曼尼托巴省；ND—北达科他州

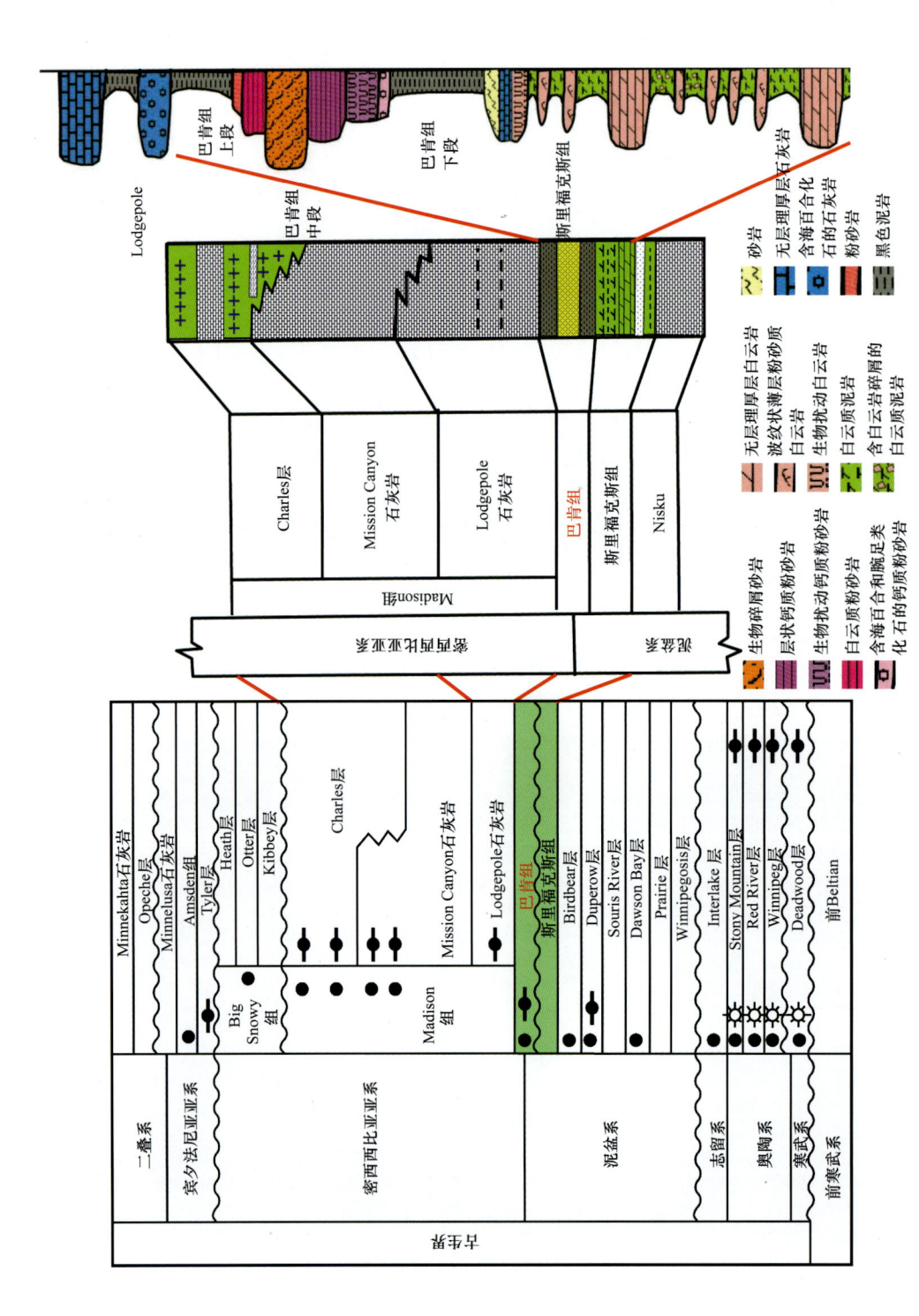

图1-20 巴肯典型区域地层柱状图（据AAPG Explorer；Sonnenbert等，2011；Sonnenberg，2015）

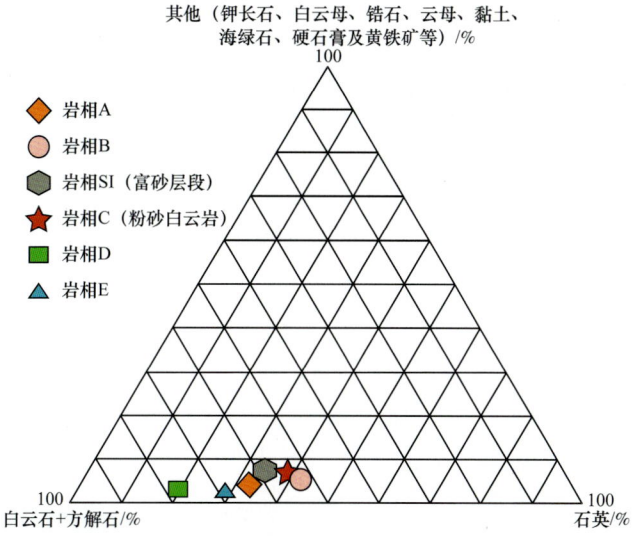

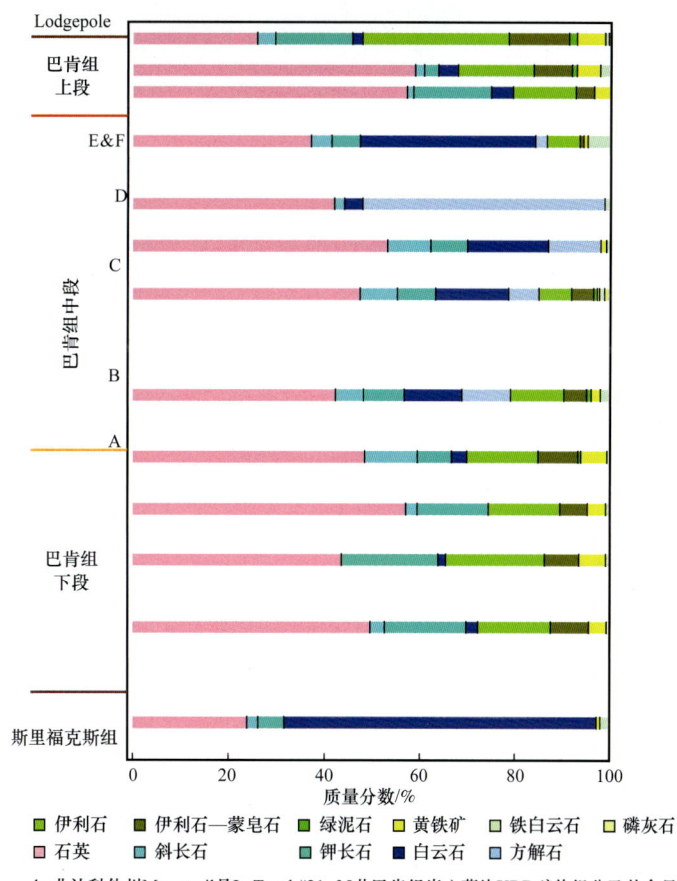

图 1-21 巴肯组岩心矿物分析图（图 a 据 Ayhan, 2016；图 b 据 Sonnenberg 等, 2011）

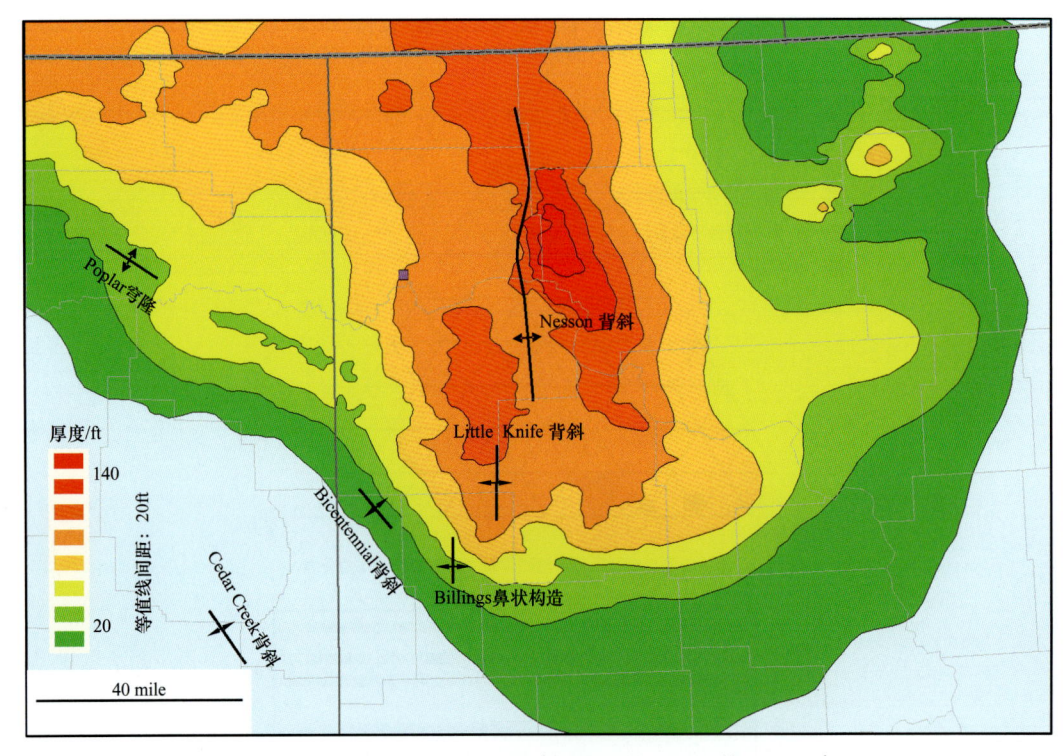

图 1-22　巴肯组地层等厚图（据 Sonnenberg 等，2015）

巴肯组上、下段页岩有机质类型为Ⅰ型干酪根（S. A. Sonnenberg 等，2011），大部分地区成熟度在生油窗内，但盆地的东部和北部也存在相当面积的未成熟区（图 1-23）。巴肯区带主要产区地层压力梯度为 0.66~0.78psi/ft，超出了静水压力梯度（0.465psi/ft），是超压地层（图 1-24）。研究发现，压力梯度和页岩厚度、成熟度有一定的相关性，生油层较厚，成熟度较高，地层压力系数较高，产能会比较好。

三、伊格尔福特区带

伊格尔福特区带位于得克萨斯州墨西哥湾盆地西部。页岩是一套晚白垩世的沉积岩，由富有机质的海相页岩构成，在南得克萨斯州的大部分地区都有分布，面积约 2000mile^2。该套页岩在露头中也有出露。该套富含石油和天然气的地层从 Webb 县和 Maverick 县境内的得克萨斯—墨西哥边境线向东得克萨斯州延伸 400mile，宽度大约为 50mile。伊格尔福特组的分布和厚度变化受区域构造控制（图 1-25）。在西南部的马弗里克（Maverick）盆地厚度最大，向东北部的 San Marcos 隆起逐渐减薄，埋深为 0~17000ft，平均厚度为 250ft（图 1-26）。

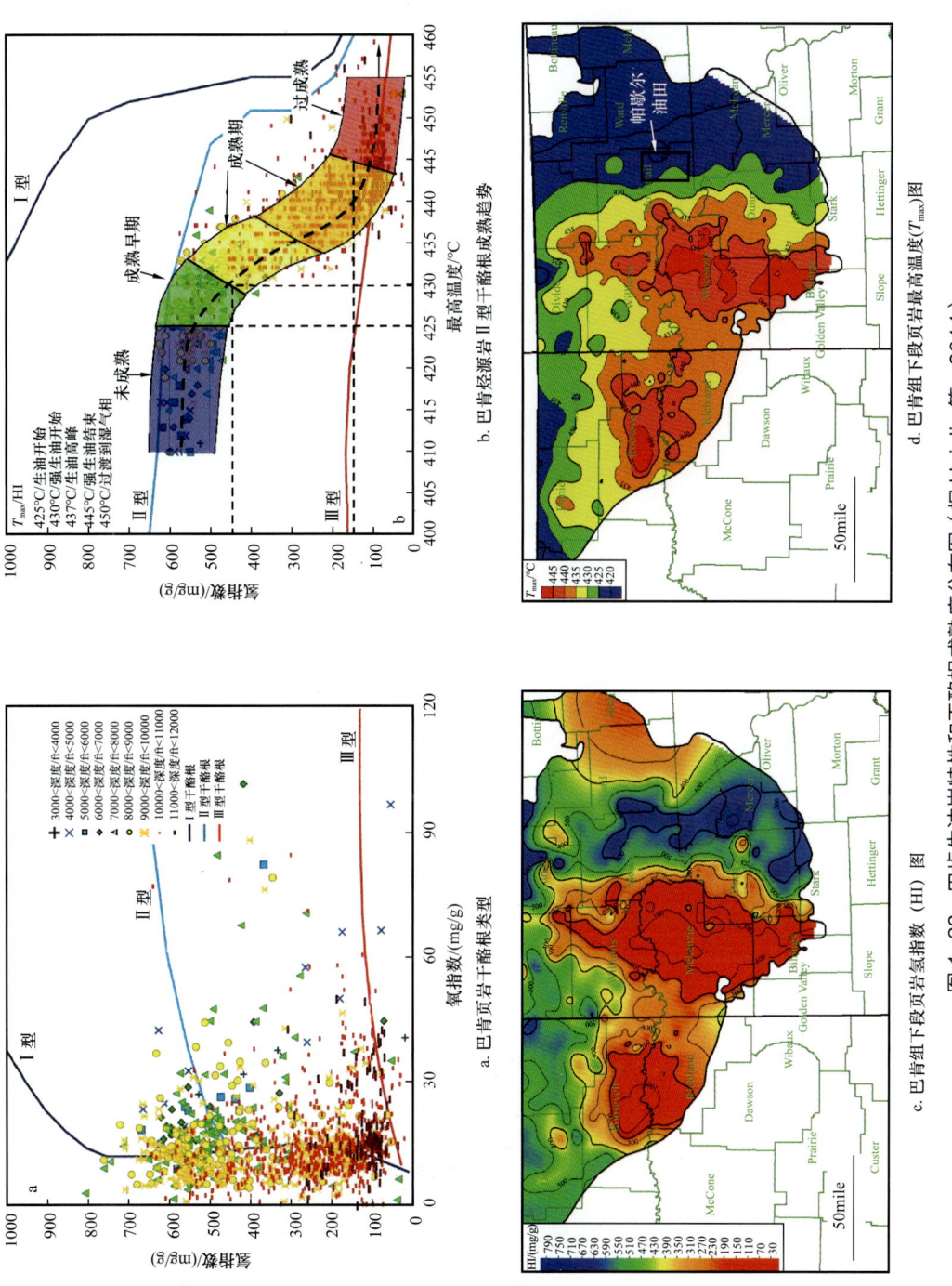

图 1-23 巴肯生油岩特性和干酪根成熟度分布图（据 Hui Jin 等，2014）

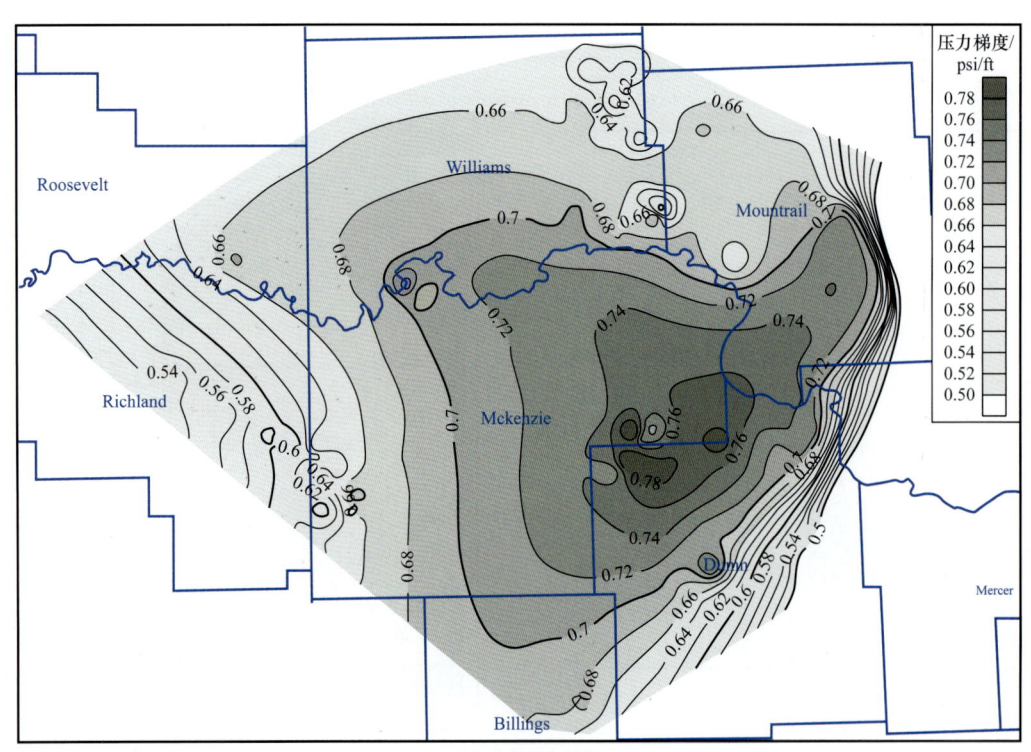

a. 巴肯组中段压力梯度图

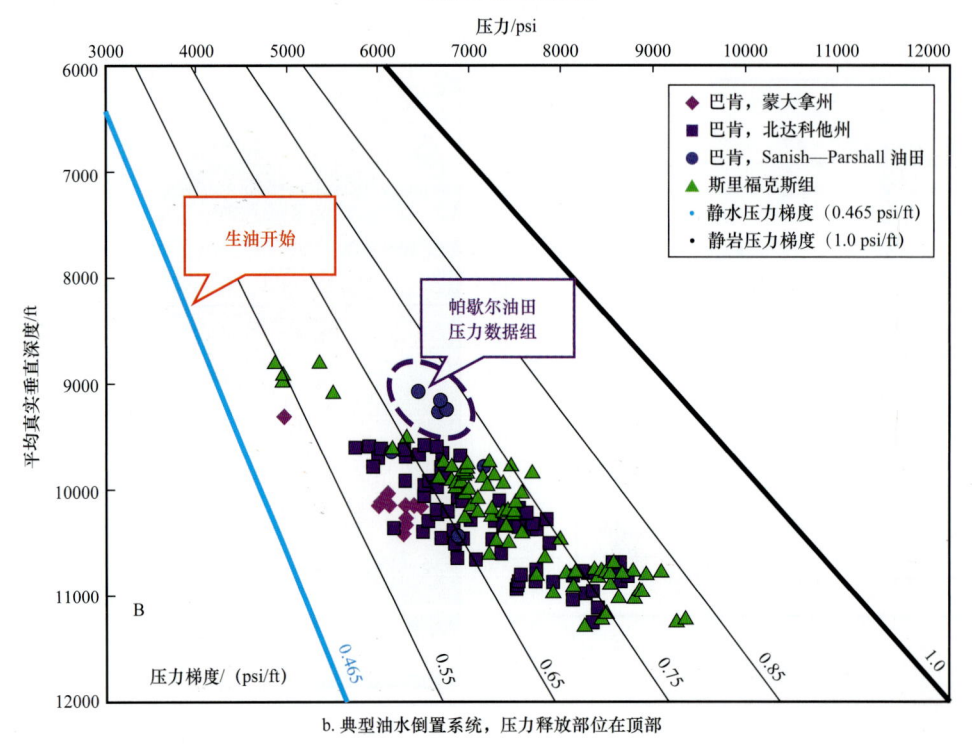

b. 典型油水倒置系统，压力释放部位在顶部

图 1-24　巴肯地层压力梯度分布图（图 a 据 Theloy，2013；图 b 据 Sonnenberg，2015）

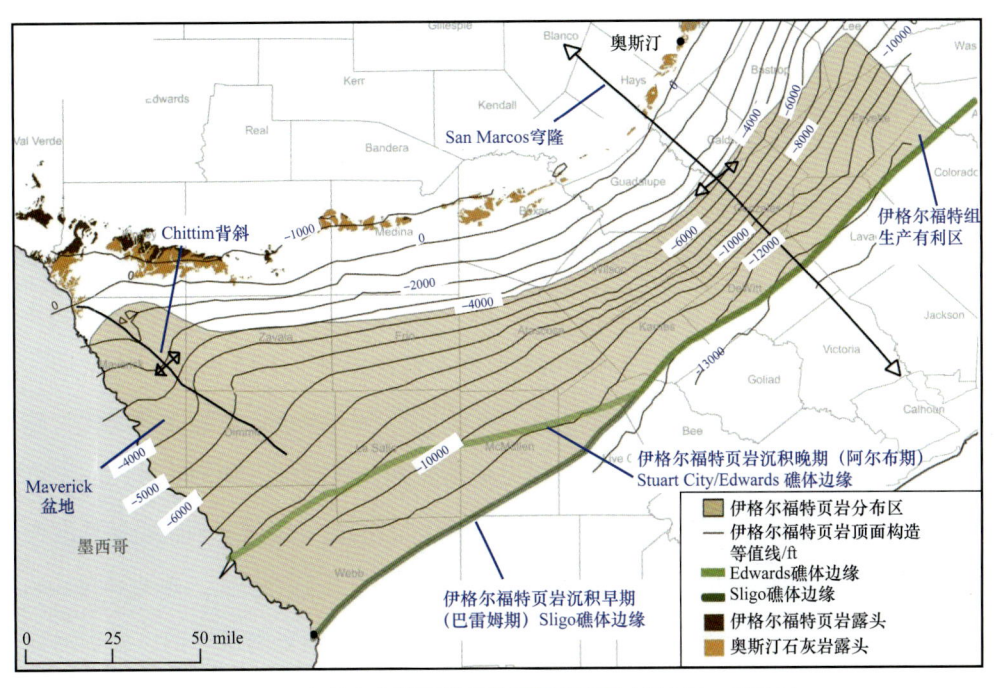

图 1-25 伊格尔福特页岩区带顶面构造图（据 EIA，2014）

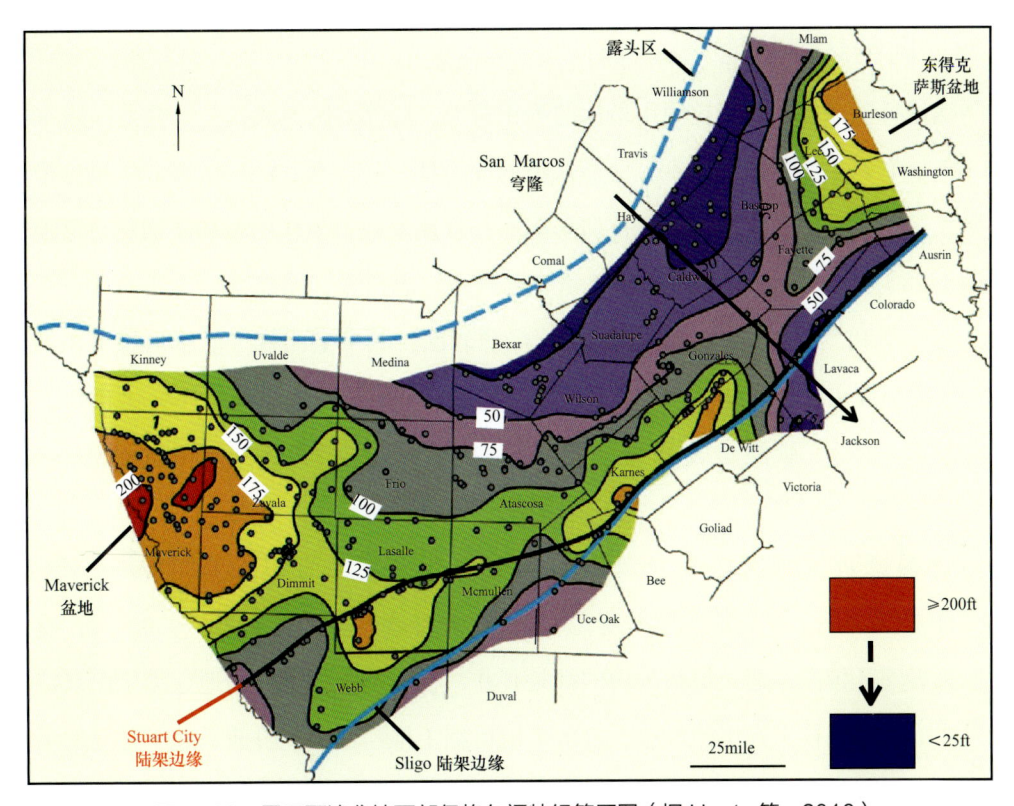

图 1-26 墨西哥湾盆地西部伊格尔福特组等厚图（据 Hentz 等，2010）

伊格尔福特页岩矿物含量中，钙质含量为40%～90%，泥质含量为15%～30%，硅质含量为10%～29%。该套页岩中含有大量的碳酸盐，增强了其脆性，有利于实施水力压裂作业。其TOC为2%～12%，R_o为0.45%～1.4%，孔隙度为8%～12%，压力梯度为0.5～0.8psi/ft。该组划分为上下两个单元，伊格尔福特上段为海退期沉积的浅灰色—深灰色互层状钙质泥岩，伊格尔福特下段以海进期沉积的深灰色泥岩为主（Usman Ahmed等，2016）。

伊格尔福特组顶部与奥斯汀（Austin）白垩不整合接触，下伏Buda组石灰岩。伊格尔福特下段富有机质钙质泥岩是主要目标，向东北部San Marcos隆起逐渐变化为硅质较多的Pepper页岩，Pepper页岩发育在东得克萨斯盆地，属远端三角洲相。Pepper页岩内不连续的低渗砂岩是该区带页岩油主要的钻井和完井目的层。伊格尔福特组从西北向东南下倾，深度从露头变化到17000ft。由于伊格尔福特组埋深变化很大，热成熟度由0.45%变到1.4%，致使其油气分布平面分带性十分明显，从西北到东南从原油、凝析油到干气成带分布，油气比较高。

四、阿纳达科盆地

阿纳达科盆地是北美克拉通中最深的沉积盆地，局部地区寒武系—二叠系厚达40000ft（图1-27）。它经历了4个发展期：前寒武纪的固结期、晚前寒武纪—中寒武世拗拉槽发育期、寒武纪—早密西西比世南俄克拉何马海槽发育期及晚古生代构造和阿纳达科盆地形成期（图1-28）。该盆地主要地层有寒武系、奥陶系、志留系、泥盆系、密西西比亚系、宾夕法尼亚亚系和二叠系（图1-29）。有5套烃源岩层，其中上泥盆统伍德福德组是主要烃源岩。伍德福德页岩为海相沉积，该套灰色—黑色页岩有机质含量高，TOC达9.8%，硅质含量达50%～65%，碳酸盐含量为5%～10%，黏土含量为30%～35%（Usman Ahmed等，2016）。

伍德福德页岩气开发始于2003年和2004年，区带面积近11000mile^2，埋深在6000～11000ft之间，页岩的厚度平均为120～220ft，含气量平均为200～300ft^3/t，要比其他一些页岩气区带高一些。最初采用的都是直井，在水平井技术成功地应用于巴奈特页岩气开发之后，这项技术在伍德福德页岩区带也得到了推广应用。目前仍处于开发的早期阶段，井距为640acre。

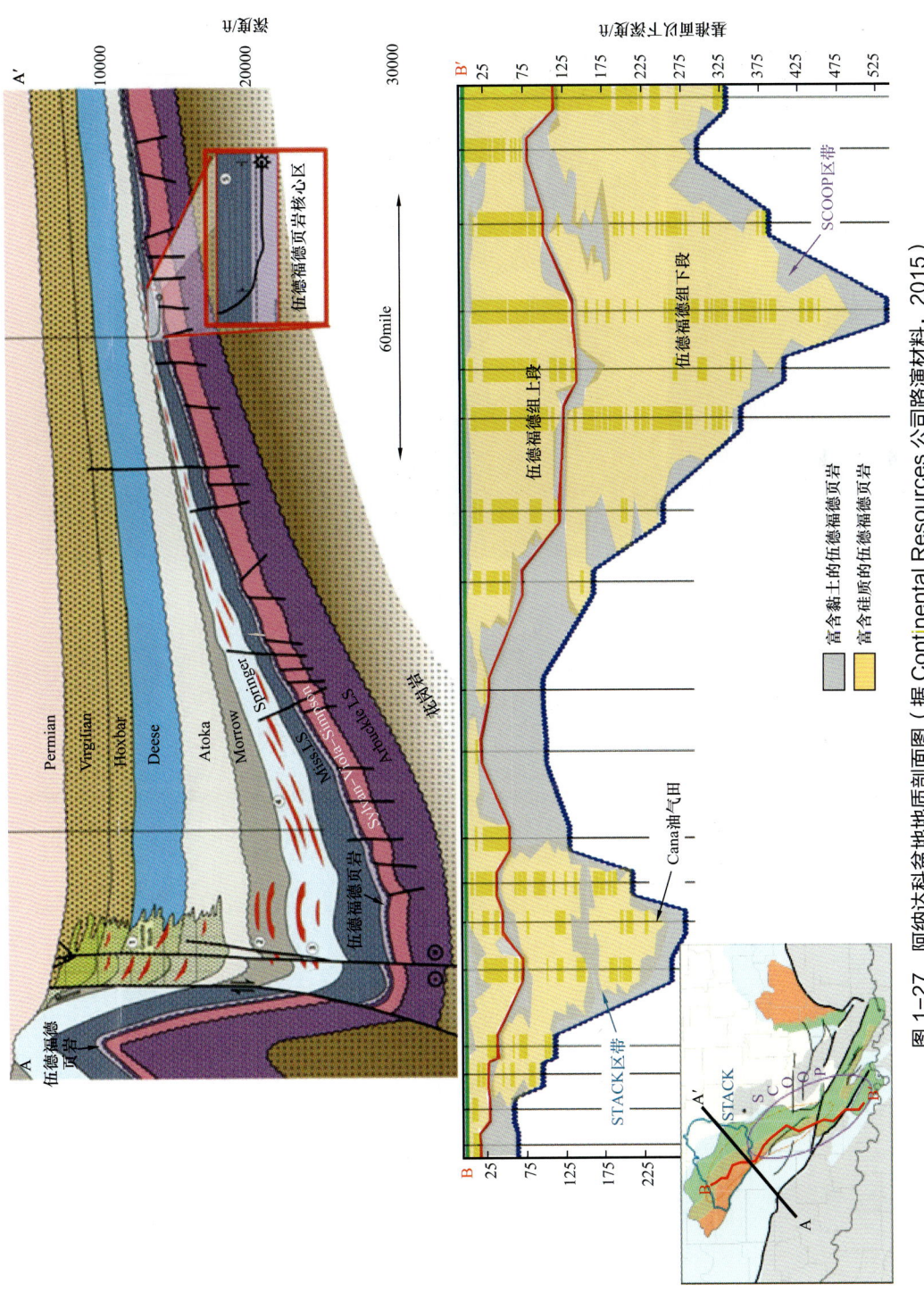

图 1-27 阿纳达科盆地地质剖面图（据 Continental Resources 公司路演材料，2015）

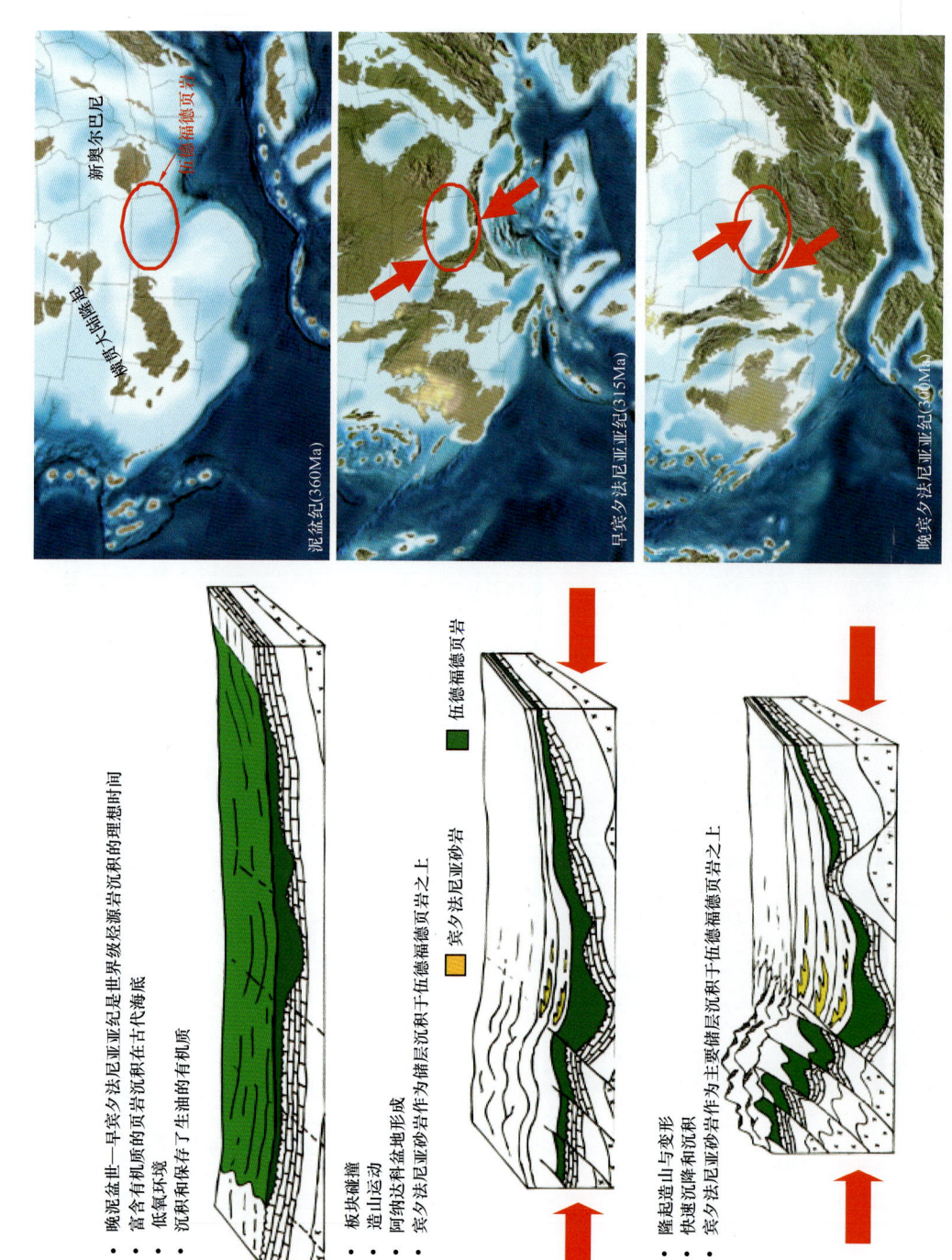

图 1-28 阿纳达科盆地构造演化阶段（据 Blakey，2011）

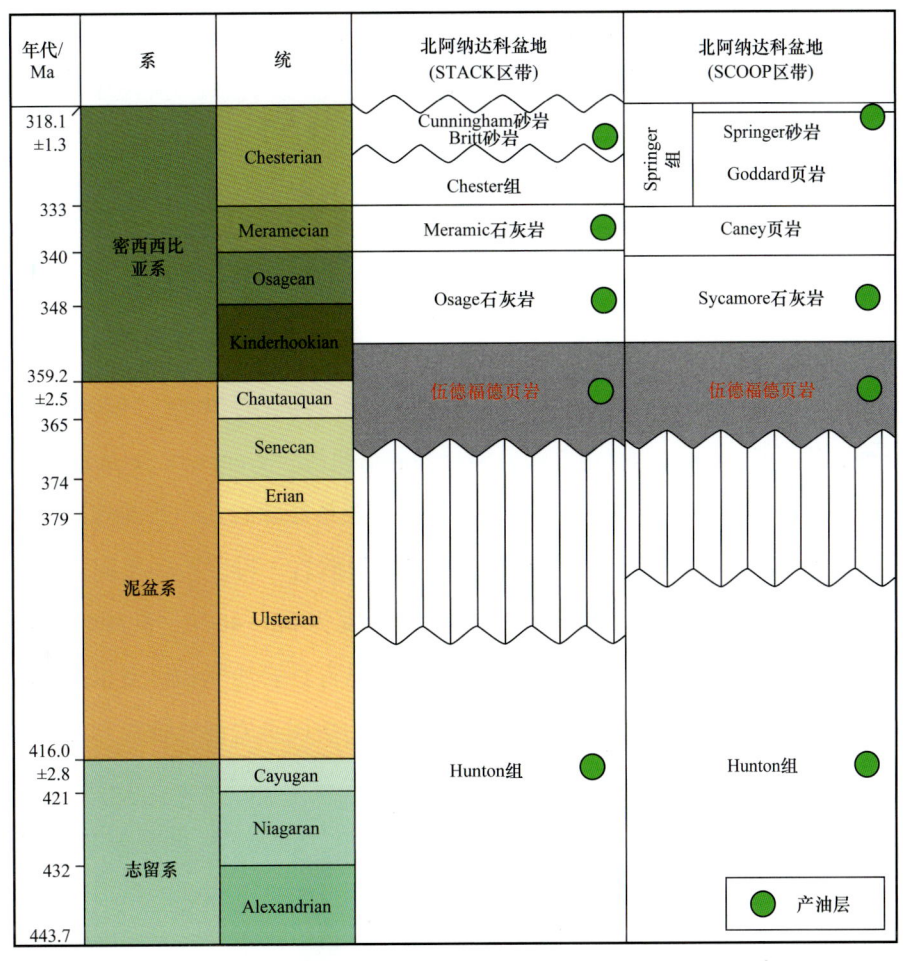

年代/Ma	系	统	北阿纳达科盆地 (STACK区带)	北阿纳达科盆地 (SCOOP区带)
318.1±1.3	密西西比亚系	Chesterian	Cunningham砂岩 / Britt砂岩 / Chester组	Springer组: Springer砂岩 / Goddard页岩
333 / 340		Meramecian	Meramic石灰岩	Caney页岩
348		Osagean	Osage石灰岩	Sycamore石灰岩
359.2±2.5		Kinderhookian	伍德福德页岩	伍德福德页岩
365	泥盆系	Chautauquan		
374		Senecan		
379		Erian		
		Ulsterian		
416.0±2.8	志留系	Cayugan	Hunton组	Hunton组
421		Niagaran		
432 / 443.7		Alexandrian		产油层

图 1-29 阿纳达科盆地地层柱状图（据 Libourus 等，2017；Continental Resources，2015；Cardott，2017；Johnson 等，1992，修改）

人们对伍德福德页岩的地层和有机质含量已有比较深入的认识，但由于其复杂性要大于巴奈特页岩，钻井和压裂作业难度都比较大。此外钻井作业采用的是油基钻井液，钻井作业难度更大。除了含有燧石和黄铁矿之外，伍德福德页岩断层发育程度更高，在钻井作业过程中很容易钻出目的层，有时一口井会钻遇多条断层。

与巴奈特页岩一样，优质的伍德福德页岩气储层也是以硅质含量比较高的地层为主，但后者的埋深更大一些，而且破裂压力梯度也更高一些。由于断层非常发育，三维地震勘探就显得异常重要。伍德福德页岩气开发的水平井段长度一般在 3000ft 以上，压裂段数更多，规模更大。随着伍德福德页岩区带开发扩展到阿德莫尔（Admore）盆地以及俄克拉何马州中西部 Canadian 县，井工厂技术的应用也将越来越广泛。

伍德福德页岩上覆一套密西西比亚系碳酸盐岩，该套地层为低孔低渗致密层，是页岩油的储层，其油源来自下伏的伍德福德烃源岩。

近几年，阿纳达科盆地页岩油勘探开发取得了新的进展，引起了许多公司的重视，已成为近年来作业钻机数增长最快的地区。其中有两个主要目标区：STACK区带和SCOOP区带，这两个区带位于阿纳达科盆地东南部，从STACK区带到SCOOP区带盆地由浅变深，地层厚度增大。

STACK区带页岩油气储层深度为7000～16000ft，主要目的层有Meramec上段、Meramec下段和伍德福德组，SCOOP区带页岩油气储层深度为7000～19000ft，主要目的层有Springer组1段、Springger组2段、Sycamore Silt段、Sycamore Solid段和伍德福德组（图1-30）。SCOOP区带具有泥盆系—密西西比亚系烃源岩，产非常规石油、凝析油和天然气。从陆架—斜坡—盆地的密西西比亚系以粉砂岩、粉砂质钙质泥岩为主，夹烃源岩。在SCOOP区带，伍德福德组广泛分布，厚度为80～400ft，孔隙度一般为6%，为一套有机质硅质泥岩。伍德福德页岩油气特征与巴肯页岩油气和伊格尔福特页岩油气基本类似（表1-6），页岩油气资源前景可观，已成为美国页岩油气勘探开发的新热点。

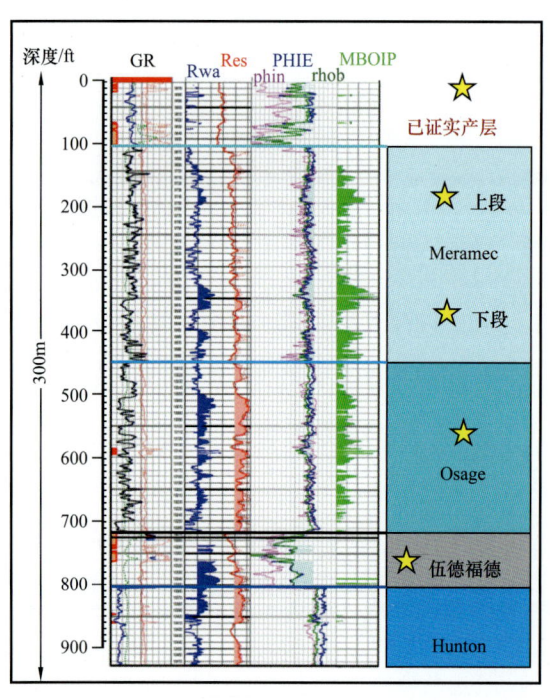

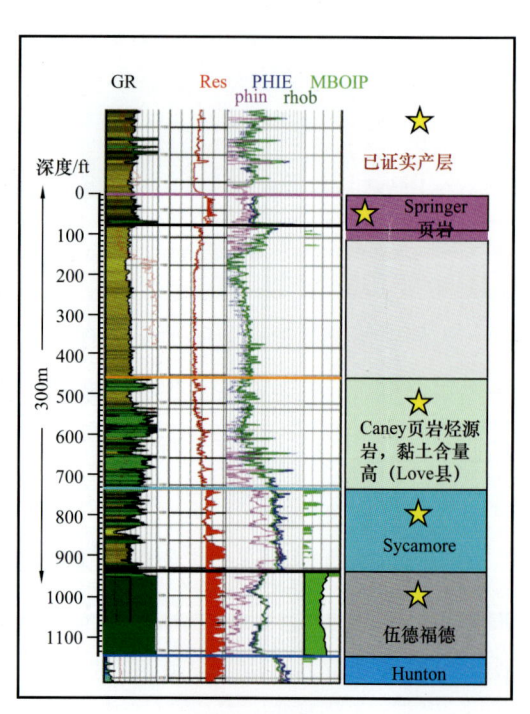

图1-30　STACK和SCOOP区带典型测井曲线（据Cullen，2017）

表 1–6　SCOOP 区带与巴肯和伊格尔福特区页岩油特征对比
（据中国石化石油勘探开发研究院，2018）

区带	SCOOP/伍德福德	巴肯/斯里福克斯	伊格尔福特
年代	泥盆纪	泥盆纪	白垩纪
面积 /mile²	3300	13000	5000
深度 /ft	8000～16000	8000～11500	7000～12000
厚度 /ft	150～400	10～250	100～250
TOC/%	6～12	5～20	3～7
孔隙度/%	5～8	5～10	6～9
压力梯度/（psi/ft）	0.60～0.65	0.60～0.80	0.40～0.70
OOIP/（10⁶bbl/section）	45～70	60～70	42～49

五、奈厄布拉勒区带

奈厄布拉勒页岩区带主要分布在丹佛—朱尔斯堡（Denver—Julesburg）盆地（简称 DJ 盆地），该盆地位于科罗拉多州东北部、堪萨斯州西北部、内布拉斯加州西南部和怀俄明州东南部（图 1-31）。目前奈厄布拉勒区带大部分油气开发活动集中在 DJ 盆地，作业者以多层段开发的方式开发奈厄布拉勒组页岩和科德尔（Codell）组。

奈厄布拉勒页岩属上白垩统，在 DJ 盆地地层厚度为 200～700ft，南厚北薄。奈厄布拉勒组厚度主要受控于古隆起和基底构造，古隆起沿前缘山脉分布，古隆起附近地层变薄，向低洼处变厚（图 1-32）。

奈厄布拉勒页岩油气属于自生自储油气藏，由低渗透白垩、页岩和砂岩组成（图 1-33）。烃源岩主要为 Ⅱ 型干酪根，TOC 为 2.0%～8.0%，热成熟度 R_o 为 0.5%～1.4%（Usman Ahmed 等，2016），在落基山区多个盆地的深部达到热成熟。在生油窗内以油藏为主（如丹佛盆地），进入生气窗的生油岩区以气藏为主［如皮申斯（Piceance）盆地深部］，在西内（Western Interior）盆地东翼的浅层白垩气藏出现生物甲烷。天然裂缝是控制奈厄布拉勒页岩油气"甜点"的重要因素。

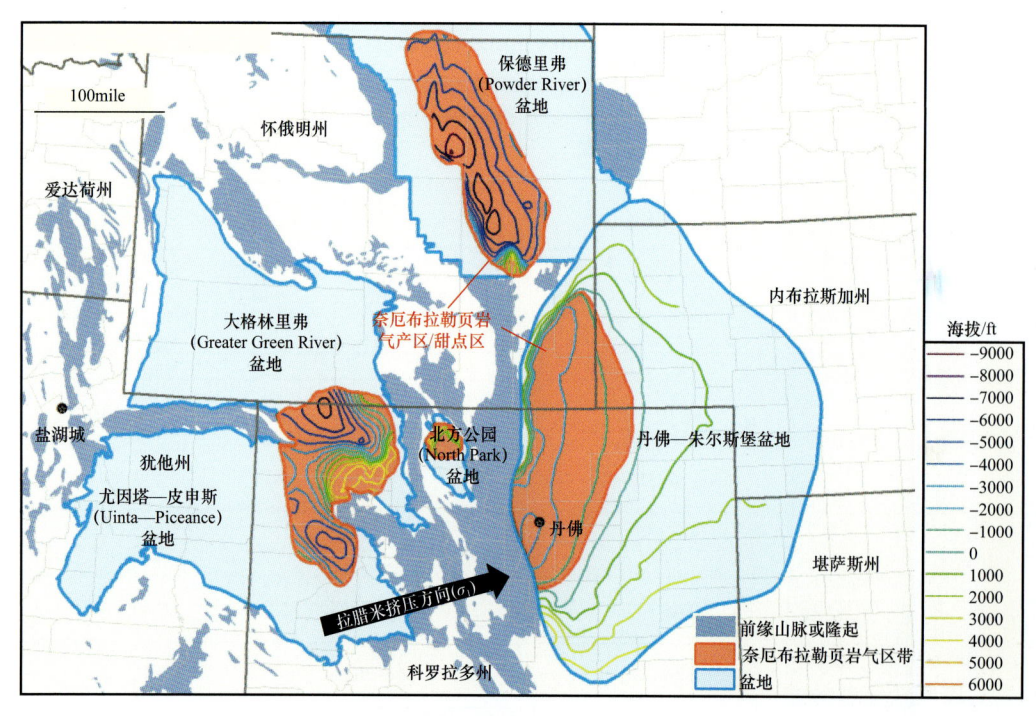

图 1-31 奈厄布拉勒区带构造位置图（据 Sonnenberg，2011，2017，修改）

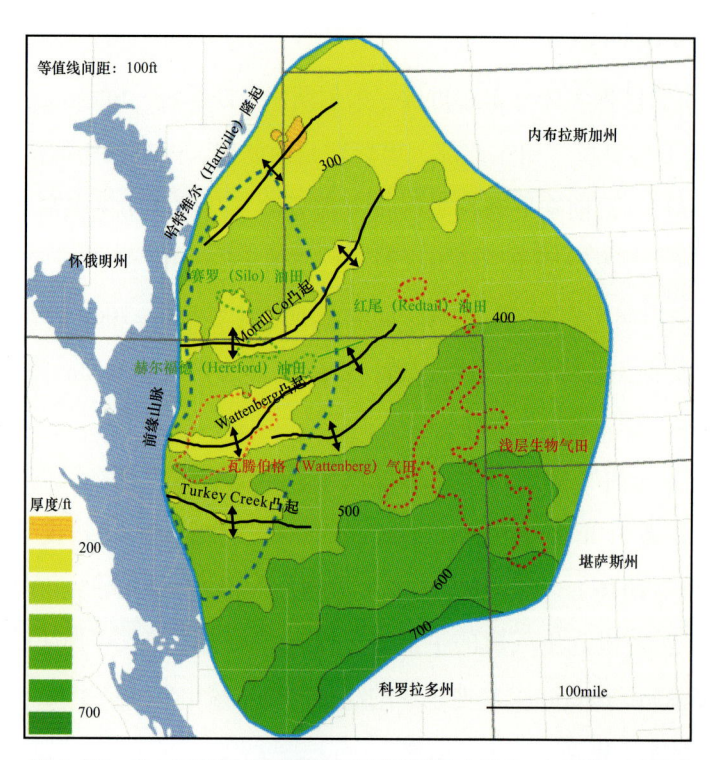

图 1-32 DJ 盆地奈厄布拉勒组地层等厚图（据 Drake 等，2012）

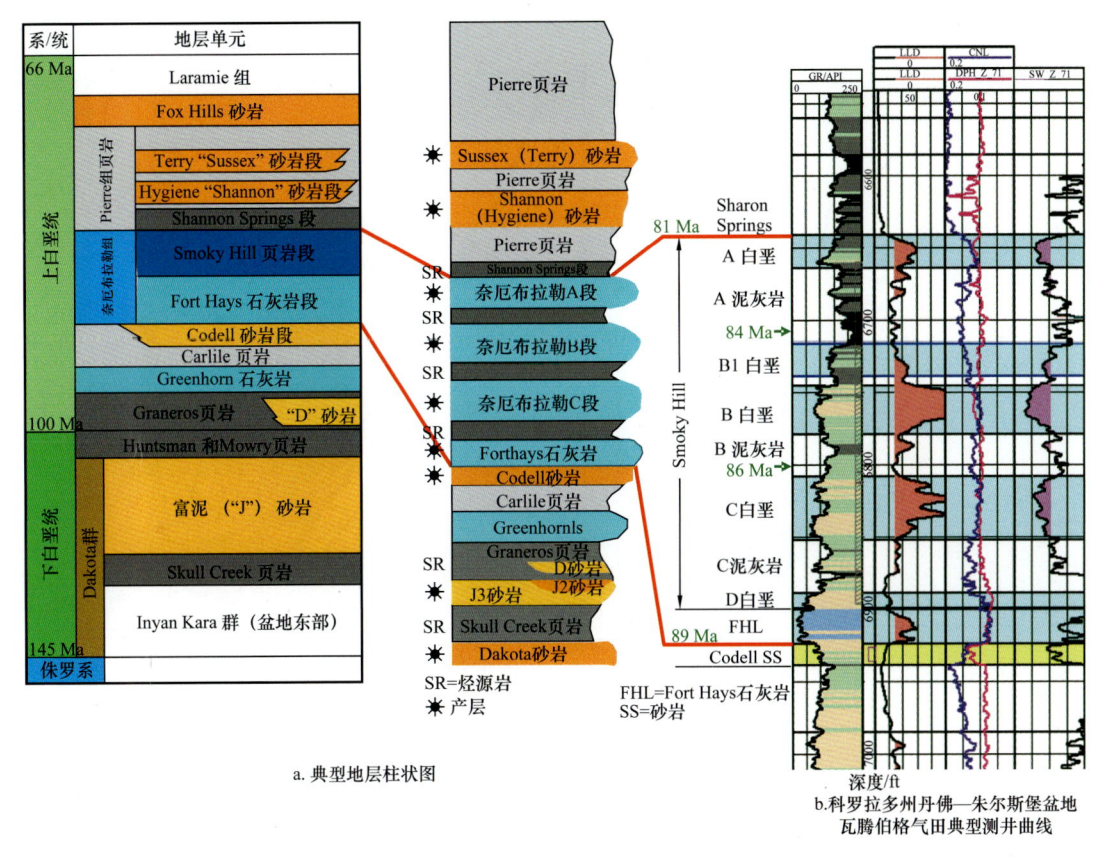

图 1-33　奈厄布拉勒页岩区带典型地层柱状图与测井曲线（据 Michaels，2014；C，2012）

六、蒙特利区带

蒙特利（Monterey）组是在美国加利福尼亚州分布范围很广的一套海相富有机质页岩，分布在圣华金（San Joaquin）、文图拉（Ventura）、圣玛利亚（Santa Maria）和洛杉矶（Los Angeles）等盆地，其中圣华金盆地蒙特利组页岩分布最广（图 1-34），已经证实蒙特利组是这些盆地油气的主要烃源岩层。蒙特利组是在中新世沉积的一套由多种沉积物构成的复杂地层，包括泥质沉积物和致密的燧石。在圣华金盆地，蒙特利组主要由生物硅质岩（硅藻土、瓷状岩和燧石）组成，也含丰富硅质碎屑沉积物（郑和荣等，2020）。

巴肯、伊格尔福特等页岩油开发的成功使人们看到了页岩作为油气产层的巨大潜力，因此蒙特利组也受到众多企业和机构的青睐。2011 年 7 月，EIA 发布了美国几个主要页岩油气区带的资源评价结果，其中就包括加利福尼亚州圣华金盆地和洛杉矶盆地的蒙特利组页岩。根据该评价结果，蒙特利区带的页岩油技术可采资源量高达 154.2×10^8 bbl，约

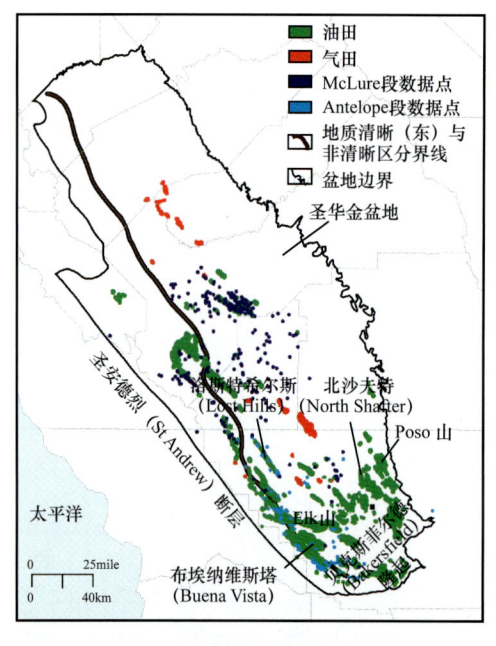

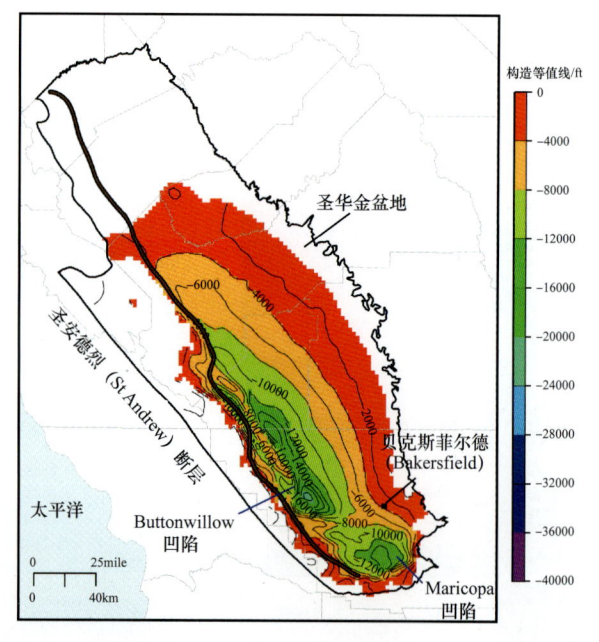

a. 圣华金盆地油气田分布图 b. 圣华金盆地蒙特利组顶面构造等值线图

图1-34 圣华金盆地油气分布与蒙特利区带构造图（据Scheirer，2007）❶

占美国页岩油技术可采资源总量的64%，远高于巴肯和伊格尔福特区带的 40×10^8 bbl 和 30×10^8 bbl，成为全美页岩油资源最丰富的地区。2012年，EIA根据一些新的资料和数据将蒙特利组的页岩油技术可采资源量小幅下调至 137.3×10^8 bbl，但仍遥遥领先于其他页岩区带。巨大的资源潜力极大地激发了油公司开发蒙特利页岩油的热情，先后有十几家公司进入该区从事页岩油勘探开发作业。但实际的勘探开发结果并没有预期的那样乐观，而且蒙特利组巨大的资源量评价结果也开始受到质疑。2014年5月，EIA再次对蒙特利组的页岩油技术可采资源量进行了调整，从 137.3×10^8 bbl 下调至 6×10^8 bbl，下调幅度高达96%（周庆凡等，2015）。

综合分析认为，EIA 2014年5月大幅下调蒙特利组的页岩油资源评价结果主要出于三方面因素考虑：参数的选取过于乐观、地质条件比预想的复杂、现有技术难以实现大规模经济开发。

（1）参数选取过于乐观，类比对象无法达到预期生产水平。

从蒙特利组的地质特征、所处的构造环境及实际生产动态来看，EIA和INTEK公司

---

❶ 图1-14、图1-15、图1-17、图1-20、图1-21、图1-22、图1-24、图1-27至图1-34均引自《美国页岩油气生储特征图册》，地质出版社，2019。

在对该组进行页岩油资源评价时所选取的潜力区面积和单井估算最终可采量（EUR）数据都过于乐观，导致该组的页岩油资源量在早期的评价中被高估。

按照EIA的标准，页岩油潜力区的埋深应该为8000～14000ft（2438～4267m），R_o为0.7%～1.0%，但蒙特利组中能达到这一要求的区域是很有限的。图1-35分析表明作为该组主要页岩油产层的Antelope和McLure页岩段在盆地不同部位的热成熟度差异很大，从未成熟到过成熟都有，而且该组当前的生油窗埋深在11000～18000ft（3352～5486m）之间（Peters K E等，2008），按照EIA的页岩油潜力区标准，Antelope和McLure页岩段中真正具有页岩油潜力的面积就很有限了，在陆上圣巴巴拉（Santa Barbara）段和Reef Ridge页岩段也存在这样的情况，因此就目前情况来看，蒙特利组的页岩油潜力区面积无法达到1752mile^2。

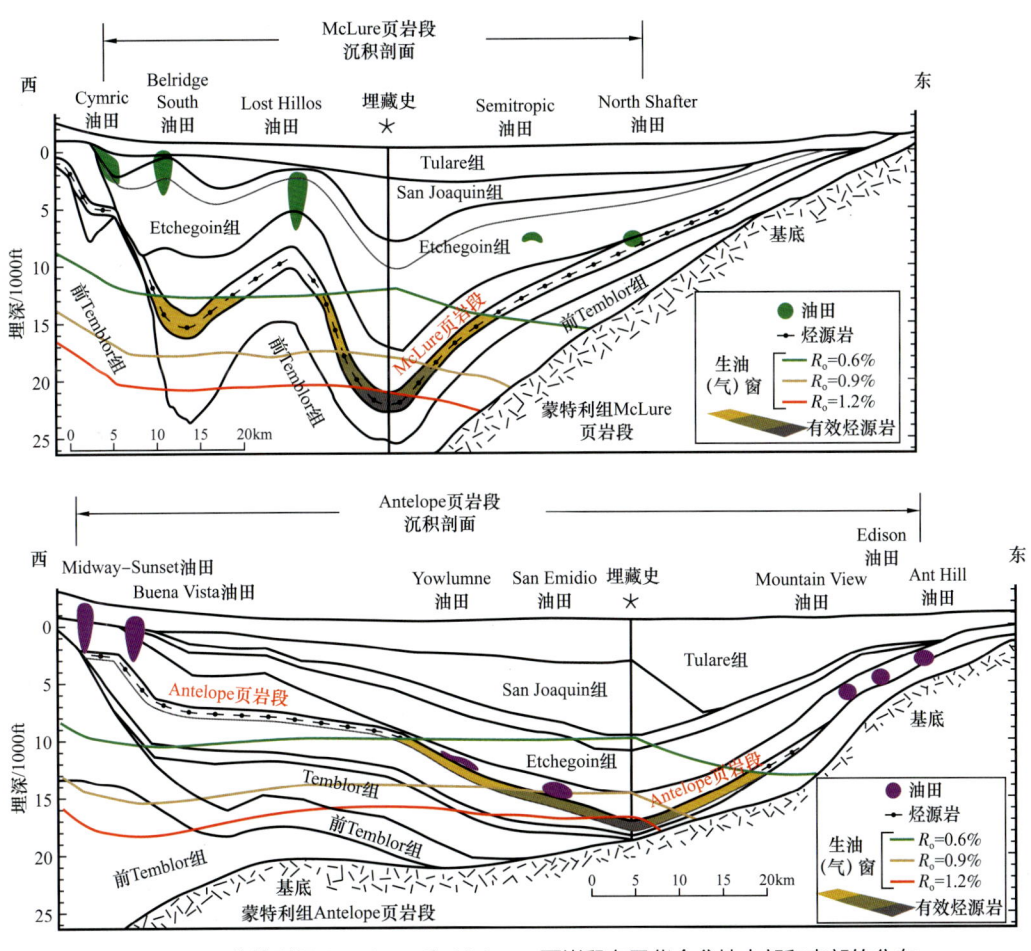

图1-35 蒙特利组Antelope和McLure页岩段在圣华金盆地中部和南部的分布
（据Hughes J D，2013）

从 2000 年以来蒙特利组不同层段的平均单井产量变化上可以看出，具有页岩油生产潜力的 Antelope 页岩、McLure 页岩、Reef Ridge 页岩和陆上圣巴巴拉段目前的单井产量平均在 8～40bbl/d 之间，开发相对较晚且采用水平井和水力压裂的 McLure 和 Reef Ridge 页岩段的平均单井产量是最高的，为 40bbl/d（图 1-36）。即使按照目前最高的单井日产量保持不衰减连续生产 30 年，单井累计产量也只有约 43×10^4 bbl，而实际产量肯定远小于这一数值，因此 EIA 和 INTEK 公司在蒙特利组页岩油资源量计算中所采用过的 55bbl/d 和 49bbl/d 的单井 EUR 过于乐观。

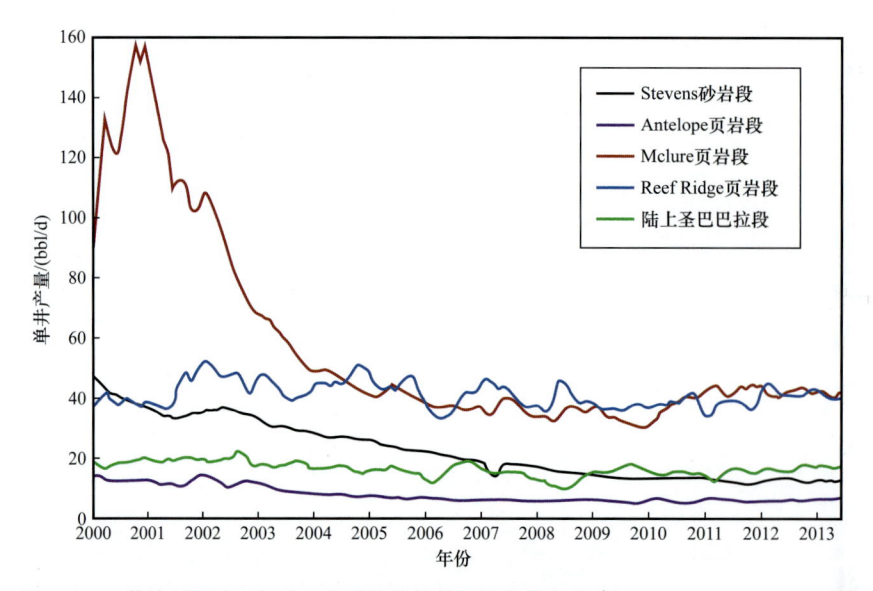

图 1-36　蒙特利组陆上部分不同层段的单井平均产量变化（据 Hughes J D，2013）

另外，他们在确定蒙特利组的页岩油典型生产曲线时参考了西方石油公司发布的 Elk Hills 油田蒙特利组生产数据，这里面有两个问题。一是该油田的主要产层是蒙特利组 Stevens 砂岩段，这是一个常规储层，因此其生产特征不具备作为页岩油井典型曲线的基础。二是即使将 Stevens 砂岩段也视为页岩油层段，该公司最近 6 年在 Elk Hills 油田所钻的 1212 口井中，也只有 6 口井的初始产量超过了 800boe/d[1]，全部定向井（包括水平井）和直井的平均初始产量分别只有 108boe/d 和 96boe/d。因此，即使该油田生产井具备作为页岩油典型生产井的基础，其实际的产量水平也远低于 EIA 和 INTEK 公司的预期。

（2）地质条件复杂，无法与巴肯和伊格尔福特区带相比。

人们对蒙特利组页岩油的热情主要来自巴肯和伊格尔福特页岩油开发的成功，但从

---

[1] boe 表示桶油当量。

地质角度来看，蒙特利组的条件要复杂得多，无法与巴肯和伊格尔福特区带相比，而且在勘探和钻井方面也面临更多挑战。首先，巴肯和伊格尔福特组发育在一个相对稳定的地台上，它们的厚度较薄、分布范围广，资源可预测性强，而蒙特利组发育在一个构造活跃地区，厚度大、分布范围有限，而且受圣安德烈斯（San Andreas）断裂和其他构造活动影响发生了变形，资源可预测性差。其次，巴肯和伊格尔福特区带的目标层厚度通常小于100ft（约合30m），且地层平伏或倾角很小，而蒙特利组的地层产状变化幅度很大，埋深甚至能在短短的40mile（约合64km）范围内从野外露头演变为地下18000ft（约合5486m），而且还在不同的尺度范围内发育复杂断层和褶皱。最后，蒙特利组的页岩油潜力区面积也无法与巴肯和伊格尔福特区带相比，巴肯区带的潜力区面积高达2×10^4mile^2（约合51800km^2），伊格尔福特区带为8000mile^2（约合20720km^2），都远高于蒙特利组。

（3）存在技术瓶颈，现有技术条件难以实现产量突破。

除文图拉盆地的海上南埃尔伍德（South Elwood）油田外，蒙特利组目前所有的在产井和新钻井全部集中在圣华金盆地中、南部和圣玛利亚盆地的陆上部分（图1-37）。对这

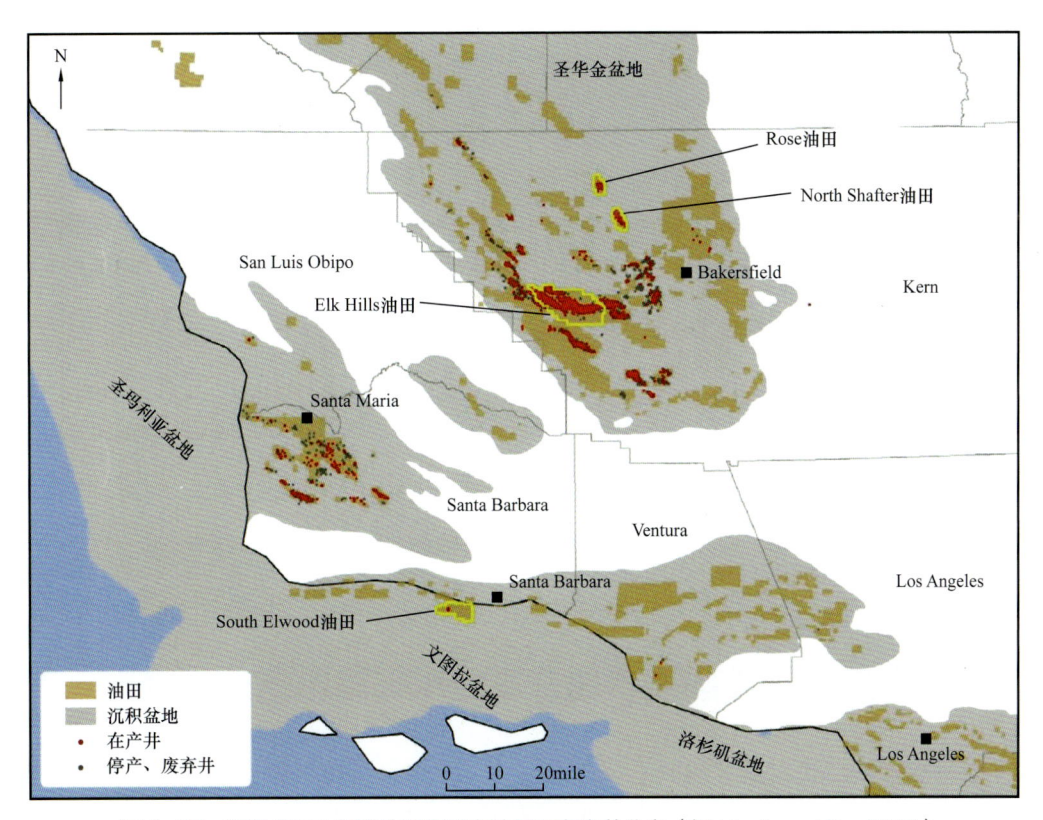

图1-37　截至2013年蒙特利组所有油田和在产井分布（据Hughes J D，2013）

两个盆地 1980 年以来以蒙特利组页岩层段为目的层所钻直井和定向井初始产量的统计发现，不管是哪种类型的井，以及是否使用水力压裂，其累计产量都无法达到较高水平。在圣华金盆地，1980 年以来所钻的以该组页岩层段为目的层的全部 876 口井中，只有 3 口井的累计产量超过了 $55×10^4$ bbl，最近 10 年所钻井的累计可采量定向井平均单井产量为 $9.7×10^4$ bbl，直井平均单井产量为 $12.7×10^4$ bbl，还不到 EIA 预期水平的四分之一，而且值得注意的是，该盆地最近 5 年新钻的井已经回归成以直井为主（图 1-38）。圣玛利亚盆地陆上部分也存在这样的问题，目前尚未有任何一口井能在新技术的作用下达到 EIA 和 INTEK 公司所预期的累计产量水平，而且近几年也开始以钻直井为主。这一方面说明目前蒙特利组页岩油的开发还面临技术瓶颈，无法实现产量突破；另一方面也说明水平井和水力压裂并不是解决页岩油生产的"灵丹妙药"，还需要根据开发对象选择合适的开发技术。

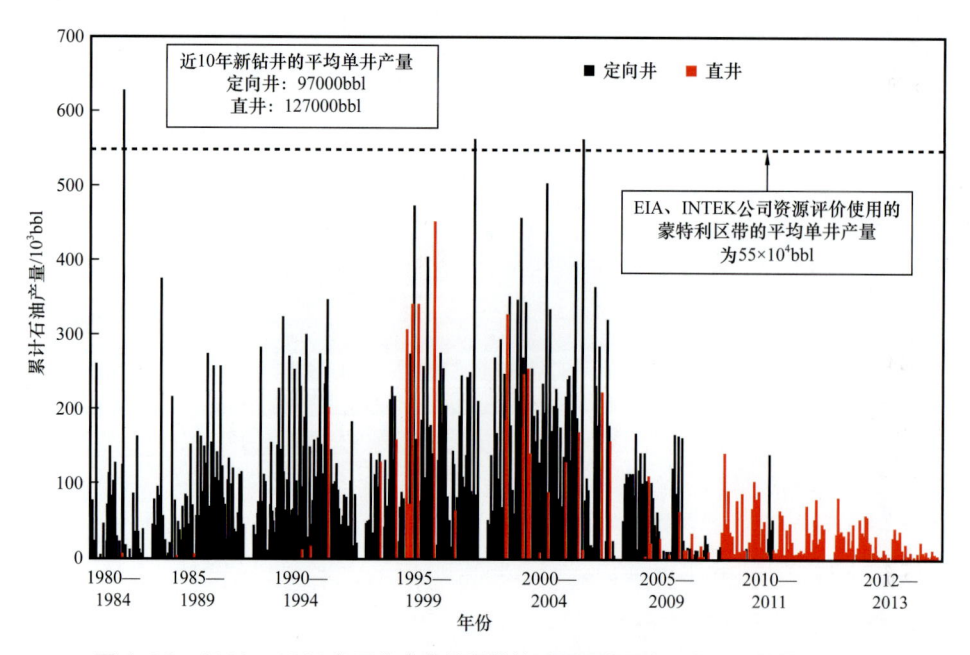

图 1-38　1980—2013 年圣华金盆地以蒙特利组页岩段为目的层的井累计产量
（据 Hughes J D，2013）

第三节　美国页岩油开发成本与降本增效措施

美国页岩油革命成功被认为是 2014 年油价断崖式下跌的主要因素，是美国"能源独立"梦想实现的重要推动力。低油价以来，美国页岩油公司由过去资本驱动的规模化经营模式向重视效益的经营模式转变，比埃克森美孚等国际巨头更早、更快地适应了油价寒冬。这里以 EIA 和 IHS 的相关研究为基础，对美国页岩油勘探开发成本构成进行系统分析，并结合北达科他州巴肯页岩油实例分析现阶段美国页岩油勘探开发的完全成本，最后对美国页岩油行业在低油价下的降本增效措施进行总结归纳。

一、页岩油区钻井与完井成本

1. 页岩油勘探开发成本构成

根据 EIA 和 IHS 的研究（EIA，2016），目前美国的页岩油勘探开发成本主要包括矿权购置、钻井、完井、油田基础设施以及运营成本（主要包括开采成本、集输、污水处理与一般行政成本）等五个部分。

1）矿权购置

从事页岩油勘探开发必须先获得矿权，在美国现行矿产资源法案框架下，油公司获得页岩油区矿权的方式有四种，每种方式对页岩油勘探开发总成本的影响不同。

（1）早期战略性购置。作业者在页岩区块被开发前，仅以初步地质评价为依据购置矿权，此时在该区块内没有或仅有极少的页岩油钻探活动，且未开始先导生产，区块前景无法确定。战略性购置页岩区块的作业者此时购买的矿区面积一般较大，通常超过 10×10^4 acre。这类区块由于缺少成功的勘探和商业生产案例，可能面临后续勘探不成功，无法实现商业开发的危险，其风险较大，但获取成本一般非常低，在 200～400 美元 /acre 之间。

（2）常规矿权扩展。目前美国的主要页岩油区带均位于成熟盆地内，这些盆地都具有较长的常规油气勘探开发历史。按照美国的油气法律，作业者在获得地表许可的同时便可获得地下资源的所有权，因此有些作业者的页岩油矿权是通过早期收购或前期持有的常规油气区块所获得的。对于这类页岩油矿权获取方式，其获取费用几乎可以忽略不计，一旦其所在区域有页岩油生产前景，其持有者可借此获得一定的成本优势。

（3）快速跟进购置。没有能力独立获取页岩油区块的公司可能会选择与已有相关资产的公司组建合资企业的方式获得进入页岩油区块的机会。这种形式的矿权购置通常出现在目标区块内已经有页岩油勘探开发成功的案例，相关风险大幅降低之后。不过，此时虽然区域内已有页岩油成功开发案例，但由于"甜点区"尚不明确，存在所进入区块无经济生产潜力的风险。尽管如此，此时通过这种方式获得页岩油矿权所需的成本已经提高至第一种方式的 10～20 倍，单井费用通常会增加 100 万～200 万美元。

（4）晚期跟随介入。在页岩油区带已有成功案例，且"甜点"已查明后购入相关页岩油区块矿权的作业者被称为晚期跟随介入者。此时页岩盆地或区块的勘探开发风险已经极低，但矿权购置成本却是最高的，通常会是快速跟进购置时所需费用的 3～4 倍。在区块面积大致相当的情况下，这类介入者通常需要布置更小的井距和更多的分支井才能实现经济开发。

2）钻井

钻井成本包括用钻机将一口井钻至目标深度过程中所需的全部费用，可分为有形成本和无形成本两大类，前者包括套管、尾管购置费用等，这部分费用可以通过折旧回收，后者包括钻头、钻机租赁、钻井液、测录井服务、燃料费用等。根据 EIA 的统计，美国陆上盆地的钻井成本占单井完全成本的 30%～40%。对于页岩油气开发所需的水平井而言，单井成本与地质情况、深度、方案设计等有关，不同区带间有较大差异。总体而言，目前美国陆上页岩油气水平井的单井钻井费用为 180 万～260 万美元，占单井总成本的 27%～38%，平均为 31%。

3）完井

完井成本包括完井过程中的射孔、压裂、供水以及水处理等所发生的费用，也包括有形成本和无形成本两大类，前者包括尾管、油管、采油树、封隔器等，后者包括各类压裂支撑剂、压裂液（包括化合物、瓜尔胶、水等）、大型压裂设备租金、作业服务费、水处理费等。完井成本在美国陆上单井总成本中的占比在 55%～70% 之间。美国陆上页岩油气水平井的单井平均完井费用在 290 万～560 万美元之间，占页岩油气水平井总成本的 60%～71%，平均为 63%。

4）油田基础设施

油田基础设施包括道路与井场建设、地表设备（储罐、分离器、干燥器等）以及人工举升设备等，美国陆上盆地内的油田相关基础设施成本占单井总成本的 7%～8%。2016 年，美国页岩油气区内的基础设施费用在几十万美元，占页岩油气井总成本的 2%～8%，平均为 6%。

5）运营

运营成本是开发运营过程中发生的各种费用，会因产液类型、作业位置、井的规模和产量水平而有差异。一般而言，陆上页岩油气井的运营成本包括固定成本和可变成本两大类，前者是将油气采至井口的费用，主要包括人工举升、油气井维护、修井，也被称为开采成本（LOE），后者是将油气从井口运至采购点回交易中心过程中所发生的费用，主要包括采集、处理、运输等费用。在美国，输送油气的中游设施由第三方公司运营，上游生产者根据输油气量向中游公司支付费用。

（1）开采成本：不同页岩区带甚至同一页岩区带的不同地区间的开采成本差距较大，对于页岩油而言，其开采成本主要是人工举升成本。2016年，美国页岩区带的开采成本在2~14.5美元/boe之间。就页岩油气井整个生命周期而言，产量越高所需的开采费用也越高。在页岩油区，深度较大的井所需的开采费用低于深度相对较小的井。

（2）采集、处理与运输费用：是页岩油气生产商向中游公司支付的费用，不同公司间差异较大，通常在某一地区占据主要份额的生产商能够享受较低的费率。页岩气干气的采集、处理与运输成本最低，从井口到采购点的费用一般为0.35美元/MMBtu❶，不同页岩气区的干气从井口运至亨利港（Henry Hub）的成本在0.02~1.4美元/MMBtu之间。页岩气湿气中因为含有天然气液，需要经过分离处理以后再运输，所以这部分成本要高于干气。目前页岩气湿气的采集和处理成本在0.65~1.3美元/MMBtu之间，分离并收集天然气液的成本为2~4美元/bbl，天然气液的运输成本为2.2~9.78美元/bbl。对于页岩油和凝析油，通过管道集运的成本为0.25~1.5美元/bbl，卡车陆运的成本要高一些，为2~3.5美元/bbl。另外，作业者还需要将油通过管道或铁路运至炼厂，这部分成本在2.2~13美元/bbl之间。

（3）水处理：页岩油气生产过程中返排至地表的污水和压裂液需要进行处理，这部分费用也要计入成本中。通常情况下，在页岩油气井开始生产30~45d后产生的返排流体和地层水处理费用会开始计入运营成本中。受处理手段差异、回注和循环利用影响，页岩油气井的水处理成本差距较大，通常在1~8美元/bbl水之间。

（4）一般行政成本（G&A）：目前美国页岩油气井运营的一般行政成本大致为1~4美元/boe。

2. 影响页岩油区钻完井成本的主要因素

从以上页岩油区成本构成不难发现，钻井和完井是页岩油气井成本的主要构成部分，约占单井总成本的90%。根据EIA和IHS的统计，美国页岩区带的钻完井成本主要受五大因素影响，即与钻机有关的费用、套管和固井费用、水力压裂设备费用、完井液和返排液处理费用、支撑剂费用。

（1）与钻机有关的费用与钻井效率、井深、钻机日租费用、钻井液用量和动力费用

---

❶ MMBtu表示百万英制热单位，1Btu=1055.056J。

有关，其中钻机日租费用和动力费用主要取决于市场情况和总体钻探作业情况。一般而言，页岩油气井中与钻机有关的单井费用在90万～130万美元之间，占单井总成本的12%～19%。

（2）套管与固井费用主要受钢材价格、井身结构和地层压力影响。2016年页岩油气单井费用中与套管和固井有关的费用在60万～120万美元之间，占单井总成本的9%～15%。

（3）水力压裂设备费用主要与所需设备的马力和压裂段数有关。所需设备的马力主要取决于地层压力、岩层硬度或脆性以及最大注水速度。泵送压力必须大于地层压力才能在页岩层中形成裂缝，所需压力越大成本也越高。压裂段数通常与水平段长度有关，需要的段数越多成本越高。这部分费用2016年在100万～200万美元之间，占页岩油气单井总成本的14%～41%。

（4）完井液费用主要受用水量、所使用的化学剂以及压裂液类型（如瓜尔胶、交联凝胶或滑溜水）影响。选择何种类型的压裂液主要由区带产油气类型决定，页岩油区带以瓜尔胶为主，页岩气区带主要是用滑溜水。用水成本主要受区域条件、含水层情况和气候条件影响。通常情况下，压裂液的返排率为20%～30%，这部分流体需要进行处理。完井液和返排液处理的费用在30万～120万美元之间，占页岩油气单井总成本的5%～19%。

（5）支撑剂费用与支撑剂类型、来源和用量有关。通常在较浅和压力较低的井中会使用天然砂含量较高的支撑剂，在较深和压力较高的井中会使用更多的人造支撑剂。总体而言，页岩油气井的支撑剂费用在80万～180万美元之间，占单井总成本的6%～25%。

二、巴肯页岩油勘探开发成本分析

根据EIA的统计数据，美国2018年的石油产量为1110.2×10^4bbl/d，其中页岩油产量为643.6×10^4bbl/d，约占总产量的58%（EIA，2019）。选择巴肯页岩区作为美国页岩油勘探开发全成本分析对象主要出于以下几方面考虑：（1）该区是美国页岩油的发源地，目前是美国第二大页岩油产区，在美国页岩油的发展过程中意义非凡；（2）美国巴肯页岩区虽然在北达科他州和蒙大拿州均有分布，但产量几乎全部集中在北达科他州，蒙大拿州在整个巴肯页岩油产量中的占比不到5%，生产地域上的相对集中避免了不同州之间政策因素造成的公司间横向对比差异；（3）巴肯页岩区的井以页岩油为主，所产的气为页岩油中的溶解气，气油比较低，为2000ft^3/bbl，避免了气井对结果的影响，而伊格尔福特页岩区由干气、湿气和凝析油三个带组成，统计过程复杂，而且大部分公司并未按照三个带对上报数据进行区分，统计上较为困难；（4）巴肯页岩区的产层较单一，而二叠盆地虽然是目前美国最大的页岩油产区，但其有 6 套产层，且不同产层的成本有较大差异，因此选择巴肯页岩区可以避免不同页岩目的层间成本差异导致的对整体页岩油成本估算的不确定性（EIA，2011）。按照以上五部分对巴肯页岩油勘探开发成本进行估算。

1. 矿权购置

根据 IHS 的统计数据（EIA，2016），2010—2014 年期间，巴肯页岩区的矿权交易价格在 6000~7000 美元 /acre 的水平。该区的页岩油水平井单井井距为 640acre，可钻探巴肯组和下伏斯里福克斯组两套层系，但在实际的单井生产过程中会有 10%~20% 的面积无法有效使用。照此估算，收购矿权会使页岩油单井成本增加约 250 万美元，巴肯地区的单井 EUR 为 45×10^4 bbl。由此可估算出在巴肯页岩区购置矿权的桶油成本约为 5.5 美元。

2. 钻完井

如前文所述，钻完井是页岩油勘探开发成本中最重要的组成部分，其费用水平主要受钻机、套管和固井、水力压裂设备、完井液、支撑剂等五大因素影响。将以上因素分解为钻完井主要参数，结合相关文献分析可以得到不同参数对钻完井成本的影响程度（图 1-39）。对钻井费用影响最大的因素是日进尺，巴肯页岩油区钻机日进尺最快的超过 900ft/d，最慢的仅 410ft/d，二者的钻井费用相差近 100 万美元，垂直深度和水平段长度对钻井费用的影响相对小很多。影响压裂和完井的参数比较多，压裂设备的注入速度和支撑剂用量对压裂和完井费用的影响最大，均在 200 万美元左右。地层的破裂压力、压裂段数、完井液的用量和支撑剂类型的影响也比较大，在 100 万美元左右。化合物类型和用量

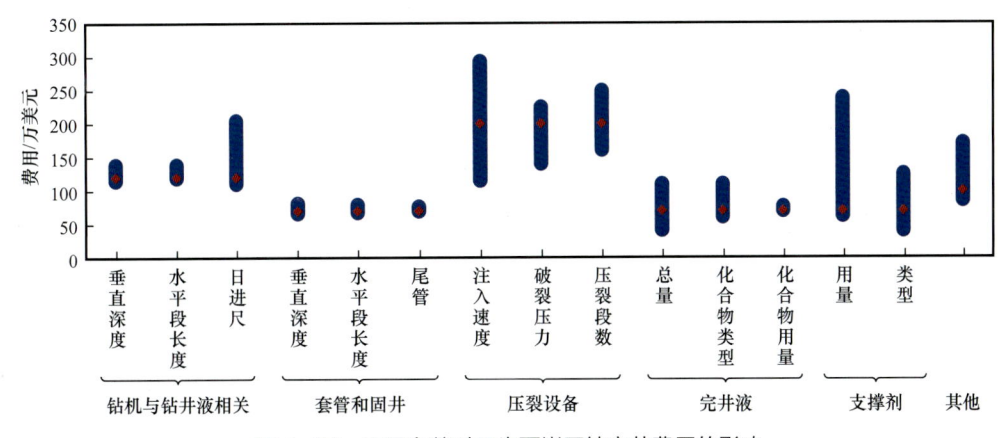

图 1-39　不同参数对巴肯页岩区钻完井费用的影响

等其他因素的影响相对较小。

对巴肯页岩区的平均钻完井费用统计发现，该区钻完井费用呈现先降后升的趋势，钻完井费用在 610 万美元左右，较油价下跌前低 25% 左右，其中钻井费用的变化相对较小，约为 235 万美元，完井费用的降幅较大，从之前的约 500 万美元降至 2018 年的 400 万美元以下，钻完井费用占比约为 1∶1.6（图 1-40）。钻完井费用自 2015 年以来逐年小幅升高可能与人们对于低油价下美国页岩油大幅降本增效的普遍认识相悖。但如果将其与近几年巴肯页岩区水平井主要钻完井参数结合会发现，自 2010 年以来，巴肯页岩区的水平井垂直深度几乎没有变化，但水平段长度、支撑剂用量和压裂段数持续增加，这三个恰恰是对钻完井费用影响最大的参数，所以在单位成本下降和效率提升的同时钻完井总费用呈增长趋势也是"情有可原"的。我们不妨从桶油钻完井成本来看这一问题，根据各年度的钻完井费用和单井 EUR 可以大体估算各年度的桶油钻完井成本，我们会发现，这一成本在油价下跌之后下降很明显，从之前的 20 美元 /bbl 以上降至目前的 13.5 美元 /bbl（图 1-41）。

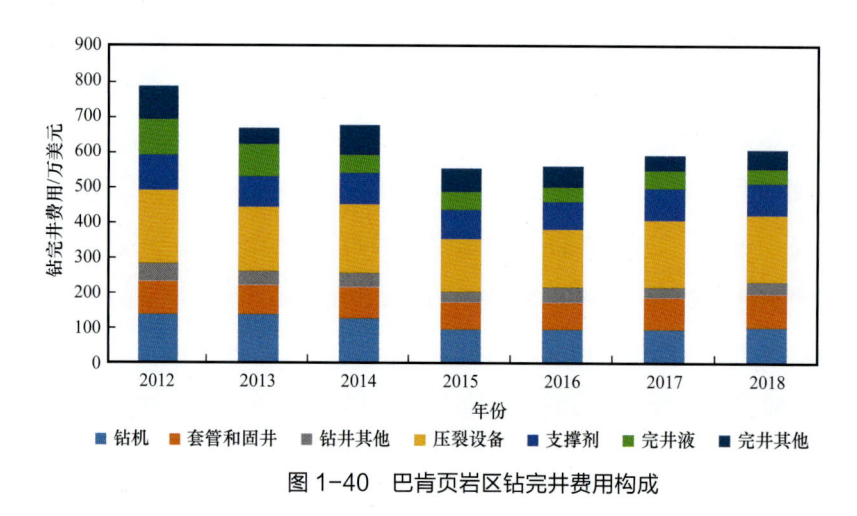

图 1-40　巴肯页岩区钻完井费用构成

3. 运营成本

页岩油区带有"甜点区"与"非甜点区"之分，不同公司间的运营成本差异较大，很难用一个平均值来代表，因此本节选取了几家页岩油产量主要来自巴肯区带的公司，通过估算他们的运营成本来确定巴肯页岩区运营成本的大体范围。

根据北达科他州工业委员会（North Dakota Industrial Commission）的统计数据，截至 2018 年底，在该州巴肯页岩区从事页岩油生产的公司有 70 家，在产页岩油井 13348 口，页岩油产量为 122.9×10^{4}bbl/d，占整个巴肯区带页岩油总产量的 98%。本书从这些公

图 1-41　巴肯页岩油区钻完井费用、单井 EUR 和桶油钻完井成本

司中选取巴肯页岩油在公司石油产量中占比较高且能获得年报的 6 家上市公司作为研究对象，其中大陆资源公司（Continental Resources）、怀汀油气公司（Whiting Petroleum）、WPX 能源公司（WPX Energy）和 Crescent Point 能源公司（Crescent Point Energy）全部业务都集中在美国，且以页岩油气为主，赫斯公司（Hess）和马拉松石油公司（Marathon Oil）在美国以外有上游业务，但在美国本土油气产量的占比均超过 60%，且以页岩油气为主。截至 2018 年底，这 6 家公司在北达科他州巴肯页岩区带内的页岩油产量合计约 58.9×10⁴bbl/d，约占该州巴肯页岩油总产量的 47.9%（表 1-7）。

表 1-7　北达科他州巴肯页岩油样本公司概况（据各公司年报）

序号	公司名称	2018 年产量 / 10^4boe/d	美国本土占公司产量比例 /%	在巴肯区带的页岩油产量 / 10^4bbl/d	巴肯页岩油占公司产量比例 /%	公司在北达科他州巴肯区带的产量占比 /%
1	Continental Resources	29.8	100	16.1	54.0	13.1
2	Whiting Petroleum	12.8	100	11.2	87.5	9.1
3	Hess	28.9	68.1	12.6	43.6（64）*	10.3
4	Marathon Oil	41.9	68	8.2	19.6（28.7）*	6.7
5	WPX Energy	13.3	100	9.3	69.9	7.6
6	Crescent Point Energy	1.7	100	1.5	88.2	1.2

*括号内比例为该公司在北达科他州巴肯页岩区所产页岩油占其在美国本土油气产量的比例。

如前文所述，页岩油项目运营的费用包括开采费用（含税）、采集与处理费用、运输费用、水处理费用和一般行政费用五部分，这些费用在公司年报中都有披露，再结合公司的产量情况，可以大体估算出其运营成本（表1–8）。可以看出，以上6家公司的页岩油运营成本在2015—2018年呈下降趋势，目前大致处于30～35美元/bbl的水平，2015年和2016年降幅较明显，2018年与2017年相比并无明显降低，甚至略有上涨，这或许表明美国页岩油进一步大幅降本的空间已很有限。在这些公司中，大陆资源公司的运营成本最低，不到30美元/bbl，同时该公司也是北达科他州巴肯页岩区最大的生产商。运营成本最高的是赫斯公司，约为40美元/桶，其在巴肯页岩区拥有的在产井数量与大陆资源公司相差无几，但巴肯页岩油的产量比后者低约20%。这可能与进入时机和资产位置有关。大陆资源公司自1972年成立之初就开始在北达科他州从事油气勘探开发，1992年就开始在巴肯组上段钻水平井开发页岩油，而且该公司在巴肯区带的页岩资产较为集中，主要分布在Williams县东南、Dunn县和Mckenzie县东部，正是巴肯页岩区的"甜点"区域，而赫斯公司是2003—2005年期间才开始关注巴肯页岩油资产的，其资产主要位于Mckenzie县中西部、Williams县北部和Monterey县，虽然也属于"甜点区"，但生产条件要逊于前者。从构成来看，巴肯页岩油的开采成本基本处于10美元/bbl以下，采集与处理、水处理和一般行政费用均处于3～6美元/bbl之间。巴肯页岩区的运输成本较高，在10美元/bbl以上，二叠盆地和伊格尔福特地区在8美元/bbl以下。这是两方面因素造成的：一是巴肯页岩区距离库欣（Cushing）和墨西哥湾地区炼厂较远；二是巴肯地区的管道运能有限，有40%的页岩油是通过铁路外运的，费用比管道高出不少。

由于页岩油生产采用的是工厂化作业模式，油田基础设施的总体费用较低，只有几十万美元，均摊到每口页岩油井上就更少了，其带来的桶油成本在本研究中忽略不计。由以上分析可知，巴肯页岩油目前的运营成本在30～35美元/bbl之间，矿权购置的成本约为5.5美元/bbl，钻完井的成本约为13.5美元/bbl，分红、所得税、借款利息等还会再额外带来2美元/bbl左右的成本，因此综合来看，巴肯页岩油勘探开发的总成本应该处在50～55美元/bbl的水平。二叠盆地和伊格尔福特页岩区因有地质、地理、基础设施等优势，成本比巴肯页岩油低5～7美元/bbl。因此整体来看，50美元/bbl的油价应该是美国页岩油项目的"生死线"。

表 1-8 样本公司巴肯页岩油运营成本

单位：美元/bbl

公司名称	成本构成	2015年	2016年	2017年	2018年
Continental Resources	开采成本	8.26	6.38	5.72	5.91
	水处理	4	3.8	5	4.9
	采集、处理与运输	14.57	12.54	10.8	10.3
	一般行政成本	3.74	3.3	3.5	3.6
	总计	33.91	29.16	28.14	28.4
Whiting Petroleum	开采成本	9.02	8.25	6.81	7.3
	水处理	4	3.8	5	4.9
	采集、处理与运输	14.57	12.54	10.8	10.3
	一般行政成本	3.53	3.25	3.19	3.1
	总计	35.06	31.52	29.21	29.24
Hess	开采成本	18.68	18.75	16.43	14.5
	水处理	5	5.8	6	5.9
	采集、处理与运输	15.57	13.54	11.8	11.3
	一般行政成本	4.74	4.3	4.5	4.6
	总计	48.33	46.53	42.85	40.99
Marathon Oil	开采成本	18.68	18.75	16.43	14.5
	水处理	4	3.8	5	4.9
	采集、处理与运输	14.57	12.54	10.8	10.3
	一般行政成本	4.74	4.3	4.5	4.6
	总计	46.33	43.53	40.85	38.99
WPX Energy	开采成本	9.81	7.64	7.71	8.1
	水处理	5.6	3.8	5	6.9
	采集、处理与运输	14.57	12.54	10.8	10.3
	一般行政成本	4.1	4.4	4.84	4.25
	总计	38.19	33.24	33.14	34.53
Crescent Point Energy	开采成本	12.58	12.18	12.97	11.4
	水处理	4	3.8	5	4.9
	采集、处理与运输	14.57	12.54	10.8	10.3
	一般行政成本	4.74	4.3	4.5	4.6
	总计	40.23	36.96	37.39	35.89

三、低油价下降本增效措施

产量在短时间内快速递减是页岩油生产中无法攻克的一大难关，要想维持整个项目的产量稳定，必须及时加钻新井，因此与其他油气项目相比，页岩油生产对资金投入的持续性敏感程度更高，而美国页岩油行业对低油价环境的适应之快远超业界预期，展现出了顽强的生命力。低油价下，美国的页岩油公司除采取了与其他油公司类似的裁员、削减投资、业务聚焦等措施外，还采取了一些针对性的措施，主要包括改善钻完井设计、调整生产思路、利用信息与数字技术、借助新型金融模式等四个方面。

1. 改善钻完井设计，降低桶油成本

通过对页岩油生产井的水平段长度、射孔间距、支撑剂使用量进行调整，使单井产量和 EUR 与作业成本达到最佳组合，同时实现提高单井产量和 EUR。降低页岩油单井递减率和桶油成本是页岩油公司在低油价时的普遍做法，EIA 的统计显示（EIA，2016），2015年美国二叠盆地页岩层系和巴肯页岩区新钻页岩油生产井在投产 4 个月后的平均产量递减率分别为 18.4% 和 16.2%，而 2012 年时，这两个区带的递减率均高达 31% 左右。

通过对这两个页岩区带近十年以来所钻页岩油生产井钻完井情况的统计发现，增加水平段长度和支撑剂使用量、缩短各期次压裂作业的间距、调整压裂液成分是作业者提高页岩油井产量、降低递减率和作业成本的主要措施。例如在巴肯页岩区，自 2006 年以来，页岩油井的垂直深度一直保持在 10000ft 左右，而水平段长度则逐年递增，由约 5000ft 增至约 10000ft，与此同时各压裂期次的平均间距也从最初的 800ft 缩小至约 300ft，单井压裂的支撑剂用量由不到 50×10^4lb 猛增至约 400×10^4lb（图 1-42）。另外，自 2011 年开始，巴肯页岩区进行水力压裂时所使用压裂液的成分也有较大变化，由原来的清水和滑溜水为主改为以 X-Link 凝胶为主，近四分之三的新增钻井中采用的都是这种压裂液。得益于井身和压裂作业方案的调整，巴肯页岩区新增生产井的初始产量不断提高，首月产量由原来的平均 400bbl/d 增至约 600bbl/d，增加了近一半，同时递减率也降低了近 50%，页岩油单井 EUR 由 2010 年时的 30×10^4bbl 增加至约 50×10^4bbl，每 1000ft 水平段的单井 EUR 由之前的约 4×10^4bbl 增加到 5×10^4bbl 左右。而油田服务和材料费用则因低油价大幅降低，作业者通过有限的费用增加换来了更大的产量提升，最终达到了降低桶油成本的目的。美国的其他页岩油产区，如伊格尔福特、二叠盆地等的新钻页岩油井也普遍采取了与巴肯页岩区类似的调整措施，都取得了不错的效果。

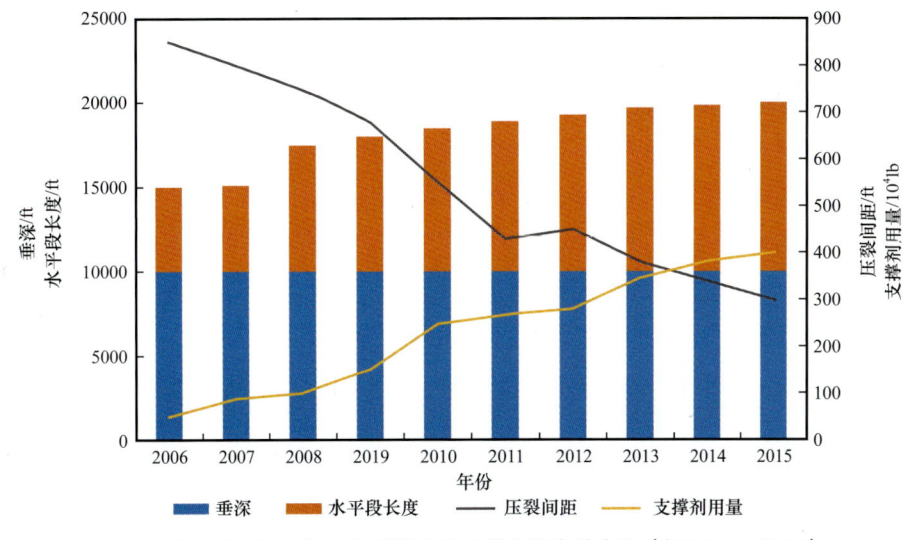

图 1-42　2006—2015 年巴肯页岩油井主要参数变化（据 EIA，2016）

2. 改变生产思路，降低生产成本

低油价下，越来越多的页岩油公司开始改变生产思路，在页岩油井投产初期便对产量进行限制，该策略被称作扼流效应（Murtaugh 等，2015）。他们通过放弃追求开发前期页岩油井的高产能，降低了其产量递减速率，最终实现产油总量的提高，在确保产油总量不变的情况下从疲于钻井保产的困窘中解放出来。

EnCana 公司是采取这种生产思路的典型代表。该公司总裁在 2019 年的一次投资者大会上表示，公司在油井投产初期对其产量进行限制，采取这种策略的原因是其认为在此种情况下油井在投产的前六个月内的产油量会更高，即意味着更多的资本回流。该公司在伊格尔福特页岩区带核心区 Karnes 县的生产中采用了这一策略，并将其中一口井与同区的 EOG 公司的一口井进行了对比（图 1-43）。EOG 公司的井投产后首月的平均产油量为 2000bbl/d，而 EnCana 公司的井在相同时间内的产油量大概是 EOG 公司产量的三分之一。但生产模拟的结果显示，EOG 公司的井到第三个月时产量下降了 54%，而 EnCana 公司对应期限内的产油量只下降了 17%。在持续生产九个月时，EOG 公司所钻井的产量将被 EnCana 公司超越，这一产量优势将一直持续到生产结束。从第三年前后开始，EOG 公司页岩油井的累计产量也将被 EnCana 公司的井超越。但这种限产策略也有不足之处，会延长投资回收期。根据测算，EOG 公司的井在 8 个月内即可全部收回投资，而 EnCana 公司的井则需要 12 个月。对于页岩油而言，更早地收回投资也有优势，因为这样就可以在更短的时间内投资钻新井或偿还债务。

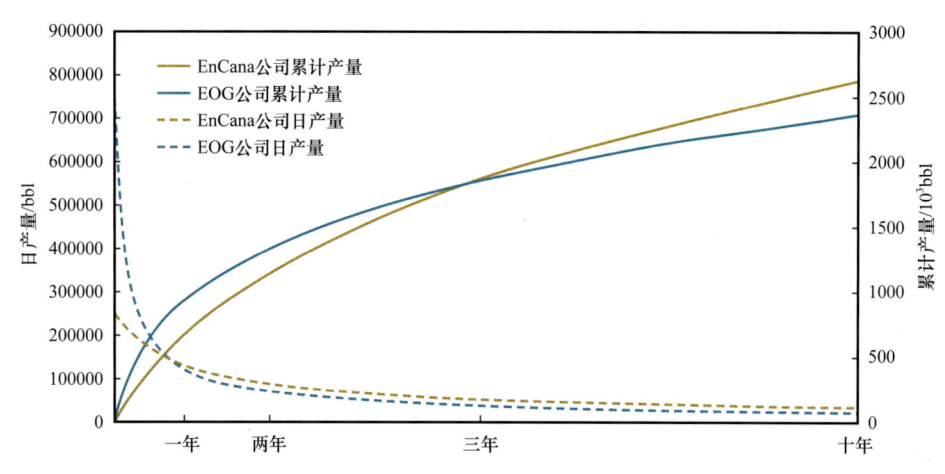

图 1-43　EnCana 公司与 EOG 公司在得克萨斯州 Karnes 县的两口页岩油井比较
（据 DrillingInfo，2015）
EnCana 公司采取了限产措施，EOG 公司未限产

新田勘探公司（Newfield Exploration）则从另一个角度利用了扼流效应。该公司在北达科他州巴肯页岩油区的生产中将产量限制与压力控制相结合，通过安装阀门限制产量，确保在井筒与页岩储层之间以及井口与井底之间产生一定的压差，从而使页岩储层中的石油在压差作用下，经裂缝进入井筒，再在压差的作用下举升至地面，减少了页岩油生产中的人工举升环节，降低了生产成本。

3. 借助信息与数字技术，实现挖潜、提效

智能化和数字化是近年来油气领域发展的重要方向之一，伍德麦肯锡（Wood Mackenzie）的一份研究报告称，有效利用数字技术可以帮助油气工业降低 20% 左右的资本支出，将上游经营成本降低 3%～5%，大数据便是未来数字技术的重要内容。在本轮低油价期间，美国页岩油公司通过利用信息与数字技术提高了作业效率，使其在人员大量减少的情况下仍能保证作业量的稳定。

EOG 公司有"石油业界的苹果"之称，因为其在近几年的作业中大量采用了高科技手段，帮助其在投资削减、作业人员减少的情况下保持了页岩油产量的稳定。例如该公司为自己量身打造了一款名为 iSteer 的手机应用程序（APP），地质工程师可以通过该程序向 100mile 以外的钻机发送指令，钻井工人收到提示之后能够马上调整钻头位置，使钻井工作窗保持在 10～15ft 之间，确保井筒处于最理想的层位，而整个调整只需几分钟。近三年，该公司一直在壮大从事计算机相关研究的人员队伍，利用各种 APP 解决生产中遇到的技术问题（Ailworth，2017）。目前该公司在用的 APP 有 65 款之多，iSteer 只是其中

之一。这些 APP 帮助 EOG 公司极大地提高了页岩钻井效率,该公司目前在西得克萨斯地区完成 1000mile(约合 1600m)以上水平段钻探平均用时为 20d,最低的甚至只有 10.5d,较 2014 年时的 38d 减少了近一半。

康菲石油公司则借助大数据技术提高了伊格尔福特页岩区的钻井作业效率,节省了投资(Zborowski,2018)。该公司在伊格尔福特页岩区在产井的生产设备上安装了微型传感器,实现了井下数据的实时收集,利用 Tibco 软件公司(Tibco Software)的 Spotfire 可视化数据包对这些数据进行对比分析,通过程序实现钻头马力和钻速的自动调节,将该区的钻井时间缩短了一半。该公司计划未来在伊格尔福特页岩区新钻 3000 多口井,如果都使用该方法,则可以节省数十亿美元的费用。通用公司研究认为,以大数据为基础,通过油气设备互联可以缩短设备维护时间,减少项目停工周期和成本,如果作业者能实现基于数字技术的、可预测的设备维护,则可将计划外停工时间减少 36%,而全球只有 3%~5% 的油气设备实现了互联。

伊格尔福特页岩区最早参与者之一的美国新世纪勘探公司(New Century Exploration)表示,油气勘探开发的未来很大程度上取决于数据和数字化技术,油公司应该重视并迅速广泛使用数字化技术(Parshall,2017)。近年来的技术进步大幅提高了油气行业的生产效率,过去 6 年间每台钻机的产油桶数平均每年增长 25%,那些能够充分利用数据的经营者最终成为赢家。目前的油田中只有小部分实现了数字化,而获得的大量数据只是归档,并未做进一步研究。随着美国页岩区的开发从核心区向非核心区转移,对大数据库的深入挖掘和分析势在必行。将累积的数据文件加载到一些数据可视化分析软件中运行,往往会发现一些潜在有价值的信息,可以指导公司决策,亦可评估收购。目前该公司就正在着手以 FracFocus、IHS 或 DrillingInfo 等为基础来建立自己的数据库,以便通过对伊格尔福特页岩区的趋势分析来评估收购机会。

4. 依靠经营模式创新,提高页岩油产能

经营模式的创新也是美国页岩油公司低油价下提高生存能力的重要方式。在油公司与油服公司合作方面,美国页岩油开发过程中又产生了新的作业模式(Graham,2017)。近两年,美国页岩油气业内诞生了一种名为 DrillCos 的钻探作业合资公司,这种公司将拥有现金的投资者和拥有闲置的可钻探区块的页岩生产商结合到一起。初始阶段由 DrillCos 负责在目标闲置区块上作业生产页岩油气,将销售页岩油气所产生的全部现金返给投资者,当向投资者返回的现金总额达到其投资额的 115% 时,拥有区块的页岩公司接手区块作业

权，投资者可以继续获得该区块 10% 的页岩油气产量。这种公司的实质是一种具有融资功能的油服公司，通过许诺稳定长期的回报，吸引投资者参与投资，同时带资为油公司提供工程服务并获得一定的产量分成。借助这种形式，页岩油气公司可以在不增加自身投资的情况下，在未来获得生产更多页岩油气的能力。包括 EOG 公司在内的多家页岩油生产商都在与 DrillCos 开展合作。

四、页岩油公司收支与债务情况

1. 入不敷出和高负债的页岩油企业

页岩油单井产量不高且递减快的特点决定其属于技术和资金密集型行业，维持产量稳定和增长需要持续的资金投入，这也是页岩油与常规油田在开发上最显著的差异。Evercore ISI 的统计称，2010 年以来，美国大型页岩油公司为页岩油勘探开发投入的资金总额高达 1.18 万亿美元，但只获得了 0.82 万亿美元的现金收入，这意味着其在过去 10 年的现金流缺口约为 3600 万美元（Cunningham，2020）。EIA 对 42 家上市页岩油企业营收情况的跟踪显示（EIA，2019），这些企业最近 6 年（2014—2019 年）的季度投入一直保持在 100 亿美元以上，其中 2015 年上半年之前均超过 200 亿美元，此后处于 100 亿～200 亿美元之间，而此期间的净现金流仅在 2016 年第三季度和 2019 年第二季度为正值，分别为 1 亿美元和 17 亿美元，其他季度则均处于入不敷出状态，此期间的累计净现金流为亏损近 994 亿美元（图 1-44）。

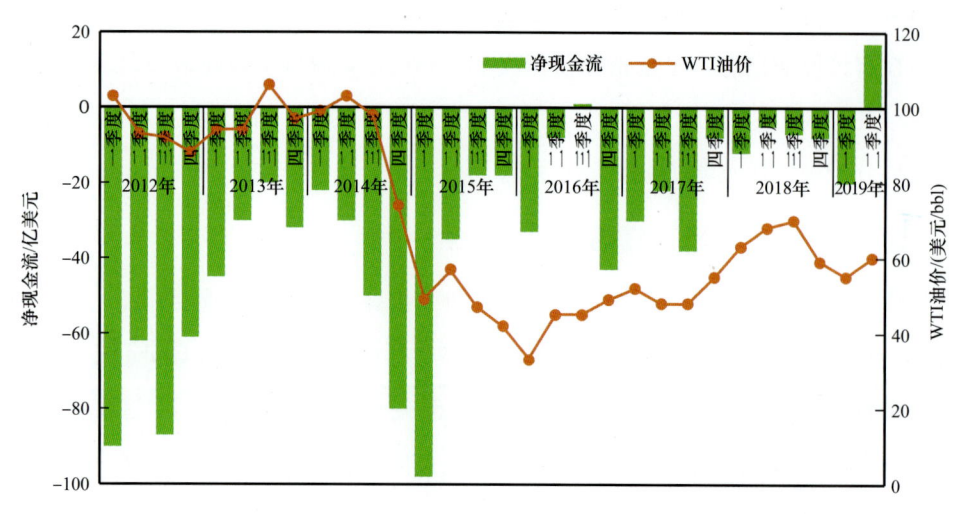

图 1-44　美国主要页岩油公司净现金流与 WTI 油价变化（据 EIA，2019）

发行债务是美国页岩油公司维持投入的主要途径。自2009年开始，美国页岩油公司的举债规模呈逐年快速增长趋势，导致美国页岩油公司的负债率普遍较高，大部分在70%以上。此前曾有分析认为（Art Berman，2019），截至2018年底，美国页岩油公司的公共和私人债务规模约为3000亿美元，与Evercore ISI统计的美国页岩油公司净现金流缺口大体相当。咨询机构Rystad Energy对40家美国页岩油生产商进行了长期跟踪，他们的产量约占美国页岩油总产量的50%，其公布的数据显示（Rystad Energy，2019），这些公司2019年上半年的资本支出约为280亿美元，获得了237亿美元的运营现金收入，净现金流为亏损43亿美元，未偿债务总规模约为1100亿美元，另需支付约550亿美元利息费用，这些债务中的大部分将在2028年前到期，约为800亿美元，涉及的利息费用约为360亿美元，其中2022—2026年的到期债务规模较大，基本都在100亿美元以上（图1-45）。

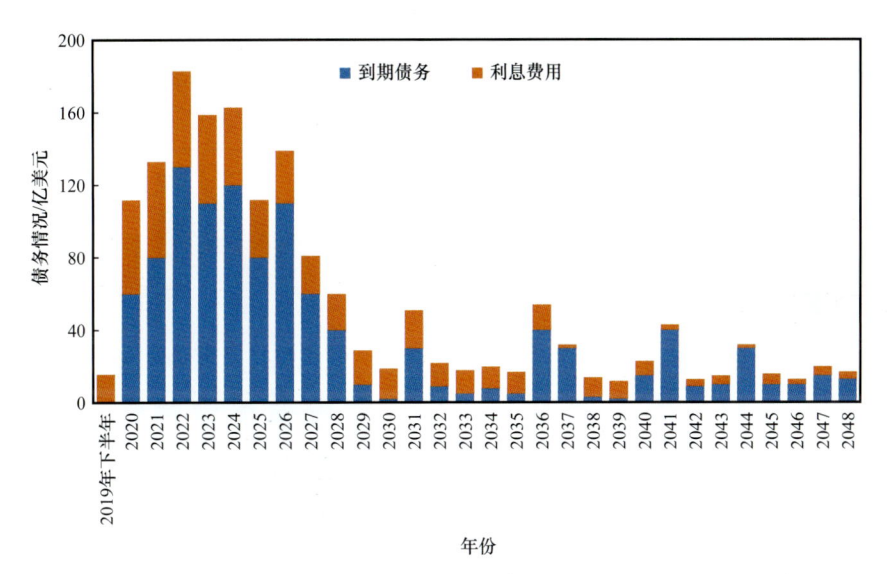

图1-45 美国主要页岩油公司债务情况（据Rystad Energy，2019）

2. 页岩油并非"庞氏骗局"

单纯从收支情况来看，美国页岩油行业几乎从未盈利且连年举债，长期处于"拆东墙补西墙"的状态，有"庞氏骗局"的嫌疑，但页岩油行业属于生产制造业范畴，对其认知不能仅限于金融方面，应该从多方面进行综合评价。

从实物产出来看，页岩油行业为美国带来的储量和产量都是实际存在的。自2009年美国页岩油行业进入快速发展阶段以来，该国的石油储量和产量基本都保持了连年增长态势。2019年与2018年相比，美国的石油证实储量增长了约$45×10^8$bbl，其中近

26×10^8 bbl 来自页岩油，约占新增储量的 58%；美国的石油产量增长了约 6.8×10^8 bbl，其中页岩油产量增长了近 4×10^8 bbl，约占产量增长的 59%（EIA，2021）。

从经济效益来看，一方面，页岩油公司通过分红和股票回购的方式向投资者提供收益，据 EIA 统计（EIA，2019），42 家上市页岩油公司 2014 年共向投资者提供了约 200 亿美元的收益，约占其当期运营现金流的 19%，投资者的股东回报率（ROE）在 10% 左右，此后受油价下跌影响收益显著降低，股东回报率也降为负值，但 2018 年以来，页岩油公司为投资者提供的收益平均为每季度 50 亿美元，约占其运营现金流的 29%，投资者的股东回报率多数时间在 10% 以上（图 1-46）；另一方面，页岩油扭转了美国石油产量下滑颓势，大幅增加美国国内石油供应，使得 WTI 油价对布伦特油价从溢价转为折价，幅度在 3～5 美元 /bbl 之间，极大提升了美国炼油行业的毛利水平。2015 年以来，美国墨西哥湾地区加工 WTI 原油炼厂的炼油毛利长期处于 10 美元 /bbl 以上的高位，而同期欧洲和亚太地区炼厂（分别加工布伦特原油和迪拜原油）的毛利只有约 3 美元 /bbl。

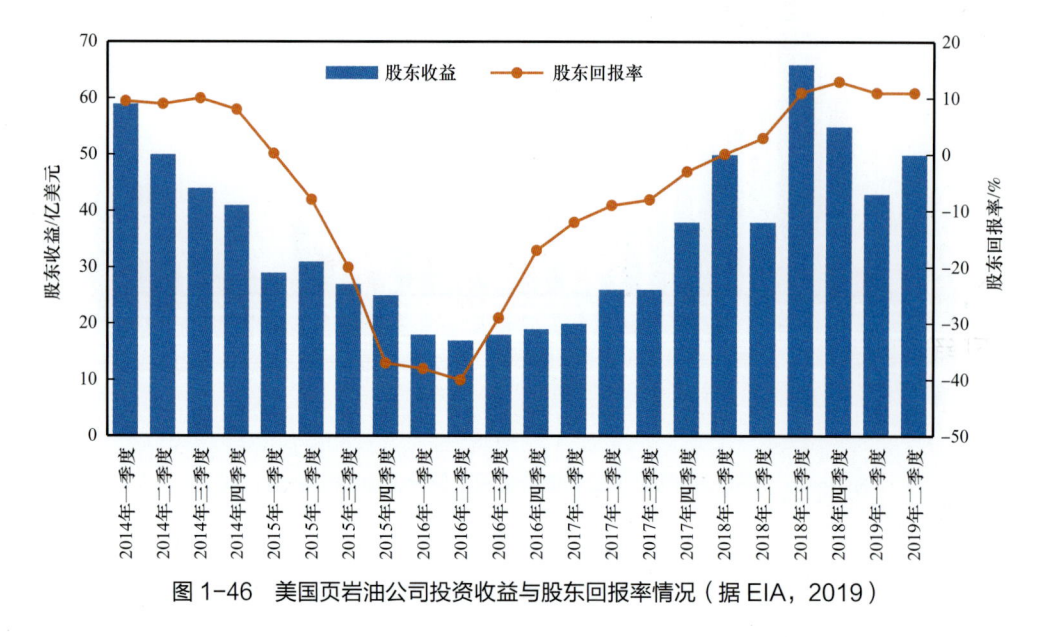

图 1-46　美国页岩油公司投资收益与股东回报率情况（据 EIA，2019）

从社会效益来看，美国达拉斯联邦储备银行的一项研究表明，2010—2015 年期间，美国 GDP 增长了 10%，其中 1% 直接或间接来自页岩油推动，而整个石油行业在美国经济中的占比不到 1.5%（Yücel 和 Plante，2019）。美国州级能源官员协会（NASEO）和能源远景组织（Energy Futures Initiative，EFI）联合发布的《美国能源与就业报告》数据显示（NASEO 和 EFI，2019），2018 年，美国石油行业共为美国提供了 60.3 万个工作岗位，居能源领域首位，约占该领域工作岗位总数的53%；与2017年相比，石油行业新增工作岗位3.4万个，也居能源领域首位，约占该领域新增工作岗位总数的三分之二（图1-47），其中大部分来自页岩油行业。

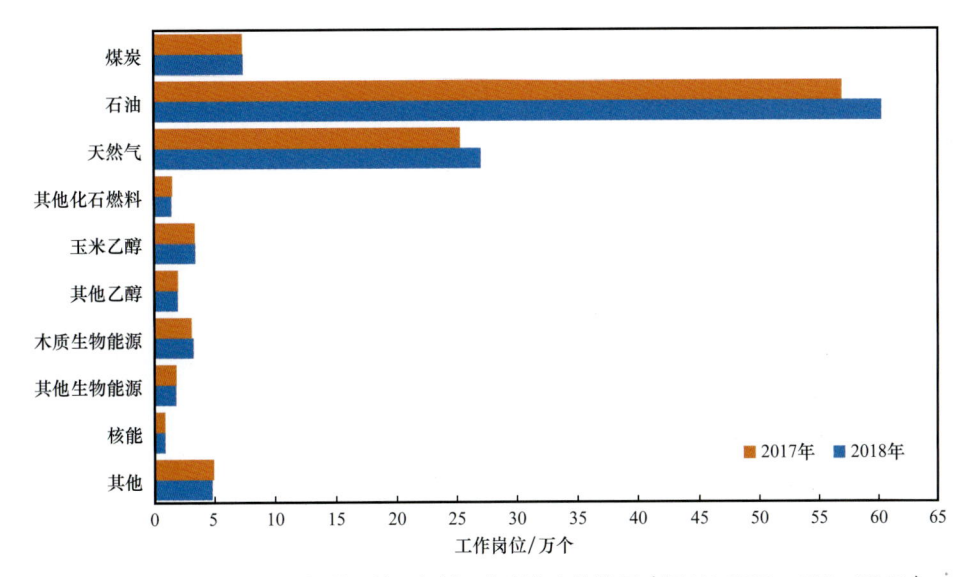

图1-47 2017—2018年美国能源领域工作岗位变化情况（据NASEO、EFI，2019）

从全球效应来看，在美国页岩油革命的激励下，加拿大、中国、阿根廷先后在页岩油勘探开发上取得突破，增加了全球石油供应。此外，在页岩油的推动下，美国石油产量持续增长，在2017年超过俄罗斯和沙特阿拉伯，成为全球第一大产油国，石油对外依存度快速下降到20%左右，综合能源自给率超过90%，基本实现了能源独立，增加了美国在全球领域的话语权和影响力，使其主导全球地缘局势的手段更加多元化。

综上所述，虽然美国页岩油的行业性亏损是客观事实，但其对美国和全球能源市场的贡献和影响巨大，与所谓的"庞氏骗局"有本质区别。

第四节 美国页岩革命成功因素

综合分析认为，美国页岩革命之所以获得成功是资源、科技、市场、体制和基础设施等多个因素合力作用的结果，各种驱动因素发挥着不同作用（Alex Trembath 等，2012；Zhongmin Wang 等，2013；Cosero 等，2015；Justin Ong 和 Ron Munson，2018）。其中丰富的油气资源是页岩油产业发展基础，科技进步是页岩油成功开发的关键，完善的市场条件和有利的体制以及政策支持为页岩革命成功提供了保障。

一、资源基础

美国的油气地质成藏条件相对优越，页岩埋藏条件好，页岩油气藏沉积环境、地质构造及热成熟度等方面的条件都非常好，油气藏埋深适中、分布面积广、厚度大、保存稳定。此外美国的页岩区大多分布在中部平原，地广人稀，利于修建公路、机动运输、打钻等系列开采活动的实施及大面积占地。据 EIA 和 USGS 几轮页岩油资源评价结果，美国具有丰富的页岩油资源，是世界页岩油最丰富的国家之一，这为美国页岩油大规模成功开发奠定了重要的基础。

二、科技进步

美国页岩革命成功的经验证明：理论技术的创新和进步是推动页岩油气勘探开发的关键因素和主要动力。科技进步在实现页岩油气商业开发、降低页岩油气作业成本和提高页岩油气勘探开发效率三个方面发挥了重要作用。特别 2014 年下半年以来，正是依靠不断的科技创新使得页岩油气在低油价中顽强地生存并继续发展。

水平井和水力压裂及配套技术的综合利用实现了页岩油气的商业生产。页岩气大发展是美国页岩油气革命的开端，而页岩气的规模化商业开发则得益于水平井和水力压裂技术的开发与应用。米切尔（Mitchell）能源公司在福特沃斯（Fort Worth）盆地的巴奈特页岩区首次成功应用了该项技术，随后成熟的页岩气生产技术逐渐被应用到页岩油区带中，促进了美国页岩油产业的跨越式发展。尽管水平井的成本比直井高出 1～2 倍，但由于增加了井筒与储层的接触面积，同时提高了与储层中裂缝相交的机会，水平井的初始产量和单井 EUR 是直井的 3～4 倍，另外还可以在减少地面设施的同时增加生产范围。水力压裂、同步压裂以及裂缝监测技术则进一步提高了页岩井的产量和经济性，这些关键的技术创新和进步实现了页岩油气的商业生产。

以"井工厂"为代表的生产技术降低了页岩油气开发的操作和管理成本。这一技术的核心是在一个井场钻多口水平井，实现可重复、批量化作业的工厂化生产模式，利用最小的井场使开发井网面积最大化，减少了场地租赁和处理费用。多口井集中生产也可简化地面工程和生产管理，降低页岩油气生产的管理和操作成本；多口井同步开钻和压裂，实现了钻井液和压裂液的重复使用及统一回收，节约了钻井和增产作业的成本。在巴奈特页岩区，使用井工厂可将井场面积缩小 20%～40%，总作业成本减少 21%。在费耶特维尔（Fayetteville）页岩区，采用该方法可使钻井液回收利用率提高 40%～50%，压裂液重复利用率提高25%。

不断技术创新带来新技术的应用提高了页岩油气勘探开发效率。一方面，美国的页岩油气生产商将工厂化的作业模式应用到钻井中，提出了"工厂式钻井"的概念，大幅度缩短钻井周期的同时还降低了单位进尺的钻完井成本。2008—2018年，巴肯页岩油区生产井的平均总深度从4877m增加到了6401m，水平段平均长度从1524m增至3048m，平均压裂期次从10段增加到40段左右，而在此期间的平均钻井周期却从32d缩短到了18d，平均钻井成本一直保持在300万美元左右，完井成本因压裂期次显著增加，从100万~150万美元增至500万~550万美元，单井平均日产量提高了近80%。另一方面，成熟技术与新技术的综合运用提高了钻井效率，减少了非生产时间。如在伊格尔福特页岩井钻探中，斯伦贝谢将常规导向钻井与旋转导向钻井相结合，实现了直井+造斜+水平段的一趟式完钻，减少了两次起下钻，比邻井少用了2.5d，节省了约8万美元的费用。

三、市场条件

美国是世界现代石油工业的发源地，建立了完善的油气市场体系，为页岩油气产业发展提供了有利条件。促进美国页岩革命成功的市场条件主要包括资本市场、人才市场和消费市场。

资本市场：美国具有成熟的资本市场，资本的易获得性是页岩革命的核心"燃料"。融资市场的便利性使得中小企业很容易在美国的金融市场获得页岩油开发所需资金。成熟的资本市场为美国页岩油产业发展提供了可靠保障。

人才市场：由于具有技术创新性特点，页岩油产业报酬较其他产业要更高。在高科技的支撑下，充分发挥其管理和人员素质的优势。

消费市场：美国是全球第一大油气消费国，巨大的消费需求驱动了包括页岩油气在内的非常规油气勘探开发。根据BP世界能源统计年鉴，2000—2017年美国年均石油消费量为8.5×10^8t，为全球最大的石油消费国，约占此期间世界石油年均消费量的21%。市场消费需求成为驱动包括页岩油在内的非常规油气开发的重要因素。

四、政策法规

美国的油气工业管理体制机制促进了美国页岩革命成功，有利体制机制主要包括：

（1）产权清晰且法律完备的体制。明晰的矿权和矿权交易与管理机制，使得上游准入与退出都非常容易。在美国，私有土地的地表权与矿产的开发权相互分离，页岩油气开发商拟在矿区开矿钻井需要同矿产所有权人签订租赁协议，同时铺设管道输出页岩油气还需要同地表权所有人签订合同。矿产和地表所有权人也能根据合同分享一部分页岩油气开发所得收益。土地使用权交易市场使得美国页岩油气开发企业能够快速转移生产区块，找到页岩油气资源最优开采区块，极大地提高了开发商的生产效率。发达的产权制度既为私有土地拥有者提供了丰厚的物质激励，也为页岩油气开发商进行油气钻探活动提供可能。完备的矿权产权管理为页岩油气开发企业进入与退出区块提供了便利，提高了开发商的生产效率。

（2）极富竞争性的市场机制。众多中小石油公司和油服公司的存在与竞争加强了技术创新的活力，同时也加剧了成本的降低和控制。美国页岩革命的萌芽和成长与中小企业的开拓密不可分，页岩革命的发生主要是中小企业开拓市场、追求利润的结果。这些中小企业虽然资金实力较小，但拥有专业技术，可以致力于区域业务的勘探并率先步入勘探的前沿领域。开放竞争的市场机制创造了相对合理的分工及高度竞争的市场环境，调动了各方面的积极性。

（3）高效的政府监管机制。页岩油等非常规能源的开采过程中存在着一系列环境问题，因此，必要的环境监管政策、措施必不可少。美国政府主要通过制定并完善相关法律法规的形式，规范页岩油开发行业的运营。1972年《清洁水法》对于开发和生产页岩气所需地表水的处理办法作出相关规定；1974年《安全饮用水法》为避免地下饮用水受到污染，规定严禁向地下投放任何危险化学物质；1996年，通过修订《安全饮用水法》，进一步规定禁止开发商在水源地附近使用水力压裂法，开发商向河流中排放任何污染物都须经过环保局的批准。通过《清洁空气法》修订案，要求油气生产商在采用水力压裂法时必须严格控制返排液中挥发性有机物（VOC）的排放；2005年国会再度通过修订案的方式，对《清洁水法》作出修订，规定包括水力压裂在内的油气建造活动免除雨水径流取水许可要求。这些政策、法规强化了油气生产行业的特殊权利，从而在制度层面为页岩革命创造了条件。完善的政府监管体制规范了页岩油气开发企业的运营，确保其有序发展。

（4）多元投资主体与专业化分工服务相结合的体制。美国页岩气成功开采的关键在于包括政府在内的各类产业角色合理分工以及高度竞争的市场环境。其多元化投资主体与专业化分工服务相结合的体制调动了包括风险投资、技术研发、上游开采、基础设施、市场开发、终端应用等各方面的积极性。系统完善且执行到位的监督体制保证了页岩油气开发快而有序。一定的财税优惠政策鼓励企业进行非常规油气资源的开发，同时政府还设立了非常规油气资源研究基金资助基础研究，从20世纪80年代开始，美国先后投入60多亿美元，其中用于研究的费用约为20亿美元。

五、基础设施

美国页岩油气开发区基本都是在常规油气勘探开发的成熟区，地下地质资料丰富，地面基础设施较完善，这些地区地表相对平坦，有利进行勘探开发施工作业。此外还有较为完善的管网与市场连接，据统计，到2018年美国有210条天然气管道，超过$48×10^4$km，覆盖每一个主要市场和页岩油气区。这减少了开发的前期投入，是页岩油气开发具备效益的直接基础。

从地理因素来看，美国的页岩油气埋深浅，页岩油气蕴藏区域大多为平原，这些条件有利于钻井和油气运输。美国页岩油资源主要分布于落基山区的巴肯页岩区带、墨西哥湾岸区的伊格尔福特页岩区带和二叠盆地等。而且，美国的水资源较丰富，能够满足页岩油气开采的用水需求。从基础设施的角度上看，发达的管道基础设施是美国成功实现页岩革命的重要基础保障。完善的基础设施可以将主产区内的油气输往全国市场，减少了前期的资金投入，节约了油气输送成本，降低了企业的运营风险。

需要指出的是，美国页岩革命的成功经验可以借鉴，但是难以复制，因为各国资源条件、体制机制等各不相同，不可能照搬美国的经验。

美国页岩革命带给我们的启示主要有以下三个方面（金之钧，2019）：

一是新产业的快速发展需要国家的战略扶持。美国政府为页岩油气等非常规油气资源发展制定了明确的战略目标，并长期给予扶持。专门设立了非常规油气资源研究基金。联邦政府和州政府还制定了针对非常规资源的补贴和扶持政策，如《能源意外获利法》中明确规定非常规能源开发享受税收补贴政策；《美国能源法案》规定，政府在10年内，每年投资4500万美元用于非常规油气技术研发。

二是美国目前大规模开发的是高成熟度的页岩油资源。从美国三大页岩油区的情况来看，实现商业开发的富有机质页岩属高成熟页岩油，具有油质较轻、气油比高、地层压力系数高、流动性较好等特点，通过现有的水平井体积改造技术和平台式作业模式能进行规模效益开发。美国还有大量中—低成熟页岩油资源，至今仍未实现商业开发。

三是分级分类动用是实现页岩油效益开发的重要保障。页岩油公司将产区按每1000ft

水平段初始产量分为 5 级，第一级的平衡油价只有 32 美元 /bbl 左右，第五级则高达 75~84 美元 /bbl，在低油价下开发活动主要集中在最好的第一级区域内。IHS 的统计表明，第一级区域内的可钻井位已经有接近一半被钻。

参 考 文 献

金之钧，2019. 美国页岩油勘探开发历程与启示. 中国科学报（1）.

郑和荣、亓原昌，等，2019. 美国页岩油气生储特征图册. 北京：地质出版社.

中国石化石油勘探开发研究院，2018. 访美页岩油（致密油）团组考察报告.

周庆凡，杨国丰，张玉银，2015. 美国蒙特利区带页岩油资源量大幅调减的原因及其启示. 中外能源，20（2）：7-13.

A Cosero，M Rylance，BP，2015. Unconventional technology：The difference between successful application and unsuccessful application（North Amwerican and overseas）. SPE-173375-MS.

Alex Trembath，Jesse Jenkins，Ted Nordhaus，et al，2012.Where the shale gas revolution came from，government's role in the development of hydraulic fracturing in shale. Breakthrough Institute Energy & Climate Program，http：//thebreakthrough.org/energy.shtml.

Art Berman，2019.US Shale oil industry: Not in the business to make money, but to take money.https://www.sgtreport.com/2019/01/u-s-shale-oil-industry-not-in-the-business-to-make-money-but-to-take-money/.

Dan Murtaugh，Rebecca Penty，2015. Oil drillers bet choking wells will keep shale from going bust.2015-10-2.

Erin Ailworth，2017. Fracking 2.0：Shale drillers pioneer new ways to profit in era of cheap oil.2017-3-30.

Hentz T F，Ruppel S C，2010. Regional lithostratigraphy of the Eagle Ford shale：Maverick Basin to East Texas Basin. Gulf Coast Association of Geological Societies Transactions，60：325-337.

Hughes J D，2013，Drilling California：A reality check on the Monterey Shale. http：//www.postcarbon. org/publications/drilling-california/.

Hui Jin，Mike Lewan（Emeritus），Stephen A Sonnenberg，2014. Oil-generation kinetics for oil-prone Bakken Shales and its implication. URTeC：2671492.

J Frederick Sarg，2012. The Bakken-An unconventional petroleum and reservoir system. Final Scientific/Technical Report September 18，2008-December 31，2011. Colorado School of Mines.

James Conca，2017. Permania：100 years in the Permian oil fields of Texas and New Mexico. https：//www.forbes.com/sites/jamesconca/2017/04/11/permania-100-years-in-the-permian-oil-fields-of-new-mexico-and-texas/？ sh=3b0ac1069706.

Joel Parshall，2017. Data and digital hold E&P's future，says new century CEO. 2017-5-22.

Julie LeFever,2005. Oil production from the Bakken Formation：A short history. NDGS Newsletter,32(1)：1-6.

Justin Ong，Ron Munson，2018. Hydraulic fracturing：A public-private R&D success story.

Karen Graham，2017. Tech and Wall Street team up with US shale oil companies .2017-7-16.

Matt Zborowski, 2018. How ConocoPhillips solved its big data problem. Journal of Petroleum Technology. https：//clearpath.org/tech-101/hydraulic-fracturing-a-public-private-rd-success-story/.

Meissner F F, 1978. Petroleum geology of the Bakken Formation, Williston Basin, North Dakota and Montana // D. Rehrig（Chairperson）. The economic geology of the Williston Basin, Montana, North Dakota, South Dakota, Saskatchewan. Manitoba：Montana Geological Society：207-227.

Michael S Johnson, 2012. Story of the discovery of Parshall Field. North Dakota：Houston Geological Society Bulletin.

NASEO 和 EFI, 2019.https://static1.squarespace.com/static/5a98cf80ec4eb7c5cd928c61/t/5c7f3708fa0d6036d7120d8f/1551849054549/USEER+2019+US+Energy+Employment+Report.pdf.

Nick Cunningham, 2020. $30 oil isn't good enough for US shale. 2020-5-25.

OPEC, 2020. World Oil Outlook 2045.

Peters K E, Hostettler F D, Lorenson T D, et al, 2008. Families of Miocene Monterey crude oil, seep, and tarball samples, coastal California.AAPG Bulletin, 92（9）：1131-1152.

Rystad Energy, 2019. US shale is not going bankrupt.Oslo：Rystad Energy.

S A Sonnenberg, H Jin, J F Sarg, 2011. Bakken mudrocks of the Williston Basin, world class source rocks. Adapted from e-poster presented at AAPG Annual Convention and Exhibition, Houston, Texas, USA.

Stephen A Sonnenberg, 2010. Abnormal pressure analysis in the Bakken Formation, Williston Basin, a key to future discoveries. Search and Discovery Article #40629.

Stephen A Sonnenberg, Aris Pramudito, 2009. Petroleum geology of the giant ElmCoulee field, Williston Basin. AAPG Bulletin, 93（9）：1127-1153.

Tan Tran, Pahala Singurat, R A Wattenbarger, 2011. Production characteristics of the Bakken shale oil. SPE145684.

US Energy Information Administration（EIA）, 2011. Review of emerging resources：US shale gas and shale oil plays. http：//www.eia.gov/analysis/studies/usshalegas/pdf/usshaleplays.pdf.

US Energy Information Administration（EIA）, 2013.Technically recoverable shale oil and shale gas resources：An assessment of 137 shale formations in 41 countries outside the United States.

US Energy Information Administration（EIA）, 2014.Updates to the EIA Eagle Ford Play Maps.

US Energy Information Administration（EIA）, 2016.Initial production rates in tight oil formations continue to rise. Washington：US Energy Information Administration.

US Energy Information Administration（EIA）, 2016.Trends in US oil and natural gas upstream costs. Washington：US Energy Information Administration.

US Energy Information Administration（EIA）, 2017. Annual Energy Outlook.

US Energy Information Administration（EIA）, 2018.Permian Basin Wolfcamp Shale Play geology review.

US Energy Information Administration（EIA）, 2019a. Crude oil plus lease condensate proved reserves, reserves changes, and production. Washington：US Energy Information Administration.

US Energy Information Administration（EIA）, 2019b. Drilling productivity report. Washington：US Energy

Information Administration.

US Energy Information Administration（EIA）, 2019c. Despite increased second quarter 2019 returns and production for 42 publicly traded companies, US oil companies'stock prices decline . Washington：US Energy Information Administration.

US Energy Information Administration（EIA）, 2021a. Drilling productivity report. https：//www.eia.gov/petroleum/drilling/pdf/dpr–full.pdf.

US Energy Information Administration（EIA）, 2021b. Proved reserves of crude oil and natural gas in the United States, Year–End 2019.

US Energy Information Administration（EIA）, 2021c. Tight oil production estimates by play.https：//www.eia.gov/energyexplained/oil-and-petroleum-products/images/u.s.tight_oil_production.

US Energy Information Administration（EIA）, 2021d. Annual Energy Outlook 2021.

US Geological Survey（USGS）, 2013. Assessment of undiscovered oil resources in the Bakken and Three Forks Formations, Williston Basin Province, Montana, North Dakota, and South Dakota. Fact Sheet 2013–3013.

US Geological Survey（USGS）, 2016. Assessment of continuous resources in the Wolfcamp shale of the Midland Basin, Permian Basin Province, Texas.

US Geological Survey（USGS）, 2018a.Assessment of undiscovered continuous oil and gas resources in the Wolfcamp Shale and Bone Spring Formation of the Delaware Basin, Permian Basin Province, New Mexico and Texas. Fact Sheet 2018–3073.

US Geological Survey（USGS）, 2018b. Assessment of undiscovered oil and gas resources in the Eagle Ford Group and associated Cenomanian–Turonian Strata, US Gulf Coast, Texas. Fact Sheet 2018–3033.

US shale oil industry：Not in business to make money but to take money. 2019–1–21.

Usman Ahmed, D Nathan Meehan, PhD PE, 2016. Uncoventional oil and gas resources exploration and development. CRC Press.

Webster R L, 1984. Petroleum source rocks and stratigraphy of the Bakken Formation in North Dakota // J Woodward, F F Meissner, J L Clayton. Hydrocarbon source rocks of the Greater Rocky Mountain Region. Denver, CO：Rocky Mountain Association of Geologists：57–81.

Yücel and Plante, 2019. https://www.dallasfed.org/research/economics/2019/0820#:~:text=Given%20that%20the%20actual%20increase%20in%20U.S.%20GDP,boom%20generated%20significant%20positive%20spillovers.%20About%20the%20Authors.

Zhongmin Wang, Alan Krupnick, 2013. US shale gas development：What led to the boom？ Resources for the Future, Issue Brief 13–04.

第二章

世界页岩油资源及勘探开发进展

美国页岩油革命在世界产生了"溢出效应",石油行业对美国以外页岩油资源的认识逐渐加深,页岩油勘探开发热潮迈向全球,加拿大和阿根廷分别成为美国以外和北美之外最早实现页岩油商业生产的国家,中国近年页岩油勘探开发也取得重大进展,俄罗斯也开始寻求页岩油方面的突破。不过,美国页岩油革命是多重因素共同作用的结果,很多因素其他国家难以复制。虽然长期来看,加拿大、阿根廷和俄罗斯的页岩油产量都有较大的增长潜力,但都难以与美国相比。

第一节 世界页岩油资源潜力与分布

一、世界页岩油资源潜力

美国能源信息署(EIA)的评价结果认为,全球页岩油技术可采资源总量为 4189×10^8 bbl,分布在 39 个国家 104 个盆地的 170 多套页岩层系中(EIA、ARI,2013)。从大区来看,北美是页岩油资源最丰富的地区,页岩油技术可采资源量为 1001×10^8 bbl,约占全球的四分之一,其次是东欧和亚太地区,南美和非洲地区的页岩油资源潜力也较大(图 2-1)。从页岩油资源的国家分布来看,美国是页岩油资源最丰富的国家,页岩油技术可采资源量为 782×10^8 bbl,约占全球的 19%,俄罗斯(746×10^8 bbl)和中国(322×10^8 bbl)分列二、三位,占比分别约为 18% 和 8%,其他页岩油资源较丰富的国家还有阿根廷(270×10^8 bbl)、利比亚(261×10^8 bbl)、阿拉伯联合酋长国(226×10^8 bbl)、乍得(162×10^8 bbl)、澳大利亚(156×10^8 bbl)、委内瑞拉(134×10^8 bbl)和墨西哥(131×10^8 bbl)等,以上 10 个国家拥有全球四分之三以上的页岩油技术可采资源量(图 2-2,表 2-1)。从盆地分布来看(图 2-3),全球 100 多个沉积盆地中都有页岩油资源,其中 60% 以上分布在 10 个大型沉积盆地中,依次分别为西西伯利亚盆地、二叠盆地、墨西哥湾盆地、鲁布哈利盆地、福特沃斯盆地、内乌肯盆地、锡尔特盆地、威利斯顿盆地、马拉开波盆地、准噶尔盆地(王文广,2016;方圆等,2019)。

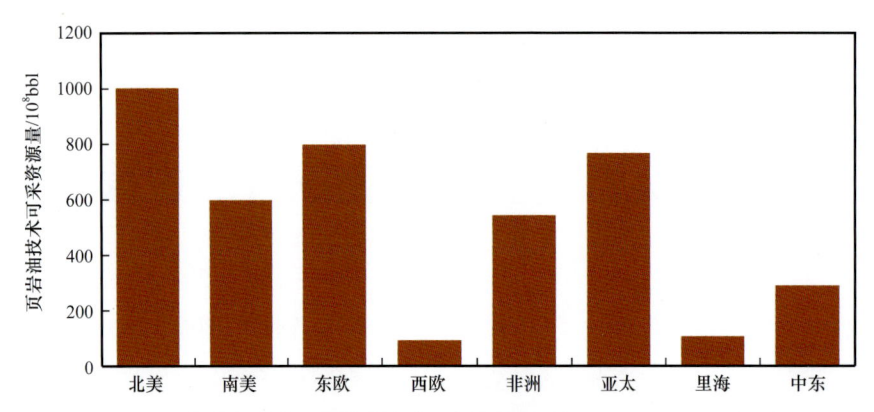

图 2-1 全球主要地区页岩油技术可采资源量（据 EIA、ARI，2013）

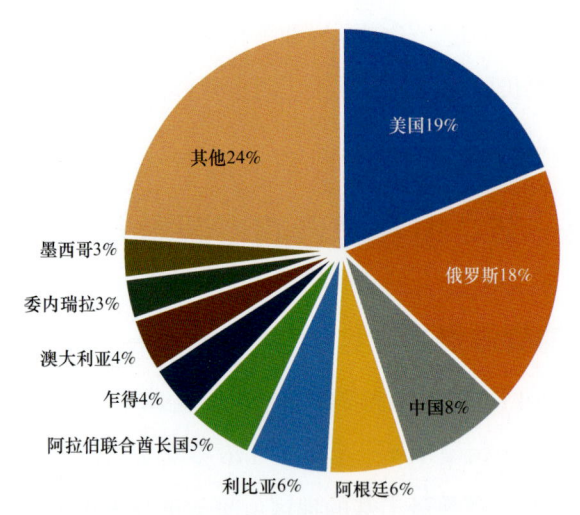

图 2-2 全球主要国家页岩油技术可采资源占比（据 EIA、ARI，2013）

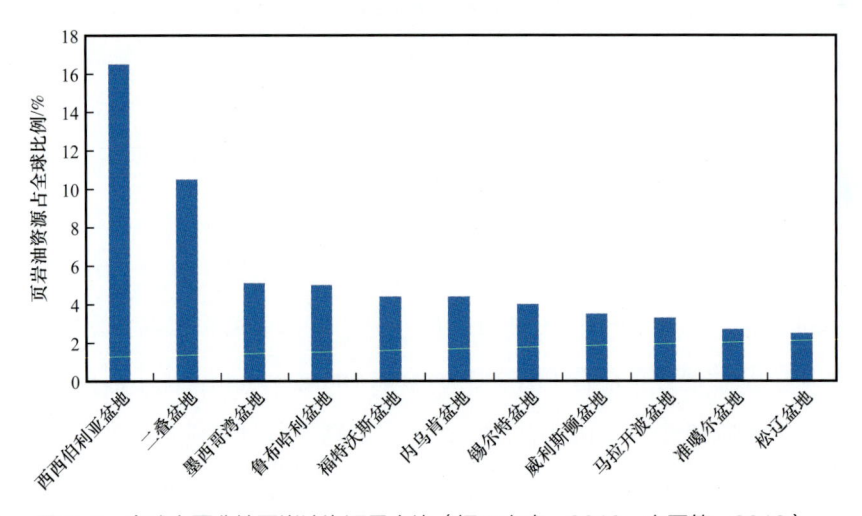

图 2-3 全球主要盆地页岩油资源量占比（据王文庸，2016；方圆等，2019）

表 2-1 全球主要国家页岩油资源（据 EIA、ARI，2013）

地区	国家	页岩油技术可采资源量 /10^{8}bbl	评价时间
北美	美国	782	2015.4
	加拿大	88	2013.5
	墨西哥	131	2013.5
南美	阿根廷	270	2013.5
	玻利维亚	6	2013.5
	巴西	53	2013.5
	智利	23	2013.5
	哥伦比亚	68	2013.5
	巴拉圭	37	2013.5
	乌拉圭	6	2013.5
	委内瑞拉	134	2013.5
东欧	保加利亚	2	2013.5
	立陶宛	14	2013.5
	波兰	18	2013.5
	罗马尼亚	3	2013.5
	俄罗斯	746	2013.5
	土耳其	47	2013.5
	乌克兰	11	2013.5
西欧	法国	47	2013.5
	德国	7	2013.5
	荷兰	29	2013.5
	西班牙	1	2013.5
	英国	7	2013.5
非洲	阿尔及利亚	57	2013.5
	埃及	46	2013.5
	利比亚	261	2013.5
	突尼斯	15	2013.5
	西撒哈拉	2	2013.5
	乍得	162	2014.12

续表

地区	国家	页岩油技术可采资源量 /10⁹bbl	评价时间
亚太	中国	322	2013.5
	印度	38	2013.5
	印度尼西亚	79	2013.5
	蒙古国	34	2013.5
	巴基斯坦	91	2013.5
	澳大利亚	156	2013.5
里海	哈萨克斯坦	106	2014.12
中东	约旦	1	2013.5
	阿曼	62	2014.12
	阿拉伯联合酋长国	226	2014.12
总计		4188	

二、世界页岩油资源分布规律

大面积分布的优质烃源岩是页岩油形成的物质基础，因此有利于烃源岩沉积的地质环境是形成页岩油的基本条件。从地质角度而言，形成稳定烃源岩需要稳定的构造条件、适宜的岩相古地理条件和古气候条件。只有当沉降速度略大于沉积速度或二者相近的持续沉降时，才能保持长期还原环境，确保更多的有机质能够沉积下来，形成有利烃源岩层，为页岩油的形成提供基础。就这个角度而言，页岩油有利区一般分布在盆地的构造坳陷或盆地中心的负向构造带内，因为这些区域有利于沉积物的聚集，往往会形成砂泥互层的沉积结构，有利于页岩油的形成和聚集。

从沉积环境来看（王文庸，2016），目前全球已评价的 213 套页岩油层系中，174 套为海相地层，占 82%，39 套为陆相沉积环境，占 18%。虽然海相烃源岩和陆相烃源岩都是在半咸水、咸水环境中形成的，但海相烃源岩发育的理想环境是海洋与陆地相邻的大陆边缘地区的大陆架和大陆坡一带，陆相盆地烃源岩主要发育在内陆咸化湖盆中的深水坳陷中。全球大陆架和大陆坡的面积约占海洋总面积的 27%，所以海相烃源岩分布面积较大，陆相烃源岩分布面积通常较小。统计数据表明，约 50% 海相页岩油层的厚度在 0~200m 之间，陆相页岩油聚集的有利厚度为 400~600m（图 2-4）。从干酪根类型上，陆相沉积环境的烃源岩通常在全封闭的深水湖盆中发育，还原条件好，生油中心的有机质保存条件良好，干酪根类型主要是Ⅰ型和Ⅱ₁型。海相沉积沉境中会随着海洋环境的动荡，间歇性接受植物碎屑和氧化沉积物的沉积，有机质的成分经常改变，烃源岩含有较多芳香族和环烷族的环状化合物，其干酪根类型主要为Ⅱ型。

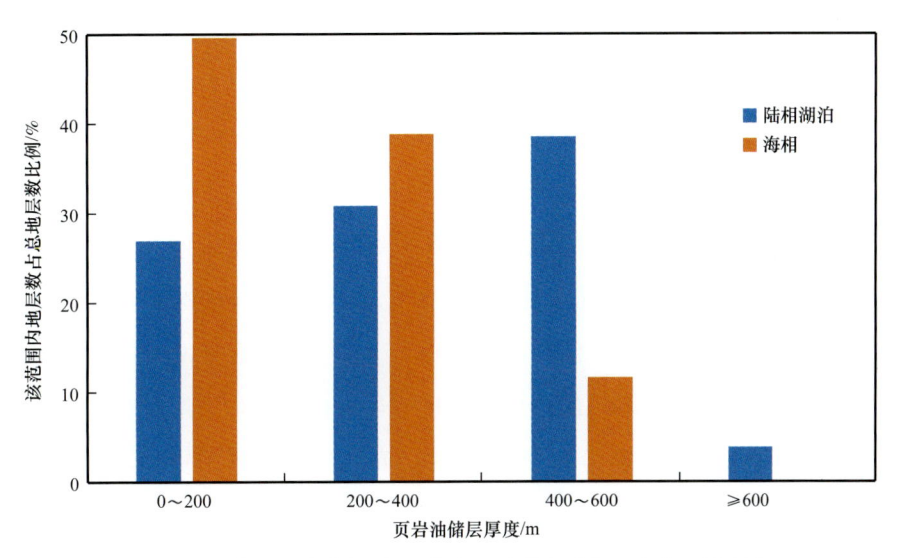

图 2-4　全球页岩油资源沉积相与厚度分布（据王文庸，2016）

从层系分布上来看（王文庸，2016），页岩油主要位于侏罗系、白垩系、泥盆系和石炭系，约占页岩油技术可采资源总量的四分之三（图 2-5）。这样的分布与全球烃源岩生成常规石油的层系分布规律极为相似，也从一个侧面说明页岩油资源的分布受烃源岩发育的控制。

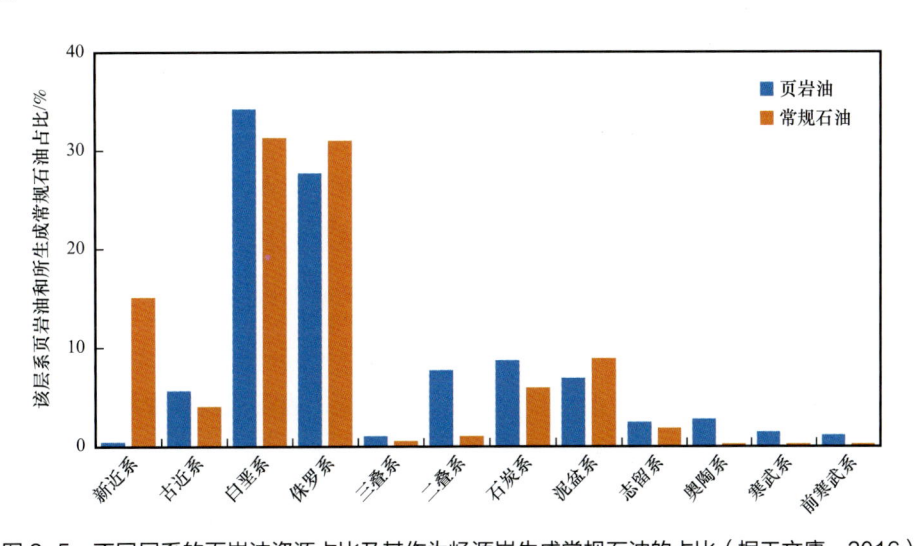

图 2-5　不同层系的页岩油资源占比及其作为烃源岩生成常规石油的占比（据王文庸，2016）

第二节　美国以外主要国家勘探开发进展

一、俄罗斯

俄罗斯具有较好页岩油资源潜力的层系包括巴热诺夫（Бажанов）组、多玛尼克（Доманик）层系、库阿纳姆（Куонам）组和哈杜姆（Хадум）组。据 EIA 资料（EIA、ARI，2013），俄罗斯页岩油技术可采资源量约 107×10^8t，居世界第二位，页岩气技术可采资源量约 6.9×10^{12}m^3，居世界第九位。俄罗斯自然资源部认为，巴热诺夫组页岩油地质资源量为 1740×10^8t，地质储量约 160×10^8t，但各科研机构尚未对该地层的储量计算方法达成一致，页岩油年产量不足 100×10^4t，尚未实现商业开发。俄罗斯石油地质科学院（VNIGRI）对东欧地台多玛尼克页岩油进行了评估，认为该地层在蒂曼—伯朝拉地区的页岩油气地质资源量分别为 1140×10^8t 和 34×10^{12}m^3，可采资源量分别为 83×10^8t 和 48×10^{12}m^3；在伏尔加—乌拉尔盆地，该页岩层系的页岩油气技术可资源量分别高达 178×10^8t 和 8.3×10^{12}m^3。

俄罗斯政府对非常规油气资源的重视程度显著提高，2012 年提出了页岩油气发展计划，2013 年出台了税收减免政策，鼓励开采页岩油。2018 年，俄罗斯的页岩油产量为 12×10^4bbl/d，俄罗斯政府希望在 2025 年前使包括页岩油在内的难开采石油在全国石油总产量中的比例从目前的 1% 提高到 10% 以上，西西伯利亚地区的巴热诺夫组页岩和东欧地台的多玛尼克层系页岩是优先开发区（МПРЭ，2018）。埃克森美孚、壳牌、BP、挪威国家石油公司都与俄罗斯公司签署过共同开发页岩资源的协议，但受油价下跌和欧美制裁影响，国外石油公司在俄罗斯的页岩油钻探作业大幅减少，但仍有一些公司，如挪威国家石油公司未受制裁影响，在参与北极和非常规项目。俄罗斯本国也有多家科研机构参与页岩的地质—地球化学研究及钻井—开发工艺研究，包括莫斯科大学、俄罗斯石油天然气大学、俄罗斯能源地质开发研究院、油气地质研究院、地质勘探研究院等，已明确了勘探开发目的层系和主要研究区，部分地区测试也取得了进展。

目前，俄罗斯专门进行页岩油勘探开发的区块不多，但在东欧地台和西西伯利亚地台已有针对页岩油层段的参数井，位于鞑靼斯坦共和国、乌德穆尔特共和国、乌里杨地区、汉特—曼西斯克地区等（Высоцкий，2011；Цветков 等，2012；Жарков，2011；Вагин，2011；Матвиенко 等，1985）。位于西西伯利亚的巴热诺夫页岩区是俄罗斯页岩油研究最集中的地区。据俄罗斯秋明施比利曼研究院资料，2016年，在西西伯利亚巴热诺夫—阿巴拉组中有146口垂直井在产，按活跃天数计的平均产量为10.8t/d，其中89口井的产量在10t/d以下，35口井的产量在10~20t/d之间，有21口井的产量在20t/d以上。布置部分水平井并进行分段压裂后，39口井的初期产量在10~40t/d之间，但产量递减速度很快，一般在3年后便无法生产，9口井获得了较高产量，但在5年后也几乎无产出，这可能与其没有突破压裂技术有关。截至2016年，还有页岩油产出的水平井有36口，分别位于9个不同油田，水平井段长度约1500m，在活跃天数内的产量平均为11~22t/d不等。

历史上从巴热诺夫—阿巴拉组中采出的页岩油呈逐年升高的趋势，产量在2014年达到顶峰 75×10^4t，之后虽然有所下降，但仍明显高于历史平均水平（图2-6）。俄罗斯天然气工业股份有限公司（Gzprom）是俄罗斯页岩油气勘探开发的主要参与者，其在2018年成立专攻页岩油的巴热诺夫技术中心，并钻了10口页岩油井，均获得工业油流，其中在Palyanovsk油田的2口水平井中进行了15级/1000m的水力压裂，通过对技术和设备的优化，将钻井时间从47d缩短到35d，水力压裂阶段的持续时间从48h减少到24h，压裂作业时间减少了50%，单位生产成本降低了40%，该公司2019年计划把水平段长度增加到1500m，将压裂级次增加到30级/1000m。此外，该公司还在汉特—曼西斯克

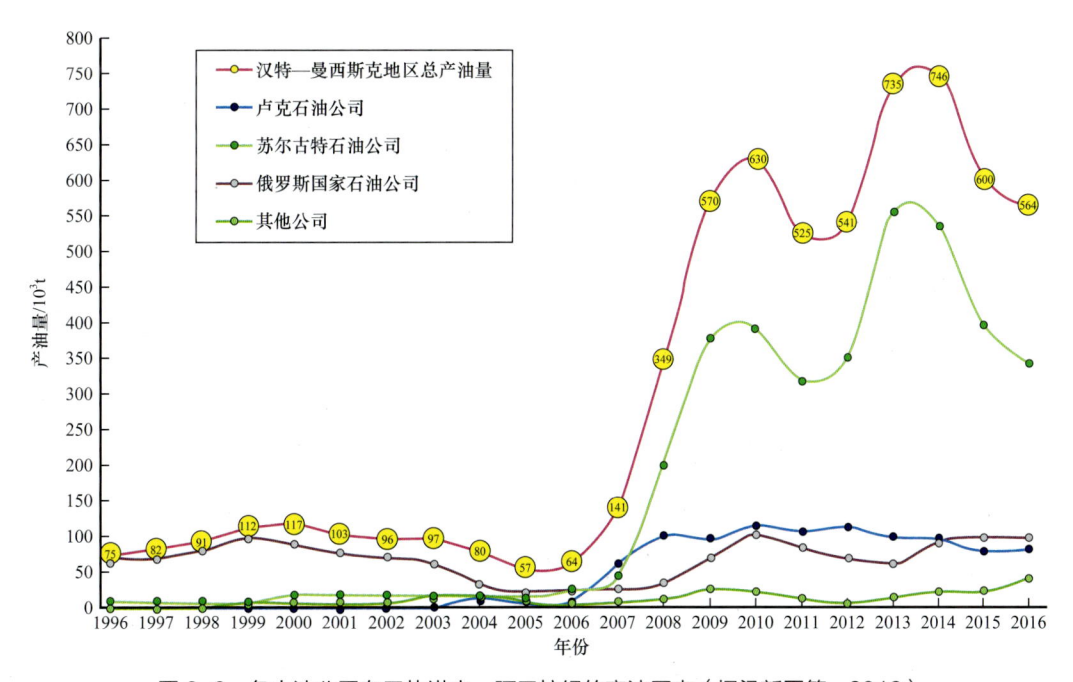

图2-6 各大油公司在巴热诺夫—阿巴拉组的产油历史（据梁新平等，2019）

Krasnoleninsky 油田 Palyanovsk 区块测试了许多针对巴热诺夫组页岩油的新技术，其中包括首次采用基于烃的溶液清洗井筒，对温度和压降的依赖性降低，降低了额外操作的成本；成功测试了旋转固井方法，确定套管在其固井过程中的旋转和蠕变，允许用水泥浆增加环形空间的填充程度；首次使用弹性水泥提升水泥井的密封性；尝试使用抽空塞法（使用复合电缆塞分离压裂和穿孔阶段）等新的解决方案。根据巴热诺夫技术中心资料，巴热诺夫组页岩油的开采成本已从 30×10^4 卢布 /t 降到 18×10^4 卢布 /t，计划 2025 年实现年产页岩油 1000×10^4t 的目标。不过，各研究机构对俄罗斯页岩油产量的预期存在较大差异，俄罗斯国家石油公司（Rosneft）预计 2020 年可实现年产 1500×10^4t，俄罗斯自然资源部预计 2030 年可达到年产 8400×10^4t，BP 预计 2035 年可达年产 4000×10^4t，俄罗斯科学院预计巴热诺夫页岩区到 2040 年的产量可达 1.4×10^8t。

二、加拿大

加拿大页岩油资源主要分布在西部的西加拿大沉积盆地（WCSB）和东部的阿巴拉契亚山脉地区、纽芬兰岛 Green Point、魁北克安蒂科斯蒂岛马卡斯 / 尤蒂卡区带。EIA 认为（EIA，2013），加拿大的页岩油技术可采资源量为 88.4×10^8bbl，居全球第九位。加拿大艾伯塔省能源管理局（AER）认为，该国的页岩油原始地质资源量为 4236×10^8bbl（AER，2015）。加拿大地质调查局（GSC）认为（Lavoie，2012），该国的页岩油原始地质储量为 840×10^8t，但目前探明的尚不足亿吨。目前，在西加拿大沉积盆地作业的公司初步确定的可采储量只有 7000×10^4t，预计随着设备和技术进步会逐渐增加（Ling 等，2014）。

根据加拿大能源管理局（CER）发布的报告，加拿大当前的页岩油勘探开发活动主要集中在西加拿大沉积盆地，包括艾伯塔省、萨斯喀彻温省、曼尼托巴省和不列颠哥伦比亚省，主要页岩油区带包括巴肯 / 埃克肖（Bakken/Exshaw）、卡尔蒂姆（Cardium）、维京（Viking）、迪韦奈 / 马斯夸（Duvernay/Muskwa）、蒙特尼 / 多伊格（Montney/Doig）、下肖纳文（Lower Shaunvon）和比弗希尔湖（Beaverhill Lake）（图 2-7）（CER，2011）。巴肯 / 埃克肖组是美国巴肯组向北延伸的部分，在艾伯塔省、曼尼托巴省、萨斯喀彻温省和不列颠哥伦比亚省均有分布，是加拿大最早进行页岩油勘探开发的页岩区带。卡尔蒂姆组主要分布在艾伯塔省的不列颠哥伦比亚省，以粉砂岩和页岩为主，是近几年加拿大页岩油勘探开发热点区之一。维京组主要分布在艾伯塔省和萨斯喀彻温省，以粉砂岩和页岩为主，是几个页岩层系中埋深最浅的，只有 700m 左右，也是目前颇受青睐的页岩油产区之一。迪韦奈组是几个页岩层系中埋深最大的，在2500~4000m之间，岩性以页岩为主，含白云岩夹层，其页岩油勘探开发还处于早期阶段，产量较低。

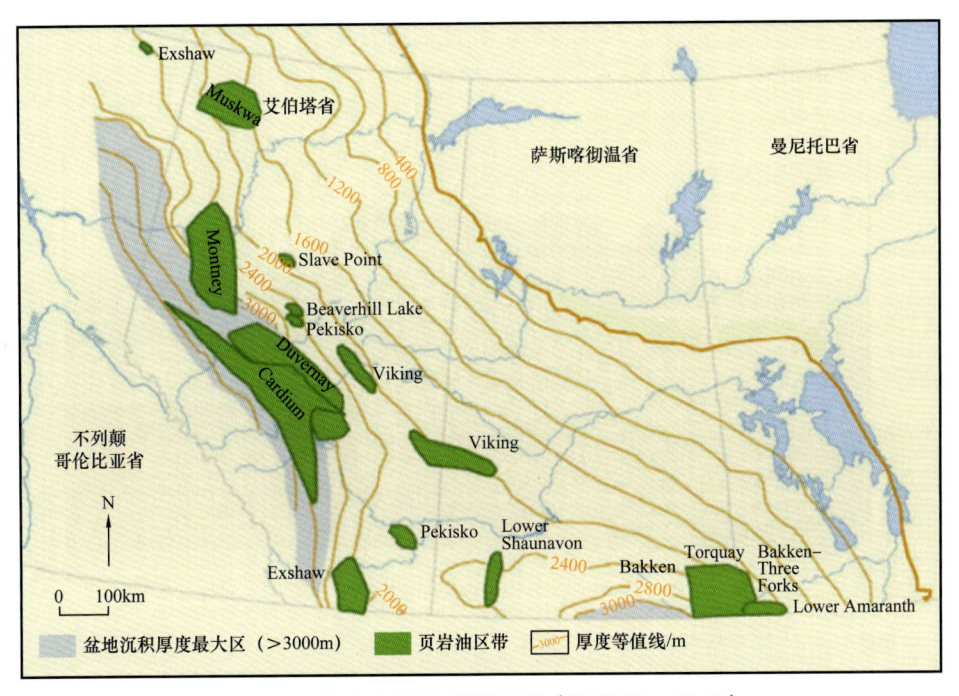

图 2-7 加拿大主要页岩油产区（据 CER，2011）

加拿大是美国之外最早实现页岩油商业生产的国家，最开始在与美国接壤的艾伯塔省和萨斯喀彻温省巴肯页岩区开展页岩油勘探开发活动，并在2005年实现商业化，产量约为 $3×10^4$bbl/d，占其石油总产量的1%；此后逐渐向西加拿大沉积盆地的其他页岩区带拓展，页岩油产量也快速增长，并在2014年中期达到最高的 $42.5×10^4$bbl/d（图2-8），约占西加拿大沉积盆地石油产量的三分之一，占加拿大石油总产量的1/10，涉及巴肯、卡尔蒂姆、维京、蒙特尼和迪韦奈等多个页岩区带。2014年油价暴跌之后，加拿大页岩油钻探活动大幅减少，2015年新增页岩油井数比2014年减少了近30%，2016年更是不足2014年的三分之一，作业量减少导致产量快速下降，2016年加拿大页岩油产量比2014年下降了近20%，至 $34.5×10^4$bbl/d，2017年进一步降至 $33.5×10^4$bbl/d。从主要页岩区的情况来看（Newton，2017），卡尔蒂姆区带的产量降幅最大，由最高时的 $8.5×10^4$bbl/d 降至 $5×10^4$bbl/d，其次是巴肯区带，产量由 $6×10^4$bbl/d 降至 $4×10^4$bbl/d，维京区带和蒙特尼区带产量则有一定程度的增长，分别达到约 $6×10^4$bbl/d 和 $10×10^4$bbl/d（图2-9）。2018年初开始，随着油价回升，加拿大页岩油生产活动显著增加，产量也随之增长，2019年

达到约 36×10^4 bbl/d。加拿大能源管理局（CER）预计，该国页岩油产量中期内仍有一定的增长潜力，但受油价、供需以及碳中和等因素影响，很难恢复到 2014 年时的高峰水平，可能会在 2035 年达到约 40×10^4 bbl/d，此后逐年下降，2040 年降至约 38×10^4 bbl/d，2050 年降至 30×10^4 bbl/d。

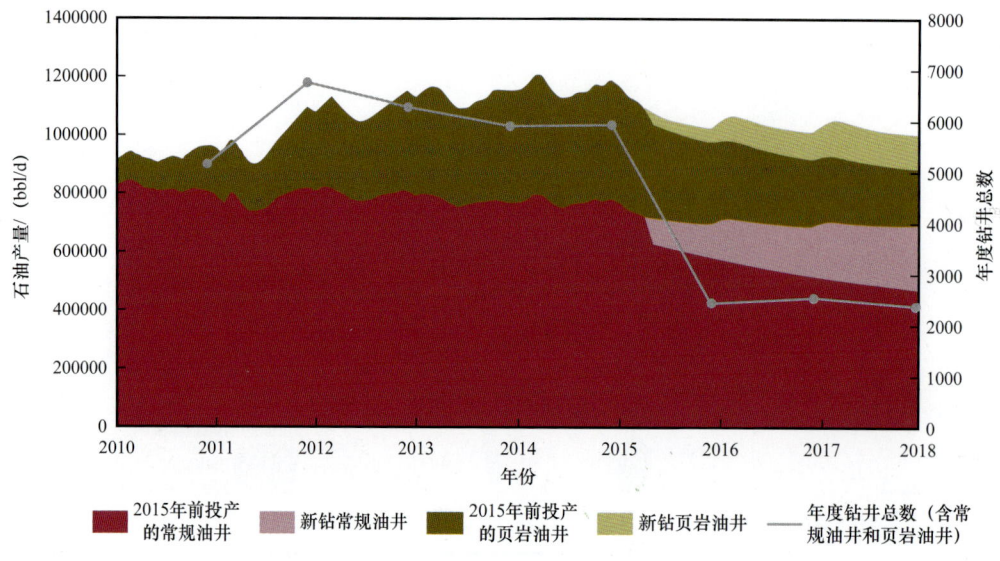

图 2-8　西加拿大沉积盆地石油产量构成与钻井数量（据 CER，2017）

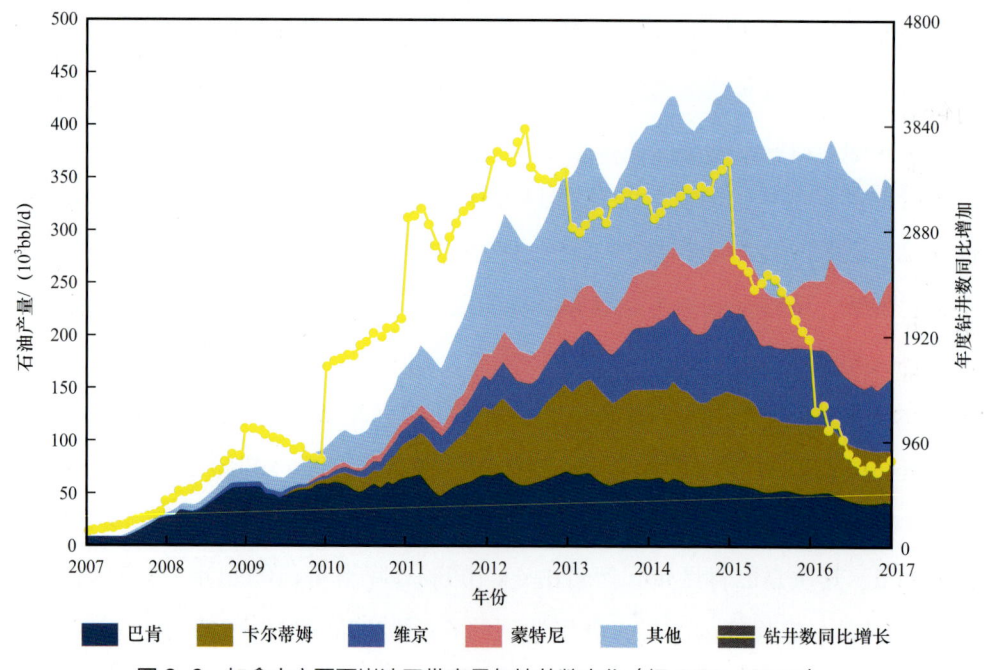

图 2-9　加拿大主要页岩油区带产量与钻井数变化（据 CER，2017）

加拿大政府对包括页岩油在内的非常规资源勘探开发比较重视，为其制定了法规框架，并从国家层面加强对资源潜力的认识，同时了解资源开发对环境和健康的影响。加拿大政府在制定产业扶持政策时主要参考了美国的相关政策（王南等，2012），例如为生产商提供一定税收优惠，对技术研发项目给予一定扶持，以及在水处理和环境保护方面出台指导意见。加拿大财政部对页岩油气等高风险投资的矿产行业给予税收补贴鼓励（投资人当年减免税率为100%，生产前税率全额减免），从事油气勘探和开采的企业，可享有加拿大联邦政府和省政府税收优惠政策，一些高风险、低收益项目在生产期减免部分税额，最高减免额度为项目当年缴纳税款的30%。加拿大省政府以及少数民族地区政府在原油气活动管理条例的基础上，修订、完善非常规油气资源规章制度体系，使之适应页岩油气资源开发的需求以及技术变化、应用和潜在风险，从整个区域或者油气藏角度考虑油气开发活动，认识页岩油气勘探开发和管理的需求。

三、阿根廷

阿根廷是北美以外地区首个实现页岩油商业开发的国家，其页岩油资源主要位于中南部内乌肯盆地的瓦卡穆尔塔（Vaca Muerta）页岩区，页岩油技术可采资源量约为 162×10^8 bbl，是全球第四大页岩油资源区（EIA、ARI，2013），与美国伊格尔福特页岩区相似程度较高。阿根廷国家石油公司（YPF）拥有该页岩区的资源，其他国际石油公司通过与YPF组建合资公司参与该国的页岩油气勘探开发。目前在该页岩区拥有资产的外国公司包括雪佛龙、埃克森美孚、壳牌、道达尔、挪威国家石油公司（Statoil）、泛美能源（Pan American Energy）等（图2-10）（Walzel，2018）。

截至2018年底，阿根廷国内的作业钻机数量为123台，其中有约50台在瓦卡穆尔塔页岩区从事页岩油气钻探作业。自2010年以来，该页岩区共完钻并完井了页岩直井和水平井680多口，2018年底的页岩油气总产量约为 11×10^4 boe/d，其中一半以上（约 6×10^4 bbl/d）为页岩油。目前，YPF与雪佛龙合作的Loma Campana区以及与陶氏化学合作的El Orejano区已进入全面开发阶段，是阿根廷页岩油气的主要产区。与道达尔合作的Fortin de Piedra和Aguada Pichana Este两个页岩作业区也在2017年先后投入开发，截至2018年底的产量分别为8700boe/d和1320boe/d。瓦卡穆尔塔页岩区的页岩油产量在2020年3月达到 12.3×10^4 bbl/d高点，此后受疫情影响大幅下降，但2020年下半年开始企稳回升，并在2020年12月达到 12.4×10^4 bbl/d，创下新高（图2-11）。

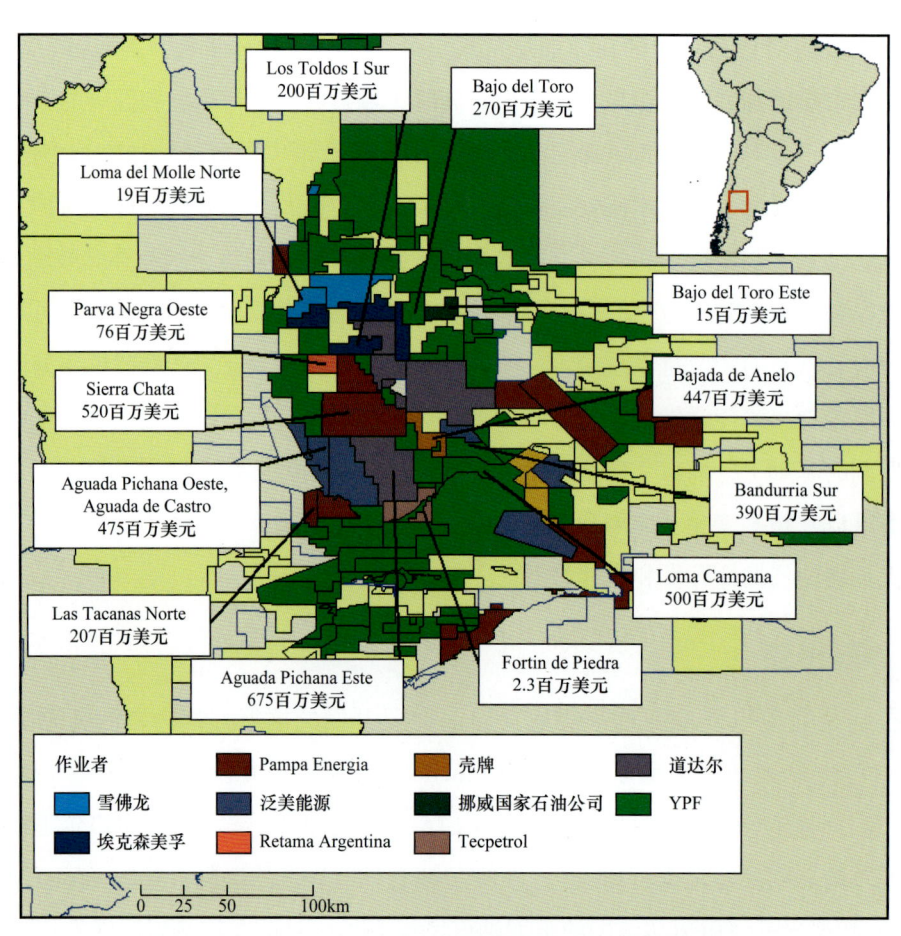

图 2-10　瓦卡穆尔塔页岩区主要页岩油气作业区与投资情况

图 2-11　瓦卡穆尔塔页岩油气产量情况（据 Rystad Energy，2021）

2010年以来，瓦卡穆尔塔页岩区的页岩油钻探成本持续降低。2015年时，YPF在该区的Loma Campana作业区钻一口页岩水平井的成本为每英尺水平段27.7万美元，2017年已降至16.2万美元，此期间的水平段长度则从1500m增加到了2200m，平均压裂段数从16段增加到27段，页岩油气水平井单井钻完井成本已从2015年的11200万美元降至820万美元左右，已很接近美国伊格尔福特页岩区650万～780万美元的单井钻完井成本。

四、其他国家

墨西哥也拥有丰富的页岩油资源，主要分布在靠近该国与美国陆上边界附近的五个盆地中，即Burgos、Sabinas—Burro—Picachos、Tampico—Misantla、Chihuahua和Veracruz盆地中，页岩油勘探开发的主要目的层是伊格尔福特、Pimienta、La Casita等几套中生界页岩地层。墨西哥北部的伊格尔福特页岩是美国得克萨斯州伊格尔福特页岩延伸至墨西哥境内的部分，被认为是最具页岩油勘探开发前景的区带，墨西哥的作业公司在该页岩区钻了11口井，平均单井的钻完井成本为1000万美元，但仅在3口井中发现了页岩气，未获页岩油发现。Pimienta和La Casita被认为是墨西哥比较有潜力的页岩油气勘探目的层，截至2019年，这两个页岩区带共完钻了14口页岩井，其中5口井为干气，一口井——Anhelido-1井发现了页岩油，测试的初始产量为432bbl/d。2018年3月，墨西哥油气管理机构（CNH）宣布，将在2018年9月5日举行该国首轮陆上页岩区块招标，将提供位于西北部墨美交界塔毛利帕斯省Burgos地区的9个陆上区块，总面积约2700km^2，预计拥有5300×10^4boe的常规油气资源和11.6×10^8boe的页岩油气资源，竞标成功的公司将同时获得常规和非常规油气资源开发权。但该区基础设施和水资源缺乏，页岩油气资源开发面临很大挑战。

巴林石油部2018年4月4日宣布，在其海上Khaleej Al Bahrain盆地获得页岩油和深层天然气发现，初步预计页岩油资源量为815×10^8bbl，天然气资源量为13.7×10^{12}ft^3，成功开发或可为该国带来20×10^4bbl的石油产量，是该国自1932年开始生产石油以来最大的发现（Gnana，2018）。不过外界对此持谨慎态度，因为目前海上页岩油开发的成本和采收率情况尚不可知。花旗银行称，2017年美国陆上页岩井的钻完井成本约为700万美元，巴林的海上页岩油钻完井成本不会低于2000万美元。而且EIA的数据显示，中东地区的页岩油资源量与技术可采资源量间的差异明显大于其他地区，如阿曼的页岩油资源量高达

240×10^8 bbl,但技术可采资源量只有 12×10^8 bbl,约旦的页岩油资源量约为 40×10^8 bbl,但技术可采资源量只有 1×10^8 bbl,巴林海上的页岩油采收率可能会更低。巴林石油部表示,将与哈里伯顿合作在该区钻两口井,以评价该国海上页岩油开发的成本和产量情况,待获得更多资料后会邀请国际石油公司参与开发。2019 年 2 月 27 日,巴林石油部称,正与拥有页岩油勘探开发专业经验的美国石油公司就开发该国海上页岩油进行谈判,希望能在年底前找到一家对该领域感兴趣的合作伙伴,但直到 2020 年上半年都未找到(McQue,2020)。

第三节　世界页岩油发展前景展望

页岩油将成为未来全球石油产量增长的重要领域之一,美国仍将在页岩油生产中唱主角,但其他国家的页岩油开发也将有重大进展。根据 EIA 的预计,到 2040 年,全球页岩油产量将在目前的约 500×10^4 bbl/d 基础上翻一番,至 1036×10^4 bbl/d,届时美国的页岩油产量将由 2017 年的 469×10^4 bbl/d 增至 710×10^4 bbl/d,加拿大由 33×10^4 bbl/d 增至 76×10^4 bbl/d,阿根廷预计将从约 5×10^4 bbl/d 增至 69×10^4 bbl/d,俄罗斯、墨西哥、哥伦比亚和澳大利亚等国虽然目前尚未有商业页岩油生产,但随着油价持续回升,这些国家的页岩油勘探开发将在 2020 年前后有实质性进展,到 2040 年这几个国家将合计贡献约 180×10^4 bbl/d 的页岩油产量(图 2-12)。

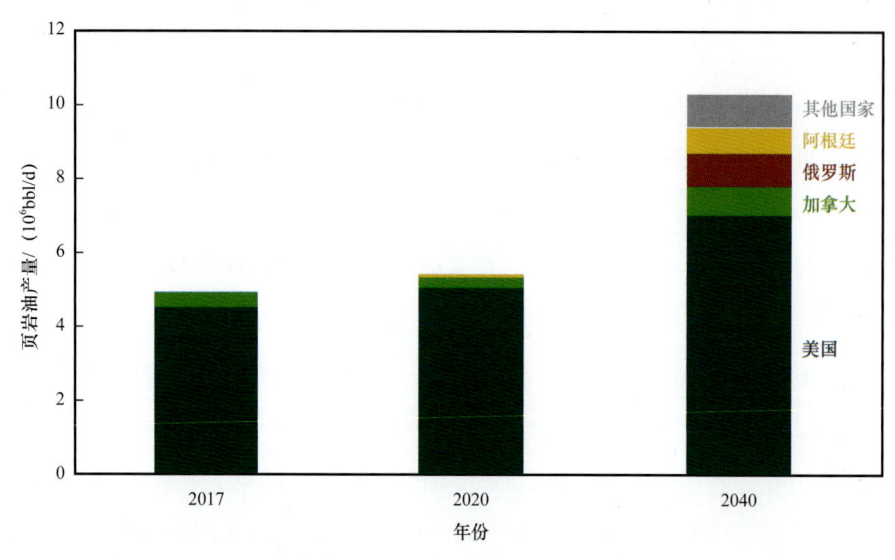

图 2-12　2040 年前全球主要国家页岩油产量预测(据 EIA,2016)

BP 对全球页岩油发展的预期比 EIA 更乐观一些（BP，2017），其认为全球页岩油产量将会在 2035 年达到 $1000×10^4$ bbl/d，约占全球石油总产量的 9.5%，美国的页岩油产量会在 2030 年前后进入平台期，约为 $760×10^4$ bbl/d，但仍将是全球最大的页岩油生产国（图 2-13）。

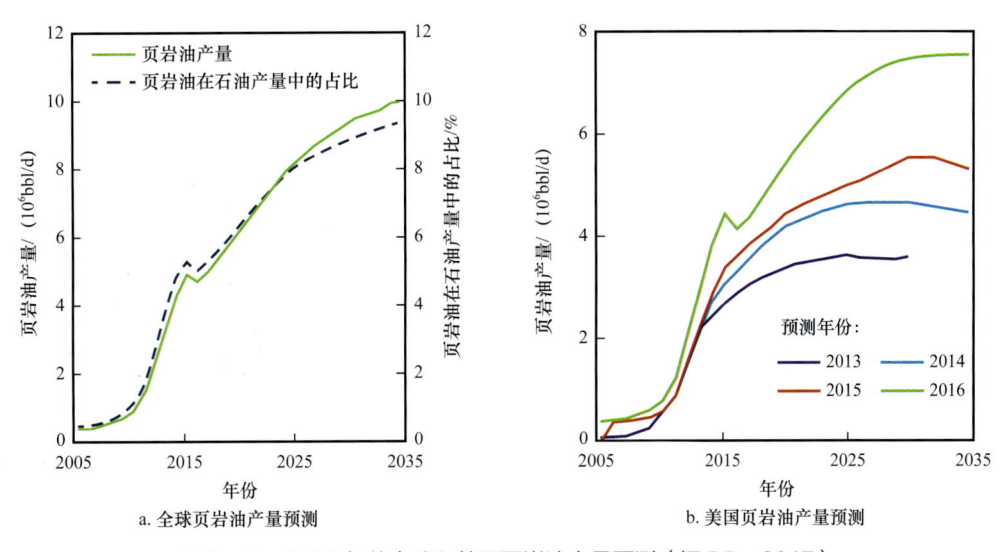

图 2-13　2035 年前全球和美国页岩油产量预测（据 BP，2017）

欧佩克（OPEC）最初并不看好页岩油发展，但经过 2014 年的油价下跌之后，其对页岩油的态度发生了戏剧性变化，在 2015—2017 年连续 3 年在《年度石油市场展望》报告中上调页岩油发展预期。在其 2020 年的报告中，欧佩克预计 2045 年前美国、加拿大、阿根廷和俄罗斯将是全球最主要的页岩油商业生产国，其中美国是全球页岩油生产的绝对主体，其页岩油产量增长将持续到 2030 年前后，峰值为 $1579×10^4$ bbl/d，之后会出现逐年下降，到 2035 年会降至 $1536×10^4$ bbl/d，2045 年降至 $1332×10^4$ bbl/d。加拿大是仅次于美国的全球第二大页岩油生产国，其页岩油产量会在 2025 年达到峰值，约为 $61×10^4$ bbl/d，并大体保持这一水平至 2030 年，此后会逐年小幅下降，2040 年会降至 $57×10^4$ bbl/d，2045 年进一步降至 $54×10^4$ bbl/d。阿根廷和俄罗斯的页岩油产量则将持续增长，其中，阿根廷目前的页岩油产量居全球第三，其页岩油产量或可在 2030 年突破 $20×10^4$ bbl/d，并在 2045 年达到 $34×10^4$ bbl/d。俄罗斯目前的页岩油日产量只有几万桶，但增产潜力是几个国家中最大的，有望在 2025 年达到 $14×10^4$ bbl/d，与阿根廷产量大体相当，并在 2030 年达到 $25×10^4$ bbl/d，超过阿根廷，成为全球第三大页岩油生产国，2035 年和 2045 年的产量

分别将增至 31×10^4 bbl/d 和 43×10^4 bbl/d。中国等其他国家的页岩油产量将在 2025 年开始有显著增长，达到 6×10^4 bbl/d，到 2030 年进一步增至 15×10^4 bbl/d，此后将大体保持这一水平（图 2-14）。从 OPEC 预测情况来看，显然对中国页岩油发展前景估计不足。

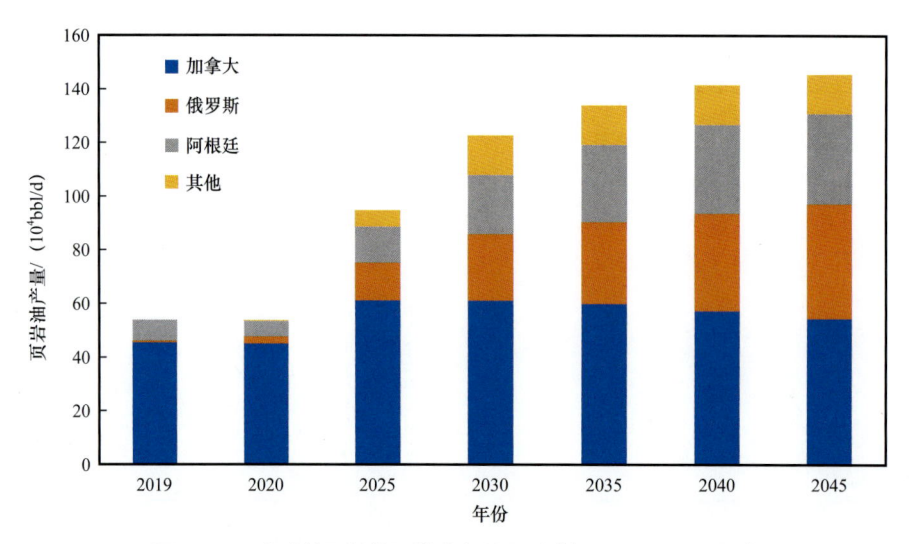

图 2-14　全球美国以外页岩油产量预测（据 OPEC，2020）

参 考 文 献

方圆，张万益，马芬，等，2019. 全球页岩油资源分布与开发现状. 矿产保护与利用，39（5）：126-134.

梁新平，金之钧，Alexander Shpilman，等，2019. 俄罗斯页岩油地质特征及勘探开发进展. 石油与天然气地质，40（3）：478-490.

王南，刘兴元，杜东，2012. 美国和加拿大页岩气产业政策借鉴. 国际石油经济，20（9）：69-73.

王文庸，2016. 全球致密油资源潜力及分布特征研究. 北京：中国石油大学（北京）.

AER，2015. Alberta's energy reserves 2014 and supply/demand outlook 2015–2024. Calgary：Alberta Energy Regulator.

BP，2017. BP energy outlook 2016 edition. London：BP.

Brian Walzel，2018. Producers set sights on Vaca Muerta：Investment and development activity picked up speed in 2017.

CER，2011. Tight oil developments in the western Canada sedimentary basin – energy briefing note. Calgary：Canada Energy Regulator.

CER，2017. Market Snapshot：Canadian tight oil production decreased after 2014 due to less drilling activity[R]. Calgary：Alberta Energy Regulator.

CER，2017. Market Snapshot：New wells will comprise up to 1/3 conventional, tight, and shale oil production in western Canada by end of 2017. Calgary：Alberta Energy Regulator.

Chris Newton, 2017. Montney Basin sees only increase in Canadian tight oil production in past three years.

Denis Lavoie, 2012. Shale gas and oil in Canada: Current development and exploration targets in a north America context.Oral presentation at AAPG International Conference and Exhibition, Singapore, 16–19 September.

EIA, 2016. World tight oil production to more than double from 2015 to 2040. Washington: US Energy Information Administration, Advanced Resources International.

EIA, ARI, 2013. Technically recoverable shale oil and shale gas resources: An assessment of 137 shale formations in 41 countries outside the United States. Washington: US Energy Information Administration, Advanced Resources International.

Jennifer Gnana, 2018. Bahrain says it has discovered 80 billion barrels of shale oil.

Katie McQue, 2020. Bahrain still assessing onshore gas discovery, seeks investors for shale oil project.

Ling Kegang, Shen Zheng, Han Guoqing, et al, 2014. A review of enhanced oil recovery methods applied in Williston Basin. URTec 1891560.

OPEC, 2020. Word oil outlook 2045. Vienna: Organization of the Petroleum Exporting Countries.

Rystad Energy, 2021. Argentina's Vaca Muerta tight oil deposit is now producing at record levels, matching US well scores. Oslo: Rystad Energy.

Вагин А В, 2011. Оценка перспектив нефтегазоносности доманиковых отложений верхнего девона Тимано-Печорской нефтегазоносной провинции/Проблемы ресурсного обеспечения газодобывающих районов России до 2030 г.: Газпром ВНИИГАЗ.

Высоцкий В И, 2011. Ресурсы сланцевого газа и прогноз их освоения. ИнфоТЭК, 1: 51-55.

Жарков А М, 2011. Оценка потенциала сланцевых углеводородов России/Минеральные ресурсы России. Экономика и управление, 3: 16-21.

Матвиенко В Н, Федотова С А, Ермолаев В Г и др, 1985. Гидрогеология и геохимия РОВ перспективных комплексов Восточно-Кубанской впадины, Западно-Кубанского прогиба и Таманского полуострова: отчет о научиссл. Работе. Краснодар: Союзбурнефть-ВНИПИтермнефть.

МПРЭ, 2018. О состоянии и использовании минерально-сырьевых ресурсов российской федерации в 2016 и 2017 годах.Москва.

Цветков Л Д, ЦветковаН Л, 2012. Сланцевые углеводороды: библиогр: обзор. Ярославль: НПЦ 《Недра》.

第三章

中国页岩油勘探开发现状与科技进展

与常规油气比较，页岩油气代表了油气勘探思路从寻找构造、地层和岩性圈闭向寻找大面积连续型非常规油气的革命性转变。美国经过近30年的艰苦探索之后，在2007—2010年前后取得了页岩油勘探开发的巨大成功。自2010年以来，借鉴美国成功的经验，中国在多个盆地开展页岩油勘探开发探索，取得了重要进展，但机遇与挑战并存，这种情形与在1987—1999年期间北美海相页岩油发展历程相近。本章将简要回顾中国页岩油勘探开发的历程、主要探区页岩油勘探开发现状和科技进展。

第一节 中国页岩油勘探开发历程

中国陆相沉积盆地中富有机质泥页岩分布层系多、范围广，陆相页岩油是陆上潜力极大、极具战略性的石油接替资源。我国20世纪60年代开始便在松辽、渤海湾、柴达木、吐哈、酒西、江汉、南襄、苏北及四川盆地等地发现了页岩油资源（泥岩裂缝型油藏），迄今为止我国陆相页岩油勘探开发大致经历了三个阶段的发展历程。

一、兼探页岩油阶段（2010年以前）

这一时期在常规油气勘探开发过程中，在松辽、渤海湾、江汉、苏北等盆地烃源层系均发现了泥页岩裂缝型油气。胜利油田有800余口井在济阳坳陷页岩层系见到油气显示，35口井获工业油气流，济阳坳陷中各凹陷均在泥页岩层系见到工业性油气流。江汉油田在潜江凹陷盐间页岩油层系有50多口井获工业油流，初期日喷千吨油井3口，累计采油近 $10×10^4$t。吉林油田最早在松辽盆地大安构造大4井青山口组泥页岩段试获日产2.66t 原油，北部古龙凹陷英12井等6口井在青山口组泥页岩段获工业油流，南部新北构造24口井在青山口组、姚家组、嫩一段泥页岩获工业油流，累计产油超过 $3×10^4$t。但总体上储产量规模有限，评价工作难以展开，页岩油发展较为缓慢。

二、探索页岩油阶段（2010—2014年）

这一阶段，主要是受到北美海相页岩油气革命的影响和启发，中国石油和中国石化选取了若干典型盆地，在凹陷边缘构造高部位部署了一批页岩油钻探井，并引入北美非常规压裂技术实施体积压裂改造。在此期间，长庆、大庆、胜利、大港、江汉等油田分公司不断攻关页岩油"甜点区（段）"预测、长水平段钻井与多级分段压裂等关键工程技术，积极开展页岩段孔隙型石油开发试验，多层系页岩段取得较大进展。中国石油在渤海湾盆地沧东凹陷孔南9、官1608两口井孔二段页岩试获高产工业油流，完钻的官东1701H和官东1702H两口水平井页岩油层水平段钻遇率96%，初步见到良好效果；在鄂尔多斯盆地宁148井等7口井于长7段页岩获工业油流，在松辽盆地古龙凹陷松页油1井等2口井于青一段页岩获工业油流。中国石化在泌阳凹陷针对核桃园组核三段实施了2口页岩油多级分段压裂水平井（泌页HF1、泌页HF2井），分别实施了15级和22级分段压裂改造，压后测试均获得日产20多立方米工业油流，单井累计产量均超过2000t；在东营凹陷和沾化凹陷部署梁页1HF、渤页平1、渤页平2分段压裂水平井，梁页1HF井获1.8t/d油流，累计产油724t，渤页平1、渤页平2井分别获1.5t/d和6.5t/d油流，累计产油分别为148t和130t；在潜江凹陷的构造高部位王场北断块针对潜3^4—10韵律开展试采，估算含油面积2.55km^2，油层厚度9～10m，共投入试采井23口，采用衰竭式、单井吞吐、井组注采的方式，累计采油6.4×10^4t。该批试采井整体初期产量较高，如王平1井实钻水平段长222.98m，初期日产油48.8t，但是产量均呈现快速递减；在鄂尔多斯盆地南部针对长7段页岩层段实施的洛河2井钻井取心显示该层段为黑色含油页岩，页理发育，录井气测异常明显，在宁东地区实施的评价井东平–1井水平段长559m，取心为灰黑色碳质页岩，录井气测异常明显，对该井分8段压裂试油，仅见油花。

中国石油初期以致密油思路进行勘探，先后在准噶尔盆地吉木萨尔凹陷、鄂尔多斯盆地新安边地区等发现了一系列致密油油田，按本书定义应归为页岩油范畴。

总体来看，这一阶段的布井仍遵循常规勘探思路，优选高部位埋藏较浅区域，导致储层内有机质整体成熟度较低，驱动能量不足，加之工程工艺不适应，现场单井产量均快速递减，稳产困难，无法形成规模有效动用。

三、技术攻关与突破阶段（2015年至今）

这一阶段，在"973"项目"中国陆相致密油（页岩油）形成机理与富集规律"和"中国东部古近系陆相页岩油富集机理与分布规律"以及"十三五"国家科技重大专项"大型油气田及煤气层开发"049项目"中国典型盆地陆相页岩油勘探开发选区与目标评价"的支持下，陆相页岩油地质评价及开采关键技术攻关全面启动，通过集中攻关，针对陆相页岩油赋存富集与可动性形成了系列新认识、新理念、新方法、新技术，促进了新疆油田分公司在准噶尔盆地吉木萨尔凹陷、长庆油田分公司在鄂尔多斯盆地、胜利油田分公司在济阳坳陷、大庆油田分公司在松辽盆地古龙凹陷、大港油田分公司在黄骅坳陷沧东地区、江汉油田分公司在江汉盆地潜江凹陷和西南油气田分公司在四川盆地等区域实现了陆相页岩油重大突破，2019 年我国陆相页岩油年产量达到了 $100 \times 10^4 t$ 以上，显现了巨大的增产潜力。

页岩油基础研究取得的主要新认识包括以下三个方面：

1. 地质评价、"甜点"预测取得新认识，为页岩油勘探开发突破奠定了基础

加深了对有利区热演化程度的认识，促使勘探布井由构造高部位转向高成熟度生烃凹陷区。明确了纹层状页岩为最有利岩相，富有机质纹层状泥页岩游离油含量高，已成为首先突破的方向。认识了受构造和热演化控制的页岩油多种赋存模式，为准确认识和评价页岩油高产因素奠定了基础。明确了三种不同类型陆相页岩油高产要素，为有利区优选提供了依据。基于上述新认识，形成的新技术、新方法包括：岩心现场冷冻—密闭碎样—热解含油性评价技术、页岩油多温阶热解分析技术、陆相页岩油储层岩石物理模型及其模板、页岩层系薄韵律层全频段拓频处理技术、页岩油有利区优选评价软件平台及"甜点"地球物理识别与预测软件平台。

2. 页岩油储层改造取得新认识，为陆相页岩油开发工程工艺突破指明了方向

深化了对页岩油藏压裂改造效果的认识，提出了发挥体系协同作用，尤其是无支撑剂支撑裂缝的作用是提高页岩油改造效果的关键。形成了以开启层理缝为特征的页岩油体积压裂缝网的新认识，提出了扩大远井有效改造体积、建立近井高输通道的设计理念。实验证明了页岩储层 CO_2 压裂在可压性和裂缝复杂性方面存在显著优势。基于上述新认识，形成的新技术、新方法包括：纹层状页岩网状裂缝形成判别准则、页岩压裂缝网定量表征及支撑剂运移模拟方法、低伤害高减阻压裂液体体系、滑溜水＋胶液近井砂塞压裂工艺技术、页岩油储层 CO_2 压裂技术、页岩油"整体体积改造"水平井井网优化技术。

3. 页岩油流动性取得新认识，为陆相页岩油井产量预测及增产增效提供了方法

认识了页岩储层内不同赋存方式原油运移特征，建立了储层内流体流动模式，形成了适应于三大目标区储层孔隙、天然裂缝、人工裂缝特征的储层孔缝介质模型。提出了通过

加热裂解或注入化学药剂提高中低成熟度页岩油流动性的思路。明确了超临界 CO_2 对盐间页岩扩孔、抑制盐堵的作用。基于上述新认识，形成的新技术、新方法包括：页岩油井储层—井筒耦合流动数值模拟技术及软件平台、中低成熟度页岩油热解定量评价方法、耐温抗盐低聚型页岩油流动改进剂、盐间页岩油水+超临界 CO_2 交替注入增产方式。

取得的阶段性成果全部进入现场试验应用，促成中国石油、中国石化探区陆相页岩油勘探进一步向生烃凹陷区聚焦，意义重大。中国石油在准噶尔盆地吉木萨尔凹陷芦草沟组获得页岩油井控地质资源量 $11.12×10^8t$；在沧东凹陷孔二段 15 口页岩油井获工业油流，估算页岩油地质资源量 $8.24×10^8t$；在松辽北部古龙凹陷 8 口页岩油井获工业油流，估算页岩油地质资源量 $35×10^8t$；在松辽南部明确了新北、大安、乾安为主攻区带，估算页岩油远景资源量 $150×10^8t$；在鄂尔多斯盆地立足延长组长 7 段页岩油勘探，发现新安边和庆城两个页岩油大油田，共钻水平井 295 口，单井日产平均 30t，最高可达 125t，已落实页岩油地质储量 $20×10^8t$，2019 年页岩油生产井 134 口，产油 $104.4×10^4t$。中国石化在济阳坳陷开展牛斜 55 等 13 井次 25 段直斜井压裂测试获工业气流，累计产油 $1.7×10^4t$。牛斜 55 井分 4 段压裂，压后自喷，峰值日产油 69.6t。2019 年优选热演化程度 R_o 大于 0.7% 的中高成熟度有利区，部署实施义页平 1、樊页平 1 风险探井，测试获高产油流，义页平 1 井采用"超密布缝、投球转向、强化支撑、储层保护"压裂工艺完成 21 段压裂，测试获最高日产油 93t。樊页平 1 井采用"多尺度—全支撑—高导流缝网"压裂工艺完成 30 段压裂，测试获最高日产油 171t、气 $1.4×10^4m^3$。在潜江凹陷王场北断块初步建成陆相页岩油先导试验区；形成的滑溜水+胶液近井砂塞压裂工艺技术在潜江凹陷盐间王 99 井针对潜 3^4—10 韵律开展现场试验，措施后该井连续自喷 60d，初期日产油 $20m^3$ 以上，累计产油超过 $820m^3$，效果显著；形成的 CO_2 干法压裂技术在潜江凹陷盐间王 57 斜—16 井针对潜 3^4—10 韵律开展现场试验，微地震监测证明井周多方向破裂，实现体积改造，初期日产油达 $15.8m^3$。

第二节　中国主要页岩油区勘探开发现状

2009 年以来美国凭借海相页岩油的大规模商业化经济开发，成功摆脱了原油主要依赖进口的局面，向实现能源独立的目标迈进，并正改变着世界能源格局。在美国页岩油气革命的启示下，中国国土资源部、各石油公司启动了页岩油勘探评价探索，初步研究结果表明：中国陆相盆地发育多套湖相泥页岩层系，分布范围广、有机质丰度高、厚度大、主要处于生油窗内，不仅为常规石油资源提供了丰富油源，尚有大量的油滞留于泥页岩层系内，具有巨大的页岩油资源潜力（贾承造等，2012；邹才能等，2013）。中国陆相页岩油资源量主要分布于东部断陷盆地古近系、松辽盆地白垩系、四川盆地侏罗系、鄂尔多斯盆地三叠系以及准噶尔等盆地的二叠系（张大伟，2012；聂海宽等，2016）。目前，中国陆相页岩油的勘探已在东部断陷盆地古近系（王勇等，2017；刘惠民等，2012；田同辉等，2018；赵贤正等，2018；周立宏等，2018；吴世强等，2013；陈祥等，2011）、鄂尔多斯盆地三叠系（张文正等，2008，2009；杨华等，2005，2016；姚泾利等，2013）、准噶尔盆地和三塘湖盆地的二叠系（匡立春等，2012；邱振等，2016；涂气军和王刚，2018；杨智等，2015，2018；支东明等，2019）、松辽盆地白垩系、四川盆地侏罗系等均取得了突破。中国主要页岩油区勘探开发现状具体如下：

一、准噶尔盆地

尽管目前准噶尔盆地的油气勘探以常规油藏为主，但以吉木萨尔凹陷中二叠统芦草沟组（P_2l），五彩湾—石树沟地区中二叠统平地泉组（P_2p）以及西北缘风城地区下二叠统风城组（P_1f）为代表的非常规页岩油勘探已经展现出喜人的前景，尤其是吉木萨尔凹陷中二叠统芦草沟组。位于准噶尔盆地东部的吉木萨尔凹陷，其芦草沟组湖相烃源岩无论是从厚度还是从有机质丰度来说，都堪称世界湖相泥岩之最（Carroll，1998）。目前，该地区已经成为我国页岩油勘探的主战场之一。

芦草沟组烃源岩厚度大，凹陷主体厚度为100~240m。有机碳含量多大于3.5%，生烃率为30.8%；储层为一套咸化湖盆准同生期白云岩与碎屑岩过渡的沉积，受外物源的影响，成分复杂，多为过渡性岩类，岩性以泥岩、碳酸盐岩和粉细砂岩三大类为主，夹有部分泥灰岩和沉凝灰岩。二叠系芦草沟组页岩油发育上、下"甜点体"，上"甜点体"储层渗透率平均为0.014mD，渗透率小于0.1mD的样品占比90.9%；下"甜点体"储层渗透率平均为0.009mD，渗透率小于0.1mD的样品占比92%。

受封闭、蒸发及淡水补给的影响，准噶尔盆地内部不同凹陷湖水的咸化程度存在差异，形成吉木萨尔凹陷咸化湖盆型优质烃源岩。吉木萨尔凹陷芦草沟组整体为咸化湖盆细粒沉积，为研究区最主要的一套优质烃源岩，地层砂泥互层或紧密接触，岩心样品原油浸染现象明显。整个凹陷芦草沟组呈南厚北薄、西厚东薄的趋势，平面上该地层在凹陷分布较广且稳定，分布面积约达328km^2。中二叠统芦草沟组富含有机质，多数烃源岩样品的有机碳含量大于1.0%；生烃潜量（S_1+S_2）多大于6.0mg/g；热解峰温T_{max}值分布在

428～459℃之间，R_o为0.66%～1.63%，烃源岩处于低成熟—成熟演化阶段。吉木萨尔凹陷芦草沟组页岩油具有典型的"自生自储"特点，不仅发育优质的储层，其自身也具备较好的生烃能力。其中芦草沟组泥岩类有机质丰度最高，属于好—最好的生油岩；其次为白云岩类，属于好的生油岩；石灰岩属于中等—好的生油岩；粉砂岩类主要为差的生油岩。

中国石油新疆油田分公司通过综合评价研究，明确了吉木萨尔凹陷二叠系芦草沟组页岩油"七性"关系。岩性决定物性，以云质粉细砂岩、砂屑云岩、岩屑长石粉细砂岩物性好；物性决定含油性，物性越好含油级别越高；岩性决定脆性，储层脆性好于围岩；岩性决定敏感性，碳酸盐矿物含量越高，黏土矿物含量越低，敏感性越弱；岩性决定烃源岩特性，储层本身具有生油能力，源储一体；储层破裂压力低于泥岩，地层闭合应力相对较高。

同时，吉木萨尔凹陷二叠系芦草沟组具有整体含油连片的特征，全井段均见荧光显示，气测异常明显；纵向上黑色页岩沉积体系内发育上、下两套"甜点体"，全区分布稳定、页岩油富集且含油饱和度高。储层上"甜点体"发育滨浅湖滩坝（生屑滩、砂屑滩或砂质浅滩）沉积，下"甜点体"为三角洲前缘远沙坝或席状砂沉积微相。上"甜点体"厚度约为41m，主要分布在凹陷的中部，面积为640km²。其优势岩性为云屑粉细砂岩，其次为颗粒云岩、粉细砂岩与泥微晶云岩。上"甜点体"储量为$4.46×10^8$t，其中Ⅰ类"甜点"储量为$1.78×10^8$t，Ⅱ类"甜点"储量为$2.35×10^8$t，Ⅲ类"甜点"储量为$0.33×10^8$t。下"甜点体"分布范围广，全凹陷都有分布，面积达1096km²，凹陷南部厚度相对较大。下"甜点体"优势岩性为粉细砂岩、云屑粉细砂岩，其次为泥微晶云岩、砂质泥岩与云质泥岩。下"甜点体"储量为$6.66×10^8$t，其中Ⅰ类"甜点"储量为$1.51×10^8$t，Ⅱ类"甜点"储量为$3.54×10^8$t，Ⅲ类"甜点"储量为$1.61×10^8$t。合计储量为$11.12×10^8$t，其中Ⅰ—Ⅱ类为$9.18×10^8$t。平面上中二叠统芦草沟组原油性质从吉木萨尔凹陷中部向边缘变差，下"甜点体"原油黏度大于上"甜点体"。上"甜点体"平均地面原油密度为0.88g/cm³，50℃黏度为50.27mPa·s，地层原油黏度为10.58mPa·s。下"甜点体"平均地面原油密度为0.90g/cm³，50℃黏度为123.23mPa·s。Ⅰ类"甜点"的孔隙度大于12%，平均含油饱和度为84%，Ⅱ类"甜点"的孔隙度为8%～12%，平均含油饱和度为65%。

截至2018年底，上"甜点体"有15口探井获油流，其中吉172-H井水平段长1223m，15级压裂，最高日产油69.46t，累计产油20343t，生产1987d，平均日产量10.2t。

下"甜点体"有8口探井获油流，其中吉251-H井和吉36-H井截至2018年底累计产油接近10000t，其中吉251-H井累计产油9041.1t，生产1573d，平均日产5.7t；吉

36-H 井累计产油 9615.1t，生产 1282d，平均日产油 7.5t。

上"甜点体"至 2018 年底有 18 口开发试验井进行了测试，其中 16 口井获油，3 口井累计产油已突破万吨，其中 JHW023 井 411d 产油 16576.6t，JHW025 井 467d 产油 14377.3t，JHW018 井 1311d 产油 13382.7t。另外 JHW023 井和 JHW025 井两口试验水平井最高日产油分别为 77t 和 104t，平均日产油分别达到 40.4t 和 30.8t。中国石油在吉木萨尔凹陷二叠系芦草沟组已建成 23×10^4t/a 的页岩油产能，2021 年页岩油产量突破 42×10^4t。

二、鄂尔多斯盆地

鄂尔多斯盆地上三叠统延长组 7 段（以下简称"长 7 段"）烃源岩可分为黑色页岩和暗色块状泥岩两种岩相类型。两种岩相沉积厚度较大、连片性好，呈广覆式分布。长 7 段黑色页岩和暗色块状泥岩形成潜在商业性页岩油的体积分别达 $5636\times10^8\text{m}^3$、$7002\times10^8\text{m}^3$，具备形成大规模页岩油的地质基础。长 7 段烃源岩两种岩相的有机质类型好，TOC 值大于 2% 比例高，热成熟度达成熟生油阶段，热解 S_1 和氯仿沥青"A"含量高，达富集页岩油资源级别。长 7 段烃源岩中脆性矿物含量高，构造裂缝和水平层理缝发育，原油油质轻、黏度小，并伴生油型热解气，具较好的开采地质条件。对产自 YZ-2 井、YZ-5 井、YZ-8 井和 YZ-1 井长 7 段页岩油原油族组成和物性的分析表明，页岩油中"非烃+沥青质"含量低，平均为 9.97%，饱和烃含量平均值为 73.88%；地面页岩油密度平均为 0.84g/cm³，黏度平均为 5.90mPa·s（测试温度为 50℃），凝固点为 19℃。可见，长 7 段页岩油总体具有油质轻、黏度小的特征，并伴生油型热解气，非常有利于页岩油在纳米孔喉中的流动和开采（杨华等，2016）。

鄂尔多斯盆地长 7 段页岩油可进一步分为源储分异型与源储一体型。源储分异型岩性以致密细砂岩、粉砂岩为主，孔隙度一般为 6%～12%，渗透率一般小于 0.3mD；泥页岩更为致密，孔隙度一般小于 2%，渗透率小于 0.01mD。含油饱和度高达 70% 以上；泥页岩可动烃平均含量为 0.47%（4.74mg/g），可动烃含量较高；平均黏度为 1.35mPa·s，原始气油比为 60～120m³/t，平面分布差异是控制"甜点"的重要因素。源储一体型岩性以黑色页岩与暗色泥岩为主，局部夹少量致密细砂岩与粉砂岩夹层。

截至 2018 年 11 月底，中国石油长庆油田分公司针对上三叠统延长组 7 段烃源岩层系的储集性能、含油气性、富集机理等已开展了探索性研究，并有针对性地开展了页岩油直井体积压裂改造试验，突破了出油关，完试油井 29 口，获工业油流井 13 口。

三、三塘湖盆地

三塘湖盆地北西—南东向展布，总面积为 $2.3×10^4km^2$，中央坳陷面积为 $1×10^4km^2$，由 5 个凸起和 6 个凹陷构成；马朗、条湖凹陷是盆地主要的勘探领域，总面积 3700 km^2。油气钻探始于 1993 年，先后在侏罗系、三叠系、二叠系和石炭系的 5 个主要含油气层段，发现北小湖、牛圈湖、石板墩、牛东、马中、黑墩和西峡沟等 7 个油田，具有多层系叠合含油特点，其中中—上二叠统、三叠系和侏罗系油层原油均来自芦草沟组，占 80%。中—上二叠统含油层位有两套：上部为条湖组中基性火山岩油藏，石板墩条 17 和西峡沟条 49 块处于评价开发阶段；下部为芦草沟组混积岩油藏，主要从马 6、马 7 和马 50H 等 3 口井采油。卡拉岗组以风化淋滤型火山岩岩性—构造油藏为主，已发现牛东、牛圈湖、石板墩和马东等油藏。

条湖组页岩油有利勘探面积为 $561km^2$，资源量为 $1.43×10^8t$，截至 2018 年底探明含油面积 $25.13km^2$，石油地质储量为 $3698.35×10^4t$。开发井 130 口，采油井 113 口，动用储量 $2268.2×10^4t$，建产能 $48.15×10^4t/a$，初期单井平均日产油 15.6t，区块平均日产油 710t，采油速度 1.2%，已累计产油 $49.5×10^4t$，2018 年产油 $25.9×10^4t$。

2012 年，芦 1 井在钻探芦草沟组页岩油过程中，在条湖组发现了一套凝灰岩页岩油层，2546~2558m 井段压裂试油，日产油 13.54t，后期日产油稳定在 1t 左右，累计产油 335.3t，证实了条湖组的含油气性，但产量低，无法效益动用。常规射孔不出油，常规压裂效果不理想；经体积压裂，产量有所提高，仍难以有效开发动用；马 55 井一次压裂产油 $483m^3$，二次压裂产油 $412m^3$，已累计产油 $895m^3$。

地质研究认为，二叠系烃源岩厚度大，条湖组烃源岩厚度普遍大于 200m，芦草沟组有效烃源岩厚度为 50~200m，有机碳含量大于 2%，母质类型为 $I—II_1$，为低熟—成熟烃源岩，烃源岩品质好，奠定了凝灰岩成藏的物质基础。储层具有中高孔、特低渗、高含油饱和度特征；岩性为晶屑—玻屑凝灰岩，基质微孔、晶间微孔及溶蚀微孔非常发育，微—纳米级孔喉。岩石力学性质表现为：高杨氏模量、低泊松比，易于压裂改造形成剪切缝，具备体积压裂的条件。油层厚度一般为 15~20m；埋深为 2000~2600m，地温梯度为 2.5℃/100m，压力系数为 0.9~1.16；原油密度为 0.89~0.91g/cm^3，原油黏度为 58~83mPa·s。马 56 块完钻探井开发井 35 口，控制含油面积 $19.1km^2$，储量为 $2506×10^4t$；马 706、马 65 块预测面积 $74.2km^2$，储量为 $1.08×10^8t$，合计为 $1.33×10^8t$。马 58H 井水平段长 804m，钻遇油层 746m；采用"桥塞 8 段 24 簇射孔"体积压裂，排量为 10～12m³/min，入井总液量为 8201m³，砂量为 602m³；4mm 油嘴最高日产油 131m³，后期 3mm 油嘴基本稳定在 20～40m³ 之间，自喷 135d，自喷期产油 4530m³，累计产油 16469m³。芦 101H 井水平段超过 1000m，大型压裂，初期日产油 72m³，稳定日产油 30m³。

马朗—条湖凹陷芦草沟组（P_2l）埋深在 1000～4500m 之间，埋深小于 3500m 的面积为 930km²，钻遇芦草沟组探井 35 口，均揭示了油气显示，其中 15 口井 26 层测试见油，马 1、马 6、马 7 和马 50H 等 4 口井获工业油流。芦草沟组为内陆盐湖沉积，中晚期碳酸盐岩分布稳定，岩性为灰质—凝灰质泥岩、泥灰岩、白云岩间夹火山岩和碎屑岩；芦草沟组二段（P_2l_2）岩性以泥灰岩、灰质白云岩、凝灰质泥岩为主，高阻低自然伽马；TOC 为 3.55%～7.13%，氯仿沥青"A"含量为 0.114%～2.228%，生油潜量为 8～64mg/g，为极好生油岩。芦草沟组二段（P_2l_2）烃源岩最好，以腐泥组和壳质组为主；三段（P_2l_3）较好；一段（P_2l_1，条 5 井）差，惰质组含量高。芦草沟组有机质热演化程度高，R_o 一般在 0.7%～1.3% 之间；生油强度大，一般在 100×10^4～$500 \times 10^4 t/km^2$ 之间。工业油流井原油密度为 0.85～0.90g/cm³，油质较黏稠；地层压力正常偏高，压力系数为 1.0～1.2；含气量小，气油比低。储层基质孔隙度为 2%～12%，渗透率低中有高，30% 储层样品渗透率大于 0.4mD，裂缝发育区孔渗条件好。单储系数为 $2.486 \times 10^4 t/(km^2 \cdot m)$，丰度为 $286 \times 10^4 t/km^2$，总地质资源量为 $56.92 \times 10^8 t$。

四、渤海湾盆地

1. 济阳坳陷

截至 2017 年底，济阳坳陷共在 37 口井的泥页岩发育段获工业油气流。各凹陷、各烃源岩层系均有分布，以产油为主，产气次之。平面上以东营凹陷最多，其次为车镇凹陷，惠民凹陷最少；纵向上以沙四上亚段、沙三下亚段为主，其次在沾化凹陷的沙一段也获得了工业性页岩油气；已投产的页岩油气探井初期产能为 12～72t/d，单井累计产量最高达 27896t（宋明水，2019），展示了济阳坳陷页岩油气良好的勘探开发前景。

在 20 世纪 70 年代常规油气勘探过程中，渤南洼陷先后在 Y18 井、Y21 井和 L20 井页岩层系获得工业油流。东营凹陷于 1978 年在 Yong54 井页岩层系获得工业油流，随后在 L42 井、L19 井和 XYS9 井页岩层段获得工业油流。车镇凹陷第一口工业性油流井为 XG3 井，并且在钻探过程中发现多口井在页岩段见油气显示。在济阳坳陷早期页岩层系油气发现中，25口井获得工业油流，平均日产油量为29.9t，日产气量为1066.5m³，出现诸如H54、Yong54井、L42井和XYS9井等累计产量过万吨的高产井，展示出济阳坳陷具备页岩油气形成的条件。同时，在2010年前后，加强了探井钻探过程中有良好油气显示的页岩发育井段的试油测试，在东营和沾化凹陷共有4口井获得工业油气流，平均日产油量为49.8t，日产气量为18012.4m³。这些页岩油试油井的初期产能普遍较高，但产能下降快，高产井可以长期、多周期间歇开采，累计产量大多是第一阶段贡献，少数页岩油井总体产能较高，为后期页岩油勘探逐渐引起重视乃至主动探索评价奠定了基础。根据页岩油高产井的产能曲线特征可知，其主要储集空间为裂缝，由此开展了泥岩裂缝油藏的初步分析，受当时的认识水平和技术条件限制，尚未建立完善的评价方法体系，有利区预测难度较大，加之常规油气发现层出不穷，页岩油钻探计划遂被搁浅。

自2010年以来，优选沾化、东营地区进行重点评价，部署并完钻了L69、NY1、LY1和FY1共4口系统取心井，累计取心1010.26m，获取的岩心资料为济阳坳陷页岩油气的深入系统研究奠定了坚实的基础。同时，部署BYP1、BYP2、BYP1-2和LY1HF共4口页岩油专探井，评价泥页岩储集性、含油性、可压性、产能及试验工艺技术适用性，并加强泥页岩钻井保护和测井、录井评价，4口页岩油专探井未获得产能工业性突破。

措施效果均不理想，表明陆相页岩油气有效开发依然存在许多问题亟待解决。同时，部署钻探了Y182、Y186、Y187、L758和N52共5口兼探井，并对Y283井进行老井重新压裂。5口兼探页岩油井均获工业油气流，其中Y187井沙三下亚段3440.42~3504.47m页岩发育井段中途测试，日产油154t，日产气13400m³，投产后累计产油7444t；对Y283井沙三下亚段3671.0~3730.5m页岩发育井段进行老井重新压裂，最高日产油22.79t，累计产油1253t。2018年3—5月对F159井沙四上亚段页岩层段压裂加砂50余立方米，压裂液为1920m³，排量为12m³/min，施工压力为43~50MPa，日产油19.7t、气4370m³，气油比为222m³/t，原油密度为0.8794g/cm³（20℃），黏度为19.8mPa·s（50℃），凝点为38℃，初馏点为115℃，累计产油1044.13m³。兼探井页岩发育段见高产油气流展示了济阳坳陷泥页岩具有较大的资源潜力。

2. 黄骅坳陷沧东凹陷

沧东凹陷位于黄骅坳陷南部，是渤海湾盆地富油气凹陷之一，勘探面积达1500km²。主要勘探层系孔店组自下而上发育孔三段、孔二段、孔一段，其中，孔二段形成于相对封闭的湖盆环境，环湖盆中心发育一套自生自储的页岩油藏，埋藏深度为3200～3600m。古近系孔二段烃源岩以页岩为主，厚度为200～400m，有机质类型以Ⅰ—Ⅱ$_1$型为主，占总样品量的71.8%，有机碳含量普遍大于2%，大于3%的样品占50%以上，生烃潜量大于20mg/g的样品占57%，是一套优质烃源岩。热演化程度适中，R_o为0.6%～1.1%，处于大量生油阶段。储层主要为细粒沉积岩，包括粉砂岩、碳酸盐岩及过渡岩类，孔隙度为5%～10%，与烃源岩呈互层状分布，形成一套赋存于富有机质烃源岩地层系统中的页岩油藏。

2013年以来，大港油田分公司按照页岩油勘探的新思路，重点开展了页岩油地质特性的系统取心与基础地质深化研究工作。在官108-8井孔二段500m连续取心段分析联测7个大项，52个单项，9255块次，取得了孔二段陆相页岩油地质特征的诸多认识。

（1）电性特征："三高一低"，分段明显。页岩油储层具有高自然伽马值（62～105API/平均82API）、高电阻率值（10～20Ω·m/平均12Ω·m）、高声波时差值（235～364μs/m/平均290μs/m）、低密度值（2.1～2.5g/cm^3/平均2.4g/cm^3）特征。

（2）岩性特征：细粒沉积、互层展布。岩石组构复杂、矿物组分多样；传统观察手段在细粒岩性识别上都存在一定的局限性，无法准确判识细粒岩性归属；孔二段细粒沉积岩矿物组分复杂，可识别出黏土、碎屑、碳酸盐三大类矿物及少量方沸石、黄铁矿等自生矿物，无优势矿物；细粒岩性包括细粒长英沉积岩、白云岩及细粒混合沉积岩三大岩类。

（3）烃源岩特性：烃源岩优质、演化适中。湖相细粒沉积岩整体达到好—很好烃源岩标准。细粒长英沉积岩好于细粒混合沉积岩及白云岩，TOC平均值分别为5.41%、3.49%、1.89%。孔二段烃源岩有机质类型好（Ⅰ—Ⅱ为主），成熟度适中（0.7%～1.0%），正处于大量生油阶段。

（4）储集特征：孔缝发育、类型多样。三大岩类均发育"小而多"的微小孔隙与裂缝。白云岩类储集空间较大，以晶间孔、构造缝、差异压实缝为主；细粒长英沉积岩类储集空间以有机质孔、层理缝及异常压力缝为主；细粒混合沉积岩类储集空间以粒间孔、层间缝为主。

（5）含油性：普遍含油、多段富集。细粒沉积岩具有普遍含油、非均质性强、局部富集的特征。受岩性及烃类富集程度的控制，其中白云岩荧光强度最大，其次为细粒长英沉积岩和细粒混合沉积岩。

（6）脆性特征：脆性较大、易于改造。非砂岩"甜点段"脆性矿物含量较高，广义脆性指数大于77，易于压裂改造。

（7）"甜点"评价：四个非砂岩"甜点段"。白云岩类是细粒相区最有利的储层"甜点"及工程"甜点"；细粒长英沉积岩和细粒混合沉积岩是有利的烃源岩，局部存在"滞留烃甜点"（狭义页岩油）。与烃源岩紧密接触的白云岩是页岩油"甜点"有利分布位置，是传统"烃源岩"区产出工业油流的主要贡献者。纵向上，根据三大岩类分析联测等资料，官108-8井孔二段识别出四个非砂岩"甜点段"，其中以 Ek_2^1SQ ⑨最为有利。平面上，可以用"烃源岩—储层—源储配置"三元控聚模式指导细粒相区页岩油平面"甜点区"优选评价。其中，Ⅰ类"甜点区"为白云岩类，属源储紧邻型，云地比为50%~75%，R_o 大于0.5%，TOC大于3%，白云岩类厚度大于10m，面积为133.9km²；Ⅱ类"甜点区"，以细粒长英沉积岩及细粒混合沉积岩类为主，属源储紧邻型，云地比为25%~50%，R_o 大于0.5%，TOC为2%~3.5%，白云质泥岩厚度超过7m，面积为148.4km²；Ⅲ类"甜点区"，以成熟度较低的岩类为主，属源储一体型/源储紧邻型，云地比为15%~70%，R_o 小于0.5%，TOC为2%~4%，面积为99.4 km²。

（8）油藏特征：正常压力、连续成藏。油层埋深为2800~4200m，油层厚度为180~220m，页岩油层厚度为130~190m，原油密度为0.86~0.89g/cm³（20℃），油层压力系数为0.9~1.2。其中，在有效烃源岩对接区，孔一段底部砂层组近源大面积充注、上部继承性断裂网状沟通、多层系复式聚油，而孔二段为有效烃源岩控制下常规油与页岩油有序分布、连片聚集满凹含油。斜坡主砂体区形成岩性油藏，细粒沉积区源储互层形成页岩油。

（9）资源量预测：页岩油总地质资源量为 $3.6×10^8t$。据初步测算，四个非砂岩甜点段地质资源量合计 $12750×10^4t$。资源量评价的依据为：资源量 = 面积 × 厚度 × 单储系数。全国第四次资源评价计算沧东凹陷孔二段页岩油地质资源量（小面元法，2016）为：非砂岩（细粒混合沉积岩）$2.42×10^8t$、致密砂岩 $1.18×10^8t$。

研究表明：沧东凹陷孔二段具有大面积连片含油特征，但富集程度差异较大。根据储层厚度、岩石组合类型以及上下烃源岩有机质丰度、成熟度等指标，平面上可划分为三类"甜点区"：Ⅰ类为最有利区域，其 R_o 值大于0.5%，TOC值大于1%，成藏组合类型以厚层长英质页岩模式、纹层状混合岩类模式为主，主要分布于官东小集—王官屯、风化店—沈家铺一带，面积为140km²；Ⅱ类其次，其 R_o 值大于0.5%，TOC值大于0.5%，成藏组合类型以纹层状混合岩类模式、厚层白云岩模式为主，主要分布于官东段六拨地区、沧州南等地区，面积为90km²；Ⅲ类区以成熟度较低的白云质泥岩类和泥页岩类为主，岩相类型主要为互层式中高有机质中层白云质泥岩相及厚夹层式高有机质厚层泥岩相，R_o 值小于

0.5%，TOC 值一般在 2%～3% 之间，面积约为 50km²，主要分布在东南部风化店—望海寺地区。

"十三五"后期，在该套油藏部署探井 22 口，钻探成功率达 86%，单井试油产量为 8～50t/d 不等，试采基本稳定在 5～8t/d 之间，已成为沧东凹陷重要的资源接替领域（周立宏等，2017）。其中 GD6x1 井"甜点段"油层为 47.2m，试油井段为 4135.5～4164.8m，29.3m/层，压裂后 3mm 油嘴放喷，日产油 28.49t。G1608 井"甜点段"油层为 78.9m，试油井段为 3753～3832m，30.0m/2 层，压裂后 3mm 油嘴日产油 53.13m³，试采日产油稳定在 7t 左右，初步计算孔二段页岩油地质资源量达 3×10^8t（周立宏等，2018）。

2018 年大港油田分公司实施综合勘探，推进页岩油增储建产一体化、地质工程一体化，实现效益动用。在官东地区部署 2 口评价井（官东 1701H 井、官东 1702H 井），均具备较稳定的工业产能，展示了孔二段页岩油良好的效益勘探开发潜力。其中官东 1701H 井，压裂 16 段，液量为 34288m³，滑溜水占比 81%，砂量为 1387.8m³，石英砂占比 30%。试油结果：12mm 油嘴放喷，套压为 0.5～0.8MPa，日产油 75.9m³，日产气 5200m³。截至 2018 年 10 月 9 日，放喷 136d，6mm 油嘴进行系统放喷，套压为 0.91～0.95MPa，回压为 0.43MPa，日产油 24.2m³，日产气 2597m³，累计产油 1812.27m³，累计产气 148404m³。官东 1702H 井，压裂 21 段，液量为 41099m³，滑溜水占比 79%，砂量为 1343m³，石英砂占比 30.6%。试油结果：12mm 油嘴放喷，套压为 4.15MPa，日产油 61.0m³，日产气 5947m³。截至 2018 年 10 月 9 日，放喷 135d，6mm 油嘴放喷进地罐，套压为 1.0～1.05MPa，日产油 29.58m³，日产气 3550m³，累计产油 2243.51m³，累计产气 244147m³，返排率为 26.12%。

3. 辽河坳陷

辽河坳陷是典型的富油气凹陷，古近系发育沙三段、沙四段两套巨厚烃源岩，油气资源丰度高。沙三段烃源岩有机质丰度高，类型以 II 型为主；沙四段烃源岩有机碳含量普遍大于 2%，其中大民屯凹陷沙四段下部油页岩有机碳含量最高达 14.2%，干酪根类型以 I、II 型为主，处于低成熟—成熟生油阶段，具备形成页岩油气的物质基础。

雷家地区有利面积为 190km²，西高东低，主体勘探部位相对平缓，地层倾角为 10°～15°，沙四段厚度为 200～500m，可分为杜家台油层和高升油层上下两段，两段都有相对集中的"甜点体"发育，主要岩性为湖相细粒级的含泥泥晶云岩、含泥方沸石质泥晶云岩、泥质含云方沸石岩、含云方沸石质泥岩。储集空间类型主要为粒间孔、溶蚀孔、微孔和收缩缝、溶解缝、层间缝等，储集空间类型多样。源储一体，形成三套页岩油组合，岩石脆性矿物含量高，有利于压裂改造。

高古15井老井试油，测井解释油层13.0m/2层，差油层87.6m/9层。试油井段为2850.0～2924.0m，54.0m/2层，地层测试平均液面为1424.2m，折日产液2.96m³，流动压力为13.63MPa，静水压力为36.73MPa（未稳），回收油4.793m³；2012年3月30日投产，6mm油嘴，初期日产液3.4t，日产油2.52t；累计产液153t，累计产油45t（截至2012年8月底，后关井）。预计地质储量规模可达2.58×10⁸t。

大民屯凹陷勘探面积为800km²，完钻探井数425口，探明面积为229.74km²，探明储量为3.78×10⁸t。大民屯凹陷沙四下亚段油页岩生油量为26.2×10⁸t，排油量为5.3×10⁸t（全国第三次资源评价）。沙四下亚段母质类型以Ⅰ—Ⅱ₁型为主，有机质丰度高，成熟度为0.4%～0.94%，孔隙类型多样，主要为溶蚀孔、微孔和微裂缝。普遍存在超压，资源规模为3.43×10⁸t。

沈224井沙四下亚段油页岩夹砂岩、碳酸盐岩条带获工业油流，地层测试井深为2389.08m，日产油16.2t，累计产油6.084t，原油密度为0.8466g/cm³，黏度为5.58mPa·s（100℃），凝固点为48℃，沥青质+胶质含量为14.67%，含蜡39.76%，流动压力为5.88MPa，静水压力为39.39MPa，压力系数为1.31。安95井老井试油，沙四段厚392m，试油井段为2525.0～2569.0m，44m/层，地层测试，平均液面为2395.8m，折日产液4.02m³，累计回收油0.778m³（下压裂管柱冲洗出油23.8m³），平均流动压力为2.45MPa，静水压力为39.23MPa，压力系数为1.57；地温梯度为3.51℃/100m。压后排液，日产油7.5m³，日产压裂液7.5m³，累计产油24.5m³，累计产压裂液151.6m³。原油密度为0.8453g/cm³，凝固点为54℃，含蜡量为50.09%，沥青质+胶质含量为36.67%。

4. 冀中坳陷（束鹿凹陷、饶阳凹陷）

束鹿凹陷位于冀中坳陷南部，凹陷面积约700km²。束鹿凹陷沙三段湖相泥灰岩分布在洼槽区，为深湖、半深湖相混合沉积，面积为270km²，地层厚度为300～1500m，埋深一般大于3000m，沙三下亚段泥灰岩预测资源量为8000×10⁴t，是束鹿凹陷重要的勘探领域。

1988年晋古11井首次在泥灰岩储层获得工业油流（4226.82～4343m，DST折日产油55.9m³、气1430m³），其后又有20口探井钻遇泥灰岩，其中17口井见直接油气显示。

10口井钻井中槽面见油花气泡；5口井发生井涌；5口井获工业油流；5口井获低产。

沙三下亚段泥灰岩、泥岩是优质烃源岩，TOC值平均为1.8%，氯仿沥青"A"含量为16%，母质类型为II_1型，T_{max}大于435℃，R_o大于0.5%，埋深大于2800m。储层物性致密，根据晋98x等8口井岩心资料，孔隙度为0.5%~3.5%，渗透率在1mD左右，为特低孔、特低渗型。泥灰岩储集空间有溶孔、晶间孔、层间缝、压溶缝、构造微缝、构造溶蚀缝6种类型，以溶孔、层间缝和构造微裂缝为主，储层中基本上不产水。泥灰岩油层压力为异常高压，常规试油日产量为1~2t，储层改造后日产量为2~59t。

束探1H井获高产油气流，完钻井深4973m，水平段为618m，钻遇泥灰岩厚度为478m、砾岩厚度为140m，录井油气显示549m/68层，电测解释油气层174m/18层、差油气层39m/21层。

饶阳凹陷位于冀中坳陷中部，沙一下亚段沉积时期，湖侵期形成了大面积连续分布的沙一下亚段特殊岩性段，连续分布面积为5789km^2。沙一下亚段特殊岩性段是指在沙一段底部发育的一套含有油页岩、白云岩、生物灰岩、泥灰岩、鲕粒灰岩、钙质页岩、白云质灰岩等地层段的总称，为生烃主力层系，底界埋深一般在2500~3500m之间，在肃宁洼槽区最深，可达4000m以上，向东西方向逐渐变浅。储层为白云岩、石灰岩和页岩，粒内溶孔、粒间溶孔和晶间孔是该区碳酸盐岩的主要储集空间；页岩页理发育，成层性好，韵律性好。饶阳凹陷共统计947口探井，其中钻遇沙一下亚段特殊岩性段见显示井266口，显示累计厚度最大达到36m（马50井），多数井显示累计厚度在5~26m之间，在见显示井中有80口井试油，其中出油井64口，获工业油流井15口。

五、松辽盆地

在常规油气勘探中，在松辽盆地青山口组泥页岩中见到了丰富的页岩油显示，据不完全统计，大庆油田分公司在松辽盆地北部有68口井在青山口组泥页岩中见到油气显示，其中试油33口，获得工业油流9口，最高日产达3.93t，这些试油井主要是针对青山口组泥岩裂缝储层进行探索，单井稳产时间短；吉林油田分公司在松辽盆地南部有70余口井在青山口组泥岩中见到油气显示，其中试油井23口，15口井见少量及微量油流。2016年开始，松辽盆地迎来页岩油勘探热潮，中国地质调查局与中国石油在齐家—古龙凹陷、长岭凹陷部署实施多口页岩油参数井，见到良好页岩油显示，其中4口直井在青山口组压裂获得工业油流，多口水平井正在实施。

其中松页油 1 井揭示青一段岩心滴照普遍见荧光显示，岩心表面有明显气泡冒出，岩屑录井在青二＋三段见多层荧光—油斑级别的层段，见累计 129m 的气测异常层段。松页油 1 井目的层综合解释：页岩油层 159.5m/6 层，其中 II 类页岩油层 47.2m/2 层、III 类页岩油层 112.3m/4 层，对青一段 2394.0～2446.3m 和青二＋三段 2204.04～2272.4m 压裂试油，均获得了工业油流。松页油 2 井揭示青一段岩心滴照普遍见荧光显示，岩心共发现 19 处裂缝和层理面见油，其中 8 处见油流出，单层厚度小于 20cm，岩屑录井在青二＋三段见多层荧光—油斑级别的层段，目的层见 84m 的气测异常层段。松页油 2 井目的层综合解释：页岩油层 136.4m/7 层，其中 II 类页岩油层 57.6m/3 层、III 类页岩油层 78.8m/4 层，对青一段 2082.3～2148.0m 层段 3 层（35#、36#、37# 层，厚 57.6m）进行压裂试油，也获工业油流。

六、南襄盆地泌阳凹陷

南襄盆地为发育在秦岭构造带上的中—新生代断陷盆地，泌阳凹陷位于南襄盆地东北部，是南襄盆地中的一个次级凹陷，东西长 50km，南北宽 30km，面积为 1000km^2。其东南部为桐柏山，西北部是社旗凸起，东北部是伏牛山，西部以唐河低凸起与南阳凹陷相隔，它是晚白垩世在北西向的内乡—桐柏断裂（唐河—栗园张剪段）与北北东向的栗园—泌阳张性断裂共同作用下产生的小型断陷。从古近纪开始，随着边界断裂活动的加强，发生大面积、大幅度的沉降，才逐步发展成为断陷型盆地，该盆地具有长期继承性的沉积中心，其沉降中心始终位于盆地南部程店—安棚一带，基底埋深超过 8000m，向北逐渐抬高，形成南深北浅的格局。

泌阳凹陷自上而下依次发育新近系平原组、上寺组，古近系廖庄组、核桃园组、大仓房组和玉皇顶组，根据地震资料推测在古近系之下有上白垩统存在，基底为前白垩系，核桃园组是泌阳凹陷主要的生油与储集层段。页岩纵向上主要分布在核桃园组核二段—核三段；平面上主要分布在深凹区，与凹陷沉积、沉降、生烃中心相叠合，主要为深湖、半深湖沉积，分布面积近 400km^2，在凹陷持续沉降阶段发育一套巨厚的泥页岩，泥页岩分布面积广，母质类型好，生烃能力强，具有形成页岩油气的物质基础与条件（陈祥等，2011）。通过老井复查发现，泌阳凹陷深凹区多口老井钻遇的页岩含油气显示丰富。泌 100 井、泌 159 井等 40 口井在核二段—核三段页岩均见到连续气测显示，全烃值范围为 0.094%～99%，主要显示段页岩厚度范围为 30～140m。泌 365 井在 2540～2820m 井段共发现 120m 气测异常页岩层，其中 2790～2820m 页岩层气测全烃由 6.747% 上升至

24.891%（王敏等，2013）。

2010年6月中国石化河南油田分公司在泌阳凹陷实施了第一口页岩油气预探井安深1井，2010年6月22日开钻，2010年8月28日完钻，完钻井深3510m，完钻层位为大仓房组。地质录井在1158～3334m井段共钻遇页岩89层670m，层位为核二段—核三段，岩性主要为灰色、深灰色页岩。气测录井在多套泥页岩见明显的气测异常，主力含油气页岩井段为2450～2510m，岩性为深灰色页岩，气测全烃由2.521%上升至36.214%，甲烷含量由1.771%上升至17.5%，地质综合评价认为安深1井2450～2510m页岩段为页岩油气最有利层段。安深1井压裂获得最高日产4.68m³工业油流，使得泌阳凹陷成为中国首个获得陆相页岩油突破的地区；安深1井页岩油埋深为2450～2510m，油层中部深度为2480m，原油密度为0.8746g/cm³，含蜡量为30.27%，胶质+沥青质含量为21.39%，凝固点为37℃，70℃动力黏度为16.22mPa·s，原油性质与赵凹油田、下二门油田砂岩油层原油相似，属普通稀油，含蜡量、凝固点、胶质+沥青质含量略高，分析认为可能是原油成熟度偏低。安深1井在试采过程中以产油为主，同时产出少量气，气体中甲烷含量为46.24%～63.24%，点火火焰呈黄色，与相邻赵凹油田同层位油层伴生气相似。安深1井页岩油层中部压力为26.343MPa，地层压力梯度为1.057MPa/100m。在2459.26m测点温度为111.3℃，地温梯度为3.5℃/100m。

2011年中国石化在河南油田泌阳凹陷部署的第一口陆相页岩油水平井泌页HF1井，水平段长1044m，经过15级分段压裂，获最高日产油23.6m³、日产气1000m³的工业油气流，累计产油1460t，使得泌阳凹陷率先取得中国陆相页岩油勘探的重要突破；2012年部署在泌阳凹陷的第二口陆相页岩油水平井泌页HF2井，水平段长1408m，经21级分段压裂，获最高日产28.6m³工业油流，累计产油2240.6t，进一步拓展了陆相页岩油的勘探成果。之后，受低油价的影响，页岩油勘探井部署中断。

七、江汉盆地

潜江凹陷位于江汉盆地中部，为典型内陆盐湖盆地。潜江组沉积时期为盆地的沉降中心、汇水中心、浓缩中心，发育一套厚达5000m的盐系地层，纵向上发育193个盐韵律，两套盐岩层之间夹持的云质页岩地层，具有良好的烃源条件和储集条件，由于上下盐岩分隔、纵向运移条件差，形成了独特的盐间页岩油系统。云质页岩层单层厚度一般为5～20m，累计厚度达2000m以上，分布面积达1800km²，占凹陷面积的71%。

盐间页岩油气显示丰富，平面上满凹皆油浸显示，常规油气勘探过程中共有128口井井口见显示，其中自喷井32口，井涌、井溢井19口，槽面见油花气泡井60口，井口出沥青井11口。其中有3口井发生强烈井喷，日喷油达千吨。

针对潜3^4—10韵律在背斜高部位、斜坡区、洼陷区分别钻探了王99井、蚌页油2井和蚌页油1井。通过这三口井钻探，认识到潜3^4—10韵律在王场、广华、蚌湖向斜地区地层厚度分布稳定，岩相一致，均为富碳纹层状泥质白云岩、纹层状云/灰质泥岩，钻探落实了最有利岩相富碳纹层状泥质白云岩相主要分布在王场—广华地区，面积为292km^2。从王99井、蚌页油2井分析化验资料看，整体为优质烃源岩，王99井TOC为3.19%，S_1为13.7mg/g，S_1+S_2为20.7mg/g，蚌页油2井TOC为3.16%，S_1为10.91mg/g，S_1+S_2为14.68mg/g，TOC大于2.0%的区域主要分布在王场—广华地区，面积为430km^2，烃源条件优越。蚌湖、王场、广华地区潜3^4—10韵律储集条件优越，储集空间为晶间孔、溶蚀孔、层理缝，蚌页油1井、蚌页油2井T_2图谱以单峰拖尾特征为主，双峰较少；王99井样品总体表现为双峰特征。说明王99井天然裂缝相对发育，蚌湖地区孔隙相对发育。蚌页油1HF（导眼）井孔隙度为9.5%，蚌页油2井孔隙度为14.28%，王99井孔隙度为17.92%，孔隙度均在9%以上，储集物性较好，背斜区好于洼陷区。王场—广华地区潜3^4—10韵律含油性好，蚌页油1HF（导眼）井、蚌页油2井岩心冒气泡和油，气油比、原油可流动性好于王场地区。蚌页油1HF（导眼）井S_1为4.1mg/g，S_1/TOC为262mg/g。蚌页油2井富碳纹层状泥质白云岩S_1为23.26mg/g，富碳纹层状云质泥岩S_1为9.29mg/g，富碳纹层状灰质泥岩S_1为8.6mg/g，钙芒硝充填纹层状云质泥岩S_1为5.02mg/g，纹层状泥质白云岩含油性最好，次为灰质泥岩和云质泥岩，而含钙芒硝泥岩含油性相对较差。蚌页油2井S_1平均为10.91mg/g，S_1/TOC为345mg/g。王99井S_1平均为13.7mg/g，S_1/TOC为304mg/g。三口井S_1均在4mg/g以上，S_1/TOC均大于200mg/g，含油性高。进一步落实了S_1大于5mg/g的区域主要分布在王场—广华地区，面积为251km^2。岩石力学测试数据证实了随着成岩作用增加，胶结程度增强，杨氏模量增大，可改造性变好的认识，王云11井杨氏模量为2.79GPa，蚌页油2井为21.09GPa。原油可流动性向洼陷区逐渐变好，统计资料表明，随埋深、地层温度增加，原油可流动性变好，当埋深大于1700m，地层温度大于80℃，地层原油黏度小于10mPa·s。

2018年通过蚌页油2井的实施，初步揭示潜四下亚段发育4套较有利勘探层，资源规模有待进一步明确。蚌页油2井录井见良好油气显示，共见油气显示154.54m，其中油浸 24.76m，油斑 84.44m，油迹 34.65m，荧光 6.695m。从分析化验指标看，烃源条件优越、含油性好，其中潜四下亚段 6 韵律，TOC 为 1.02%～4.49%，平均为 2.99%，S_1 为 3.02～14.27mg/g，平均为 8.98mg/g，S_1/TOC 为 236～407mg/g，平均为 301mg/g；潜四下亚段 15 韵律，TOC 为 1.27%～5.7%，平均为 3.11%，S_1 为 2.2～23.02mg/g，平均为 13.18mg/g，S_1/TOC 为 173～561mg/g，平均为 417mg/g。潜四下亚段测井解释页岩油层 136.8m/28 层，页岩油层主要集中在潜四下亚段中上部四个层段，第一个层段是潜四下亚段 4、5、6、7 韵律，第二个层段是潜四下亚段 11、13、15 韵律，第三个层段是潜四下亚段 24、27、28、29、32、33 韵律，第四个层段是潜四下亚段 42、46、51 韵律。单层厚度大于 8m 的有潜四下亚段 6、15、27、28、29 韵律，从核磁共振测井解释成果看，潜四下亚段 6 韵律核磁共振总孔隙度为 9%～14%，有效孔隙度为 7%～12%，15 韵律核磁共振总孔隙度为 5%～14%，有效孔隙度为 4%～12%，28、29 韵律核磁共振总孔隙度为 8%～13%，有效孔隙度为 7%～11%。随后，在蚌湖向斜南斜坡部署了 BYY1HF 井，A 靶点井深 3418.0m（垂深 3205.05m），B 靶点井深 4561.0m（垂深 3383.23m），完钻井深 4580.0m（垂深 3384.87m），钻探目标潜 3^4—10 韵律，常规测井解释油层 9.4m，密度为 2.54g/cm³，孔隙度为 9.2%，渗透率为 0.3mD；核磁共振测井解释油层 9.8m，密度为 2.55g/cm³，孔隙度为 8.2%，可动流体孔隙度为 5.0%，渗透率为 0.05mD，束缚水饱和度为 38.4%。岩性组分黏土矿物含量在 12% 左右，脆性矿物含量在 45% 左右，R_o 为 0.91%。

八、苏北盆地

2012 年以来，江苏油田分公司通过利用新技术加快了页岩油藏有效开发，相继在金湖凹陷的桥 7 块和高邮凹陷的永 38 块、许 33 块开展了水平井分段压裂、直井大型压裂工作，取得了较好的效果。

老井压裂优选了高邮凹陷的黄 20 井（E_1f_4）、富深 X1 井（E_1f_{1-3}），盐城凹陷的盐城 4 井（E_1f_2），阜阳探区的古城 1 井（P_1s），已实施黄 20 井、富深 X1 井。新井压裂多口井在阜四段、阜二段泥页岩中见到较良好的油气显示，开展试油压裂，已经实施了联 38-1 井、联 38-5 井（E_1f_4）、许 X38 井（E_1f_2），准备实施花 X28 井（E_1f_2）。并在高邮凹陷黄 158 井阜四段开展了系统取心工作。2012 年，对桥 7、许 33、永 38、唐 5 等页岩油藏实施开发，新建产能达 0.9×10^4t/a，实现了"当年上手、当年突破、当年建产"的目标。对桥 7 断块的桥 12-2 井阜二段致密砂岩油藏进行大型压裂先导试验，取得成功后，根据桥 12-2 井裂缝方向，在桥 12-2 井以南部署长水平段水平井桥 7 平 1 井。结果证实，桥 7 断块地质储量为 $50×10^4$t，含油面积为 $1.5km^2$，有效厚度为 5.1m，平均渗透率为 1.76mD，平均孔隙度为 8.84%，油藏埋深为 2600m。桥 12-2 井大型压裂后初期日产油 16t，后期稳产在 3.6t/d，在累计产油 1000 余吨后关井。桥 7 平 1 井分六段压裂。2012 年 3 月 26 日下泵投产，投产初期日产油 20t，含水 58%，后降至日产油 6.3t，含水 43.8%，累计产油 800t。

为了探索泥页岩层的含油气情况及产能情况，江苏油田一方面开展老井复压，一方面开展新井兼探，已在多口井见到了良好的油气显示。联 38-1 井于 2011 年 10 月 21 日开钻，2011 年 12 月 30 日完井，完钻层位阜四段。该井进入阜四段后气测异常明显，气测异常 9 层 19m，全烃由 0.18% 上升到 72%；测井共解释储层 4 层 20.6m。针对 $39^\#$ 储层（3648~3655.6m，1 层 7.6m）试油，压裂后抽汲日产油 3.06t。联 38-1 井 2012 年 2 月 25 日压裂投产阜四段（37—40 号层），初期日产液 4.6t，日产油 4.0t，含水 12.7%，至 2012 年 7 月 26 日产油 2.1t/d，不含水，累计产油 458.9t。黄 20 井阜四段压裂试获油流，2012 年 4 月 23 日压裂试油，压后抽汲，平均日产液 $3.19m^3$，日产油 $1.57m^3$，累计产油 $14.9m^3$。许 X38 井阜二段气测异常明显，2012 年 5 月 12 日开钻，2012 年 7 月 8 日完井，完钻井深 3580m，完钻层位古生界。在阜二段 3019~3036m 与 3077~3090m 泥岩段见明显气测异常，全烃异常值最高达 99.9%，气测井解释裂缝含油 2 层 9.0m。2012 年 7 月 25 日，对阜二段气测井解释裂缝含油 2 层 9.0m（3019~3024m，3076~3080m）试油测试；8 月 14 日，抽汲 2050m，5h 产油 $9.2m^3$，不含水。

通过基础研究，明确了苏北盆地各凹陷页岩油勘探主攻方向，而阜四上亚段、阜二段是苏北盆地页岩油勘探的有利层系。依据泥、页岩厚度图、有机碳含量图、成熟度等值线图，综合油气显示情况、构造变形、保存条件、资源量大小等要素，评价认为高邮、金湖凹陷的内坡带和盐城、海安凹陷的深凹带阜二段泥、页岩分布广、厚度大、丰度高、资源量大、油气显示丰富，为页岩油勘探有利区带。高邮凹陷深凹带、金湖凹陷的汉涧和龙岗次凹为阜四段页岩油勘探有利区带。提出了苏北盆地页岩油勘探有利目标优选的依据为，泥页岩厚度大、有机质丰度高、油气显示丰富、试获油流，整体构造面貌较为平缓，面积大，裂缝发育，深度适中。

九、四川盆地

2009 年以来，针对四川盆地陆相页岩油气经历了"早期探索、评价研究和攻关突破"

三个阶段。2009—2012年，实施元页HF-1井（千佛崖组）、涪页HF-1井（大安寨段）钻探，未取得商业发现。2012—2018年，涪陵海相页岩气田发现后，陆相页岩油气转入评价研究和资源潜力再认识；2018年以来，以四川盆地侏罗系三套半深湖—深湖页岩为重点，在涪陵、元坝、阆中、普光地区分别部署实施涪页10、泰页1、元页2、元页3、阆页1、普陆页1井，取得勘探重大突破。

位于四川盆地川东北低缓构造区平昌构造带的中国石油平安1井，于2019年12月27日开钻，2020年11月12日完钻，完钻井深3980m，水平段长817m，目的层为侏罗系凉高山组页岩。按照"一段一策"工程方案，在页岩油层水平段优选21段82簇，采用"定方位向下射孔+穿层压裂+密集切割"进行压裂改造，测试获日产油112.8m^3、气11.45×10^{4}m^3。平安1井凉高山组获高产油气流。导眼井：凉二段页岩油气层埋深3002.5m，厚度为18.9m，平均TOC为1.24%，孔隙度为4.20%。水平井：水平段长817m，全烃为1.06%~75.82%，钻井液密度为1.82~1.95g/cm^3。压裂："高黏冻胶定方位向下穿层射孔+滑溜水连续携砂"工艺，分21段82簇压裂，液量为3.5×10^{4}m^3，砂量为1982m^3。求产：采用10mm油嘴放喷测试，油压为20.85MPa，日产气11.45×10^{4}m^3、油112.8m^3，返排率为3.51%。

2021年1月，中国石化在四川盆地涪陵北部拔山寺向斜针对侏罗系凉高山组实施的第一口页岩油气探井泰页1井，通过水平井钻井及分段压裂测试，试获日产气7.5×10^{4}m^3、油9.8m^3，实现了侏罗系凉高山组湖相页岩油气新层系勘探重大突破。泰页1井导眼井及水平井钻遇良好页岩气层，凉二段④小层埋深2562m，厚度为25.2m，平均TOC为1.56%，解释孔隙度为3.52%，含气量为1.81m^3/t；水平段长1502m，页岩油气层钻遇率为100%，水平段全烃为4.01%~19.27%，平均值为7.99%；实现了水平井一趟钻7.33d的优快钻探。2021年1月4日采用12mm油嘴放喷测试，日产气7.5×10^{4}m^3、油9.8m^3，油压为5.7MPa，返排率为3%，实测压力系数为1.20。2021年2月22日至3月3日，采用五个制度生产，3月2日采用12mm油嘴放喷测试，日产气7.35×10^{4}m^3、油58.9m^3；2021年3月2日开始试采，累计试采53d，平均日产气3.1×10^{4}m^3、油22.8m^3，累计产气164×10^{4}m^3、油1208m^3，返排率为9.68%；4月14日关井测压力恢复，目前油压为18.42MPa，套压为18.49MPa。基于泰页1井钻探成果的研究表明：泰页1井突破层系为凉二段半深湖相富有机质泥页岩，其中④小层厚度约为25.2m，TOC均值大于1.5%，有机质类型以Ⅱ型为主，R_o为1.25%~1.45%，孔隙度平均为3.52%，以无机孔（黏土矿物层间孔、粒间孔、粒内孔等）为主，仅局部发育有机质孔，孔隙类型以介孔（孔径为2~50nm）和大孔（孔径>50nm）为主，含气量约为1.81m³/t，相对于其他小层而言，④小层泥页岩连续厚度最大、TOC和孔隙度最高、含气性最好，为自生自储的纯页岩型页岩油气藏；涪陵北部地区半深湖相优质页岩分布广泛，有利于页岩油气富集，其中保存条件好、地层高压、微裂缝发育区有利于页岩油气高产；探索形成了以"少段多簇+暂堵转向+大排量+中粗砂强加砂"为主要特点的体积压裂关键技术，可实现陆相页岩的有效改造。

元页3井千佛崖组取得良好进展，导眼井揭示④号"甜点层"页岩厚14.2m，平均TOC为1.68%，平均孔隙度为4.91%，现场总含气量为1.51m³/t，水平井的水平段长1533m，优质页岩钻遇率为100%，全烃为0.53%~13.52%，平均值为4.2%，钻井液密度为2.02g/cm³。该井试气段长1533m，分25段共156簇压裂，采用"超密切割+均衡压裂+穿层扩体+限流暂堵+高强加砂体积"工艺技术。整体施工压力为83~110MPa；施工排量为16~17m³/min，入井总液量为49554.5m³，总砂量为3247.53m³，加砂强度为2.12t/m；单段改造体积（SRV）平均为94.7×10⁴m³，总改造体积约为2367×10⁴m³。2021年1月15日采用12mm油嘴、18mm孔板，放喷测试，井口压力为1.79MPa，获日产页岩油15.6m³、气1.18×10⁴m³，压力系数为1.80。

随着涪页10井测试获工业油气流，东岳庙段页岩油气勘探取得重大突破。导眼井揭示页岩油气层埋深2812.5m，厚度为28m，平均TOC为1.72%，孔隙度为4.73%；水平井的水平段长1531m，全烃平均为9.26%，钻井液密度为1.80g/cm³；压裂时采用"超密布缝+暂堵转向+强化支撑+储层保护"工艺，分32段214簇压裂，液量为5.3×10⁴m³，砂量为2884m³；求产时采用6mm油嘴放喷测试，油压16.5MPa，日产气5.58×10⁴m³、油17.6m³，返排率为5.24%，压力系数为1.75。

第三节　中国页岩油勘探开发科技进展

一、资源评价与地质评价方法

受到北美页岩革命的影响，中国陆相富有机质页岩中的油气资源也迅速成为潜在的勘探目标，受到越来越多的重视。如何有效地评价页岩含油性和可动资源潜力对于勘探开发战略部署十分重要。在常规油气勘探中，通常采用岩石热解法估算含油率和生烃潜力。然而，对于自生自储的页岩油储层，由于低熟—成熟阶段烃类与干酪根之间存在吸附、互溶等多种相互作用，下倾或下伏地层生成的油气也可能对斜坡或盆地边缘的页岩层沿层面和裂缝供烃，如何有效评价页岩含油性和资源潜力面临更大的挑战。在国家"973"重大基础研究项目"中国东部古近系陆相页岩油富集机理与分布规律"的支持下，中国石化陆相页岩油赋存机理研究团队与加拿大联邦地质调查局卡尔加里分部合作，对常规Rock-Eval热解实验方法和数据处理流程进行了改进，从生排烃动力学研究着手，形成陆相页岩含油性和可动性定量评价的基本方法，并且通过济阳坳陷和潜江凹陷的研究实例，揭示常规热解在页岩油资源潜力和表征中的应用前景。同时，在地质评价方面，建立了陆相细粒沉积层序控制下的泥页岩发育宏观地质模型，形成页岩油储集空间多尺度表征与储油有效性评价技术方法。

1. 陆相页岩含油性和可动性定量评价方法

1) 非均质页岩系统的生烃动力学参数获取方法

以往人们对页岩储层非均质性表征主要局限于储层物性（孔隙度、渗透率、矿物组成）和可压性（杨氏模量、泊松比等），而对页岩油资源强度（即含油性和可动性）重视不够。由于页岩烃源岩的非均质性直接影响页岩的含油性，它们也应该是页岩油资源评价和"甜点"预测的重要环节。常规烃源岩地球化学数据解释方法，由于假定烃源岩具有特定的有机质类型和动力学行为，往往对烃源岩非均质性重视不够。例如，人们常用热解峰温T_{max}作为热成熟度参数，但由于非均质性页岩中有机质含量和类型多变，T_{max}在很多情况下不一定真实反映岩石的热成熟度，原因是T_{max}既不是地温的物理量度也不是烃源岩经历过的地温的直接量度，它只是实验室热解过程中干酪根转化成烃的峰温。由于热成熟度是干酪根向烃类热转化程度的指示，热演化程度相同但干酪根组成不同的烃源岩应该具有不同的T_{max}值。烃源岩中干酪根高峰生烃的活化能越高，其T_{max}值就会越高。因此，在一个非均质的烃源岩系统中，干酪根生烃活化能的变化和成熟度的变化都会导致T_{max}值的变化。以此类推，只有来源于均质页岩系统的地质样品，它们的热解氢指数（HI）才会随着T_{max}值的增加而发生系统性变化。另外，烃源岩非均质性会带来实验室样品选择代表性的问题，以及后续数据解释代表性的问题。例如，页理发育是页岩的一项基本特征，页理是由同一块岩石中两种生烃和储集能力截然不同的部分并存的结果。页理中岩性的变化不仅仅意味着有机质的变化，同时也是孔隙度和渗透率的变化。孔渗较好的纹层或者透镜体镶嵌在富有机质纹层中，构成了纹层发育段优越的烃类生成、储集和就近富集条件。由于在细粒岩石中运移烃非常普遍，选择任何单个样品进行热解实验分析，由于样品代表性的问题，通常都无法取得对整个岩层生烃潜力和生烃动力学的有效表征。烃源岩内部烃类的迁移，可能导致富有机质部分热解 S_1 的降低、孔渗发育部分烃类相对富集以及由此造成的 S_2 前面出现肩峰，从而压制 T_{max} 值，因此，识别和消除由于烃源岩中运移烃或外来烃对热解数据的干扰是页岩油资源评价的关键步骤。通过对渤海湾盆地东营凹陷 L69 井岩心系统分析，Chen Z 等（2017a）提出了非均质烃源岩系统生烃动力学参数加权平均估算方法，Ma Y 等（2017）提出了利用常规热解法计算烃源岩生烃动力学参数的理论依据。

2）富有机质页岩中运移烃的热解判识方法

细粒烃源岩储层最常见的特征是其在垂向和横向上的页理或岩性变化。页岩油气往往是自生自储，油气在富有机质部分生成而在有机和无机基质孔（包括天然裂缝）中赋存。在排烃不畅或存在纵横向流体分隔箱的系统中，富有机质纹层中生成的页岩油可以沿着干酪根网络运移，并浸染与之互层的砂质或粉砂质页岩，从而在烃源岩储层中形成原油对原地有机质的污染。常规热解实验方法一般是为常规烃源岩评价设计的，在加热温度为 350~450℃时，既有原油重烃的挥发产物形成，又有干酪根裂解成烃产物，从而导致热解 S_2 峰前面出现鼓包或者肩峰。常用的 Rock-Eval 6 设备配置的"纯有机质"油层一般是用来提供烃源岩的生烃潜力和热成熟度，在烃源岩评价过程中，S_2 峰一般指示残余生烃潜力，而用 S_2 峰温 T_{max} 来指示热成熟度，在未熟—低熟烃源岩样品中由于存在大量早期生成的原油没有排出，从而造成 T_{max} 降低。烃源岩样品中原地有机质和运移烃共存，由于 S_1 和 S_2 混合，也会引起误导，从而降低 S_2 最大温度，夸大残余生烃潜力，因此导致对烃源岩成熟程度和生烃潜力的误判。此外，推测的烃源岩生烃动力学也会受到外来烃的干扰。在实际工作中需要识别受到运移烃浸染的样品，消除运移烃对热解参数的影响。解决办法可以包括改进实验流程（King R R 等，2015；Romero-Sarmiento M F 等，2016），也可以包括充分利用热解曲线所隐含的丰富信息。Li M 等（2018）通过对江汉盆地盐间近期钻探的两口页岩油井岩心热解分析，系统建立了应用热解资料判识烃源岩中运移烃的方法和流程。

3）富有机质页岩中运移烃的热解扣除方法

富有机质页岩中运移烃的热解扣除方法包含两个重要的步骤，一是将运移烃和热解烃的信号分开，二是对热解参数进行校正（Chen Z 等，2018；Ma X 等，2019）。具体内容包括：（1）从 S_2 峰中扣除残余油 S_{1b} 的信号；（2）Rock-Eval 参数（S_2、S_1、TOC 和 HI）校正。

4）页岩中总含油量的单步热解数值计算方法

原油吸附作用在处于早期成熟阶段和生油窗内的烃源岩中很常见。干酪根热降解早期形成的高分子量产物与干酪根结构十分相似，由于相似相溶，常常以介于固态到液态之间的形式存在（Jiang Q 等，2016）。同时，产生具有较大比表面积的有机质纳米孔隙，导致强烈的烃类—干酪根吸附作用。自生自储的页岩油储集空间除了无机基质孔隙之外，还包括干酪根生烃过程中结构转化和收缩所形成的孔隙和微裂缝（Loucks R G 等，2012）。页岩油储层中吸附烃和干酪根溶解烃占比较大，而致密砂岩储层中以游离烃为主（Jarvie D M，2012；Burnham A，2017）。

估算吸附/互溶烃含量对页岩油资源评估十分重要。首先，它们的含量是烃源岩成熟度和干酪根类型的函数（Sandvik E I 等，1992）。在实验室评价时，需要把岩石加热到300℃以上、但低于干酪根热裂解的温度才能将这些烃类解吸，这样会在热解曲线上 S_2 峰之前形成一个肩峰（Abrams M A，2017；Burnham A 等，2017）。因此，根据游离烃含量（S_1）计算的资源量低于页岩的实际资源潜力。其次，地层压力、流体黏度、分子量大小对于页岩储层中烃类运移至关重要，烃类—干酪根相互作用对于烃类流动也具有重要影响（Behar F 等，2003；Burnham A 等，2017）。吸附/互溶烃从固体有机质上解吸需要额外的能量，通过弹性能量开采很难采出这些烃类。因此，准确估算吸附/互溶烃含量是页岩油可采资源量计算的基础。再者，陆相细粒沉积非均质性强、不同沉积相带规模小、断裂发育等诸多因素往往会导致烃类在页岩层系中发生不同程度的迁移、形成原位富集或常规油气聚集。了解非均质页岩体系中烃类的原生性和迁移特征，将有助于针对特定区块原地页岩油资源量的定量评价。

由于吸附烃/互溶烃的存在，常规岩石热解法无法准确地评价低熟和处于生油窗内烃源岩的总含油量。因此，变通的办法是对同一样品进行两次热解实验（Behar F 等，2003；Burnham A 等，2017），一次用全岩样品，另一次用溶剂抽提后的全岩样品，总含油量通过如下公式计算：

$$总含油量 = (S_1 - S_{1x}) + (S_2 - S_{2x})$$

式中，S_1 和 S_2（mg/g，烃/岩石）分别是全岩样品的游离烃和剩余生烃潜力；S_{1x} 和 S_{2x}（mg/g，烃/岩石）分别是抽提后全岩样品的游离烃和剩余生烃潜力。如果考虑样品预处理过程中游离烃的散失（S_{1Loss}），需要对上述公式进行校正（Abrams M A 等，2017）：

$$总含油量 = (S_1 - S_{1x}) + (S_2 - S_{2x}) + S_{1\text{Loss}}$$

为了更准确地估算烃源岩中的吸附油量，人们还对传统的 Rock-Eval 热解分析流程进行了不同形式的改进（Abrams M A 等，2017；Jiang Q 等，2016；Zink K G 等，2016；Li Z 等，2017）。此外，由于原位富集或运移烃浸染，烃源岩样品中存在大量的吸附/互溶烃，可能会对常规热解参数（如 $T_{\max}$、S_2 等）造成影响。对于烃源岩样品分析过程中的"过载效应"同样需要校正（King R R 等，2015；Romero-Sarmiento M F 等，2016）。

页岩中总含油量单步热解数值计算法的核心是通过化学动力学参数数值运算，把岩石热解中得到的 S_{1b} 肩峰进行合理分解，求得其中重质烃挥发产物和干酪根低温热降解产物的相对比例（Li M 等，2018）。其基本步骤是：将二者都看作是热解实验过程中的两个虚拟热解产物，从而把它们分别当作一系列独立的平行化学反应来近似表达；通过阿伦尼乌斯方程，将 S_{1b} 肩峰分解为假干酪根热解产物（重质烃组分）和真干酪根热解产物；在固定升温速率的常规热解实验中，烃类转化率可以用温度的函数来描述；再将热解实验中干酪根裂解用一系列独立的平行一级反应来表达，就可以实现重质烃和低温热解烃比例的有效估算。根据 Li M 等（2018）的报道，以济阳坳陷某井段为例，样品的游离烃、吸附/互溶烃和热解烃定量数值估算结果数值计算结果与两步法获得的结果相关系数高达 0.9766，说明该方法具有广阔的应用前景。

5）页岩中烃类组成的常规热解数值计算和可动性评价方法

前人对常规热解分析方法的改进，要么聚焦于重质挥发烃含量计算进而对岩石总含油量进行校正，要么关注低温热解烃量估算以便对岩石生烃潜力进行校正，很少关注其中游离烃（S_1）的组成变化。实际上，实验室程序升温获得的加热—热解曲线数据如果经过适当的数值转换，可以提供 S_1 中丰富的组成信息。最近，利用常规热解数据中与温度相关的 S_1 化学动力学参数提出了细粒岩石游离烃化学组成的数值表征方法（Li M 等，2018）。

Penner（1952）发现化学反应动力学中的反应速率常数与温度的关系对热蒸发同样适用。因此，就可以把开放热解系统中原油组分的热蒸发当作虚拟热分解来处理，进而采用化学反应动力学方程来描述开放热解系统中石油物质热挥发行为。江汉盆地潜江组某盐韵律层盐间和盐内页岩的热解参数具有显著差异。根据常规热解曲线，可以将其中不同原油组分进行动力学分解，进而提取样品中原油和干酪根的组成信息，并建立其中不同赋存状态烃类的含量。其中盐内页岩样品剩余生烃潜力（S_2）巨大，但轻质油含量较低；盐间页岩样品中剩余生烃潜力低到中等，但含油率高。由于这些样品的垂直埋深相差不到 20m，经历的热演化历史相同，在盐间页岩中存在大量的高成熟度挥发性原油，而盐内页岩中很少有挥发性或轻质原油。这种差异说明，盐间和盐内页岩中要么存在化学动力学特征截然不同的烃源岩，要么是盐间页岩中存在着大量运移烃与原生烃的混合，要么二者兼而有之。

6）页岩中不同赋存状态油定量表征方法

国内外页岩油勘探实践表明，泥页岩内滞留油可以游离态赋存于基质孔缝系统内，也可以吸附—互溶态（束缚态）赋存，但由于吸附—互溶态赋存的油难以有效动用，只有游离态赋存的油才是页岩油开发的对象。故快速评价泥页岩的含油性以及定量评价不同赋存状态油的含量，是快速筛选页岩油勘探有利层段与合理评价页岩油资源潜力的关键。为此，通过对Rock-Eval热解分析条件的优化，建立了页岩中不同赋存状态页岩油定量表征方法。该方法可定量获取页岩体系中游离态页岩油与吸附—互溶态页岩油（蒋启贵等，2016），并已经成为石油天然气行业标准，在济阳坳陷页岩油专探井、潜江凹陷页岩油兼探井等取心段得到广泛应用，实现了对泥页岩层系含油性与页岩油资源潜力的快速合理评价。

利用页岩中不同赋存状态油定量表征方法结合常规热解法，对济阳坳陷东营凹陷各洼陷区页岩油探井取心段以及沾化凹陷新义深9井获商业页岩油油流层段的典型样品，开展了不同赋存状态油定量对比研究，发现东营凹陷樊页1井、牛页1井和利页1井沙三下亚段—沙四上亚段湖相泥页岩层取心段典型样品的轻烃校正后游离油S_{1-1}、游离油S_{1-2}以及总游离量均值在利页1井最高（显著高于新义深9井出油层段），牛页1井次之（与新义深9井出油层段相当），樊页1井最低（明显低于新义深9井出油层段）；3口井取心段滞留油均以游离态赋存的油为主，其中轻烃校正后游离油S_{1-1}均值分别占总含油量均值的21.28%、21.22%、24.32%。因此，东营凹陷洼陷区沙三下亚段—沙四上亚段湖相泥页岩层段具有页岩油潜力，具备获工业页岩油油流的游离油丰度基础。如果对牛页1井和利页1井取心段实施有效压裂改造，应可获得较好的页岩油产能（李志明等，2018）。

2. 创新了陆相细粒沉积层序控制下的泥页岩发育宏观地质模型构建方法

以陆相泥页岩岩相精细厘定为纽带，创新了细粒沉积层序控制下的泥页岩发育宏观地质模型构建方法。在综合成分—构造—结构—有机碳等多因素进行岩相分类的基础上，将高分辨率层序地层学分析方法应用于烃源岩层序地层划分，依据地震反射终止关系划分三级层序，岩心变化及测井曲线划分四级、五级层序，测井曲线结合元素变化划分六级层序，高密度元素扫描数据划分七级层序。形成并建立三级层序控制盆地构造及沉积充填旋回，四级层序控制体系域、沉积相组成以及页岩组构变化，五级层序控制沉积微相组合和岩相组合，六级、七级层序控制岩相及其耦合韵律的陆相泥页岩发育的宏观地质模型（黎茂稳等，2018）。

1）重新厘定了渤海湾古近系完整的天文年代标尺

渤海湾盆地作为中国东部的富油湖相盆地，其古近系内多套地层的沉积年龄一直存在不确定性。黎茂稳主持的"973"项目在前人火山测年和地磁年龄研究的基础上，结合渤海湾盆地东营凹陷内和166井与胜科1井高分辨率自然伽马测井曲线、牛页1井岩心、薄片和高分辨率元素扫描等资料，通过对高分辨率自然伽马测井曲线进行多窗谱分析，建立了古近系地层内部的天文学时间标尺（ATS）。

上述天文学时间标尺的延续时间从23Ma到66Ma，其中钉子年龄采用古近纪和新近纪的分界年龄，即东营组的顶界年龄23.03Ma。结果表明，沙一段顶界年龄为28.86Ma，沙二段顶界年龄为31.94Ma，沙三段顶界年龄为35.99Ma，沙四段顶界年龄为42.47Ma，孔店组顶界年龄为50.80Ma，进一步确定了沙三中亚段底界年龄为40.2Ma，沙四上亚段底界年龄为45.4Ma。基于上述天文学标尺，本次研究重新校准了渤海湾盆地济阳坳陷的生物带年龄、盆地构造期次年龄以及古气候变化年龄。其中裂陷Ⅰ幕（孔店组）的延续时间重新厘定为65.56—50.80Ma，裂陷Ⅱ幕（沙四段）的延续时间重新厘定为50.8—42.47Ma，裂陷Ⅲ幕（沙三段）的延续时间重新厘定为42.47—35.99Ma，裂陷Ⅳ幕（沙二段—东营组）的延续时间重新厘定为35.99—23.03Ma。盆地多期次裂陷的年龄以及与其相关的沉积速率的变化与太平洋板块产生速率和印度板块扩张速率具有非常密切的对应关系，并确定了渤海湾盆地的沉降历史主要受太平洋板块沿亚洲东部边缘俯冲作用和印度板块与欧亚板块的碰撞等因素控制。此外，上述天文学时间标尺的建立对重新评估济阳坳陷古近系对应的古气候特征具有较大的帮助。在准确地质定年基础上，指出了距今42.5Ma左右全球气温下降（气候趋向干旱）与渤海湾新生代盆地主要断陷过程匹配，在中国东部陆相湖盆形成多套以页岩为主的烃源层系。

2）创建了高精度陆相细粒沉积等时格架划分方法

济阳坳陷沙三下亚段和沙四上亚段页岩是胜利油区最主要的烃源岩层系，分布面积广、厚度大；将其划归两个三级层序已得到前人的共识。本次研究在T—R旋回（水进—水退旋回）理论的指导下，结合牛页1井和罗69井岩心宏观特征、岩相和成分突变、钻井敏感性测井曲线（自然伽马、能谱）、元素敏感性突变值等敏感性参数组合，通过海进—海退、氧化—还原、生物变革、突发性等事件确定高频层序界面，对济阳坳陷沙三下亚段和沙四上亚段进行了不同级次的层序地层划分（四级、五级、六级或米级旋回）。其中，四级、五级层序划分主要依据岩心宏观和微观特征及测井曲线的变化，六级层序划分主要依据测井曲线结合元素的变化，七级层序划分主要依据高密度元素扫描数据的变化。

牛页1井沙四纯上段层序分早期湖扩体系域（EEST）、晚期湖扩体系域（LEST）、早期高位体系域（EHST）、晚期高位体系域（LHST），包括6个准层序组（四级），18个准层序（五级），六级层序68个，七级层序158个。罗69井沙三下亚段层序分早期湖扩体系域（EEST）、晚期湖扩体系域（LEST）、早期高位体系域（EHST）、晚期高位体系域（LHST），包括7个准层序组（四级），20个准层序（五级），六级层序41个，七级层序81个。特别说明的是，本次研究中四级层序的延续时间为0.4Ma，五级层序的延续时间为0.1Ma，六级层序的延续时间为0.04Ma，七级层序的延续时间为0.018Ma。

通过对济阳坳陷区典型井解剖沉积构造、成分岩相、有机相和古生产力、古环境参数等特征在层序格架内的变化，揭示了三级层序的体系域控制优质页岩岩相发育。研究认为晚期湖扩体系域到早期高位体系域为最佳耦合段，该时期研究区湖盆沉积水体平稳、高水体表层古生产力、高水体还原程度，形成了具有高碳酸盐含量、高有机碳、沉积纹层发育的优质页岩发育段。

在以上界面识别、高频单元对比基础上，建立了济阳坳陷区沙三下亚段—沙四上亚段高频对比格架：济阳坳陷地形相对平坦，沙三下亚段、沙四纯上段层序的两个三级层序发育齐全，每个层序均发育湖扩和高位两个体系域，准层序组单元和开发小层具有全区可对比性和完整性。研究区内勘探钻井资料齐全、取心完整，为该区高频等时格架的建立提供了良好的基础。沙四纯上段层序发育7个准层序组，时间域是0.25Ma，22个准层序，时间域是0.08Ma；沙三下亚段层序发育4.5个准层序组，时间域是0.46Ma，22个准层序，时间域是0.092Ma。

由于六级和七级旋回对应1m左右的页岩韵律层，通过对牛页1井取心段开展精度不大于1m的页岩韵律层分析，明确了六级、七级层序控制了岩相耦合韵律的变化，牛页1井沙四上亚段由下而上包括三种类型的耦合韵律，即主要发育在早期湖扩体系域的贫灰与富灰岩相耦合韵律、晚期湖扩体系域到早期高位体系域发育的富TOC与贫TOC岩相耦合韵律和晚期高位体系域发育的页岩与含砂页岩岩相耦合韵律。

3）提出了统一的陆相页岩岩相划分方案

在取心井系统化验分析对比过程中发现，岩性、沉积构造和有机质丰度是影响中国东部油页岩含油性、物性和页岩油可动性的主要因素，据此提出了成分—构造—结构—有机碳等多因素综合岩相分类方案。

首先，依据出油井有机质丰度不小于2%的特征，以有机质丰度2%为界，划分为富有机质和含有机质两大类；通过精细岩心和薄片观察将沉积构造纹层厚度小于1mm划分为纹层状，纹层厚度不小于1mm划分为层状，纹层不发育划分为块状。在此基础上，依据2口井页岩系统取心X射线全岩衍射矿物组分分析以石英、长石、黏土和碳酸盐矿物为主的特点，以砂岩类、泥岩类和碳酸盐岩类为三端元，以含量25%、50%、75%为界，对研究区页岩岩相进行了精细划分。结果表明，济阳坳陷沙四上亚段—沙三下亚段、高邮湖盆、潜江凹陷油页岩主要发育富有机质纹层状泥质灰岩相（RLC）、富有机质纹层状灰质泥岩相（RLA）、富有机质层状泥质灰岩相（RCC）、富有机质层状灰质泥岩相（RCA）、含有机质层状泥灰质泥岩相（BCA）、含有机质块状灰质泥岩相（BBA）、富有机质纹层状泥质灰白云岩相（RLD）、含有机质块状白云质泥岩相（BDA）等8种岩相。通过对研究区不同类型页岩岩相特征进行分析可知，潜江凹陷表现出封闭、干旱、高盐度的特点，济阳坳陷次之，高邮湖盆最为开放、湿润、盐度最低。

4）明确了岩相时空分布规律

济阳坳陷沙四上亚段—沙三下亚段页岩主要发育富有机质纹层状泥质灰岩相、富有机质纹层状灰质泥岩相、富有机质层状泥质灰岩相、富有机质层状灰质泥岩相、含有机质块状泥岩相和含有机质纹层状泥质灰岩相6种岩相，通过岩相追踪发现岩相在时空分布上具有一定的规律。

以济阳坳陷为例，通过对其内部发育的主要岩相类型进行分析可知，济阳坳陷富有机质纹层状泥质灰岩相和富有机质纹层状灰质泥岩相主要发育在半深湖—深湖相，属于咸化安静水体、还原环境下季节性变化的产物。富有机质层状泥质灰岩相和富有机质层状灰质泥岩相主要形成于浅湖—半深湖相，属于水体相对较动荡、陆源相对增多、半咸水、还原环境下机械搬运沉积与化学沉积同时作用的产物。含有机质块状泥岩相主要发育于滨湖—浅湖相。含有机质纹层状泥质灰岩相主要为盐湖相少陆源、干旱、咸水、浅湖环境下以化学沉积为主的产物。整体上，济阳坳陷沙四上亚段—沙三下亚段从盆地边缘向洼陷带，依次发育砂岩相—含有机质块状泥岩相—含有机质层状灰质泥岩相—富有机质层状灰质泥岩和泥质灰岩相—富有机质纹层状泥质灰岩和灰质泥岩相，富有机质纹层状泥质灰岩/灰质泥岩相主要分布在斜坡带。因此，建立了页岩岩相分布模式（细粒沉积"牛眼"模型），垂直断陷湖盆长轴方向，受陆缘碎屑沉积体系影响，岩相在剖面上对称分布，且富有机质纹层状泥质灰岩/灰质泥岩相主要分布在剖面的中间部位。岩相在平面上环带状分布，由盆地四周到盆地中心灰质含量逐渐增加，页岩沉积构造也由块状过渡到层状再过渡到纹层状，富有机质纹层状岩相分布在盆地的几何中心。

晚期湖扩体系域到早期高位体系域为最佳耦合段，在对页岩系统的沉积过程解释、水文学状态分析、古气候和古环境推测以及区域构造活动等研究的基础上，认为研究区沙四上亚段页岩沉积时期东营湖盆具有两个明显的演化阶段。

第一个演化阶段主要发生在沙四上亚段底部，该时期主要发育蒸发岩薄夹层页岩和含粉砂富黏土质页岩。在该时期早期，湖水盐度非常高，而且古气候较为干旱。在干旱的气候条件下，强烈的蒸发和较为有限的淡水输入可能会造成湖平面下降，导致形成相对封闭的湖盆。在这个阶段，由于湖水盐度非常高且不适合多细胞生物的生存，加之较浅的湖水可能会造成湖底水体较为富氧，导致湖水表层的古生产力较低，同时富氧的水体也不利于有机质的保存，造成有机碳含量总体较低。此外，该时期的盐湖只有在相对潮湿的季节才会被间歇性的洪水所携带的淡水稀释。东营湖盆在沙四上亚段沉积早期主要为欠补偿盆地，到了沙四上亚段沉积晚期，盆地发育含粉砂富黏土质页岩。在该时期，湖盆由第一阶段的封闭状态转变为开放状态，同时河流携带大量的淡水和陆源碎屑沉积物进入湖泊。含粉砂富黏土质页岩中的粉砂质条带可被解释为三角洲前积时前三角洲的沉积物，而含粉砂富黏土质页岩中的块状富黏土页岩可解释为水体相对较深时平静湖水中加积的沉积物。频繁出现的粉砂质条带说明湖岸线和较深水相的频繁波动。由于该时期稳定—强烈的生物扰动构造发育，湖水以淡水为主，并且缺少构造活动，而且湖盆流域古气候由干旱转变为相对潮湿，因此东营凹陷在含粉砂富黏土质页岩沉积时期属于较浅的补偿湖盆。

第二个演化阶段主要发生在沙四上亚段的中部和上部，主要发育纹层状灰质页岩。湖平面在第二个演化阶段的基础上持续升高，东营湖盆也由前期面积较小、深度较浅的小型湖泊转变为面积较大、深度较深的大型湖泊，该湖泊具有水体分层的特点，其底层水体较为缺氧，而上部水体较为富氧。推断从第一个演化阶段到第二个演化阶段湖平面的突然上升主要受控于盆地伸展构造的沉降作用，同时也受到了古气候变得更加湿润的影响。Feng等（2013）指出东营凹陷的南北边界正断层是控制盆地充填样式的主要原因。变形层理的形成主要受地震活动的影响，可能是由盆地的伸展构造和盆地内正断层的活动引起。地震活动同样可能引起热事件的发生，促进页岩孔隙和裂缝中白云石的形成。持续潮湿的古气候会引起湖平面持续上升，湖盆的扩张会引起湖盆可容纳空间变大，同时大量的淡水输入在一定程度上可以充分填满盆地扩张后的可容纳空间。潮湿的气候可以促进湖盆流域的植被更加茂盛和稳固，并在陆源碎屑沉积物随河流流经湖盆流域时充当阻挡层和障碍物，减少陆源碎屑的输入量，增强河流的溶质运移。由于没有任何证据显示纹层状灰质页岩中发育河流沉积物，而且加之该阶段页岩中的干酪根几乎全为Ⅰ型，因此该岩相组合不可能沉积于过补偿湖盆。因此，东营凹陷在第二个演化阶段与第一个演化阶段一样均为补偿湖盆，不同的是该阶段湖盆演化为一个深水盆地，且湖平面要高于第一个演化阶段。

沙三下亚段分为两个演化阶段，在沙三下亚段中—下部页岩沉积时期，盆地主要为高水位时期，温暖潮湿的古气候条件主要从两个方面影响湖泊沉积物的沉积过程。一是较高的年降雨量和（或）较少的蒸发量，引起河流携带大量淡水注入，从而导致了湖盆的不断扩张。较强的大陆径流也可能会引起近湖盆中心受到牵引流的影响，形成水流波纹和具有定向性的介形虫。二是温暖湿润的气候促进了湖盆流域植被的发育及其稳定性，这些生长牢固的植被会作为障碍物滤掉被大陆径流搬运的陆源碎屑，同时增加了溶质的运移能力。增加的大气降雨量会促进湖水的不完全对流，阻碍底部盐度较高的水体与湖泊表层的淡水相混合，从而导致湖水发生分层，相对较高的 V/（V+Ni）和 B/Ga 值以及大量的鱼骨化石也证实了这种解释的合理性。该解释与前人研究的美国怀俄明州始新统 Green River 组页岩中发育于湖泊高水位时期的纹层状灰质页岩相的沉积过程极其相似。

在沙三下亚段上部页岩沉积时期，盆地主要为低水位时期，古气候转变为寒冷和干旱，导致湖盆流域淡水的输入量和河流运输的陆源碎屑减少，从而导致湖平面降低并增强了湖水的蒸发量。这种情况下，仅有风会携带大颗粒矿物进入湖盆中心。由于中—晚始新世的气候普遍比较温暖，干旱的气候条件可能是影响该时期湖水化学性质最重要的因素。在干旱的气候条件下，强烈的湖水蒸发和有限的淡水输入导致湖水盐度相对较高，而且相对较高的 V/（V+Ni）和 B/Ga 值也进一步证实了上述观点。

综上所述，沙四上亚段—沙三下亚段页岩经历四次湖盆演化阶段，湖盆的演化过程主要体现在湖相页岩岩相的变化中，并从根本上反映了研究区页岩的沉积过程，同时也认为湖盆的演化和页岩的成因主要受控于区域构造活动和古气候的变化。

潜江凹陷也具有类似的特征，盆地内由西北向东南，岩相组合依次发育砂砾岩、盐岩夹白云岩、盐泥与白云岩互层、泥岩与膏云岩互层、紫红色泥岩。盐岩夹白云岩和盐泥与白云岩互层作为凹陷内的优质岩相，主要分布在盆地中部。

5）形成了页岩油储集空间多尺度表征与储油有效性评价技术方法

形成了页岩油储集空间多尺度表征与储油有效性的评价技术系列，科学揭示了古近系陆相页岩储集、富集游离油的有效孔径下限，证实了纹层状、层状页岩岩相是页岩油富集的最有利岩相。系统剖析国内外微纳米储集空间表征的20余种实验技术，重点研发了基于 PCAS 图像分析的 FIB-FESEM 孔隙形态定量表征、NMRC-OMCTS 页岩微纳米储集空间全孔径定量表征技术，集成了针对不同级别孔径共存的页岩储层储集空间多尺度、全信息测试表征技术系列，构建了不同岩相多级孔缝网络模型，证实了咸化湖泊富有机质、高含碳酸盐的纹层状岩相是陆相页岩油富集的最有利岩相；重点研发了基于 X 射线小角散射的页岩含油极限孔径测试技术，建立了基于环境扫描电镜观察—氩离子抛光电镜抽真空—核磁共振与模拟实验联测的页岩油储集空间储油有效性定量测试技术系列，科学揭示了古近系陆相页岩储集游离油的有效孔径下限为10nm，富集游离油的有效孔径下限为30nm。研究表明，沉积环境、碳酸盐矿物溶蚀和重结晶、黏土矿物转化和有机质热演化在中成岩 B 期（$R_o<0.7\%$）以后，中国东部古近系陆相湖盆富有机质页岩层系普遍发育次生孔隙为主的高孔发育带（黎茂稳等，2018）。

二、地球物理技术应用

"十三五"期间针对陆相页岩油储层的特殊性，其"甜点"的地球物理方法识别及预测技术取得了显著进展。围绕陆相页岩油"甜点"地球物理识别中的关键问题，开展了测井评价、岩石物理分析、地震成像以及地震反演等研究。陆相页岩油测井评价技术、页岩油岩石物理建模及分析、各向异性全方位高精度地震成像技术、"甜点"地震预测方法等技术已在页岩油勘探开发过程中发挥了重要的技术支撑作用。

1. 陆相页岩油测井评价技术

已初步形成陆相页岩储层岩性岩相识别和复杂矿物组分及有机质含量（路菁等，2016）、物性及裂缝参数（Z Y Nan 等，2021）、含油饱和度及可动性等测井评价技术（李军等，2016；Xin Nie 等，2020）。

1）最优化矿物含量测井评价技术

首先依据岩心与常规评价结果评价井段内的岩石组分，建立基于原始假设的储层岩石物理体积模型；其次，依据地区经验或理论参数合理选取各组分的测井响应骨架值正演各项常规测井响应，并计算关于校正曲线与正演模拟曲线的目标函数［式（3-1）］；最后，通过反复迭代调整各组分的含量，使目标函数 $T(X^j)$ 达到最小值，并将此时岩石组分与含量模型作为联合反演的最终结果（图3-1）。

$$T(X^j) = \left\| W \cdot \left(\text{logging}_s^j - \text{logging}_c \right) \right\|_2^2 + \alpha^2 \left\| X^j \right\|_2^2$$
$$X^j = \left(x_1^j, x_2^j, \cdots x_i^j \right), \sum_i x_i^j = 1, \ 0 \leqslant x_i^j \leqslant 1 \quad (3\text{-}1)$$

式中，logging_s^j 为第 j 次迭代后产生的正演曲线组；logging_c 为实测曲线经校正产生的校正曲线组；X^j 为第 j 次迭代确定的各岩石组分含量；W 为各测井曲线在目标函数中的权重；α 为迭代稳定性控制参数；$T(X^j)$ 为反映正演曲线与校正曲线相似程度的目标函数，当该函数达到最小值时，表明正演曲线已逼近校正曲线，此时，即可认为模型求解得到的岩石组分和含量与地层真实情况最为接近。

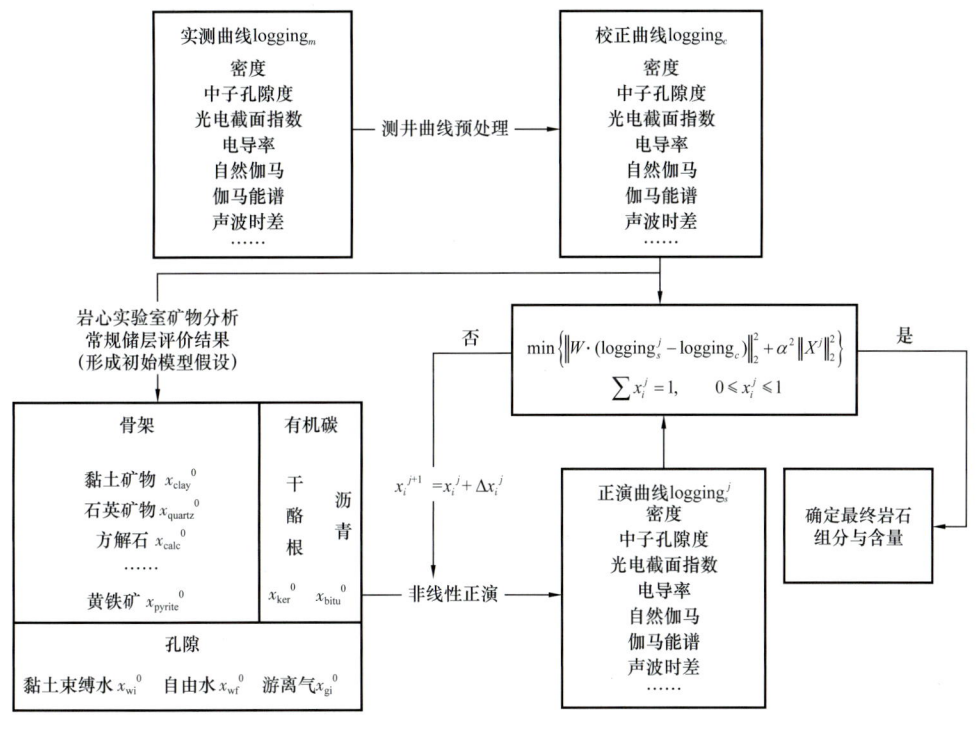

图 3-1 联合反演算法原理简图

2）总有机碳含量评价方法优选与定量评价

干酪根具有相对高放射性、高声波时差、低密度、中高中子值等特征。由于干酪根与有机碳含量具有直接关系，通过以下方法来建立有机碳含量（TOC）与测井曲线之间的关系，实现通过测井方法计算有机碳含量。

（1）$\Delta \lg R$ 法定量计算有机碳含量：

$$TOC = [0.02(AC-AC_{base}) + \lg(RT/RT_{base})] \times 10^{(2.297-0.1688LOM)}$$

（2）伽马能谱钍含量计算有机碳含量：

$$TOC = A \cdot Uran$$

（3）GR-KTH 重叠法：

$$TOC = D \times 10^{(0.7483+0.1124Th/U)}$$

$$D = \frac{GR - GR_{left}}{GR_{right} - GR_{left}} - \frac{KTH - KTH_{left}}{KTH_{right} - KTH_{left}}$$

（4）补偿密度计算有机碳含量：

$$TOC = B \cdot 1/DEN + C$$

（5）综合法计算有机碳含量：

$$TOC = D \cdot AC + E \cdot \lg(RT) + F \cdot Uran - G$$

式中，TOC 为总有碳含量；AC 为声波时差；AC_{base} 为声波时差基线值；RT 为地层电阻率；RT_{base} 为地层电阻率基线值；LOM 为有机质热成熟度指数；Uran 为伽马能谱测井铀含量；Th 为伽马能谱测井钍含量；GR 为自然伽马；KTH 为去铀伽马；GR_{left}、GR_{right}、KTH_{left}、KTH_{right} 分别为自然伽马、去铀伽马两曲线等比例于非烃源岩段重合时的左右刻度；DEN 为地层体积密度；A、B、C、D、E、F、G 分别为相关关系系数。

以江汉盆地盐间页岩油为例，对比上述测井方法计算的 TOC 与岩性扫描 TOC，潜 3^4—10 韵律采用补偿密度法和综合法计算的 TOC 精度较好，潜 4 下韵律采用 $\Delta \lg R$ 法和补偿密度法计算的 TOC 精度较好，符合地质要求。

3）基于常规测井的孔隙度评价

（1）岩心刻度测井法。

依据研究区岩心孔隙度分析结果，分别刻度测井三孔隙度曲线（声波、密度、中子），可建立用于快速评价陆相页岩油储层孔隙度的简易方法（图 3-2）。对比江汉盆地盐间页岩油三种孔隙度评价方法可知，密度曲线和中子曲线与岩心测试孔隙度数据相关性好于声波曲线，推断该研究区声波时差更容易受到泥质含量、层理缝等因素影响，实际应用时，可依据实际地区地质情况，优选三孔隙度曲线建立岩心刻度方法。虽然该方法最简易有效，但储层矿物背景变化较大时，精度会有明显下降。

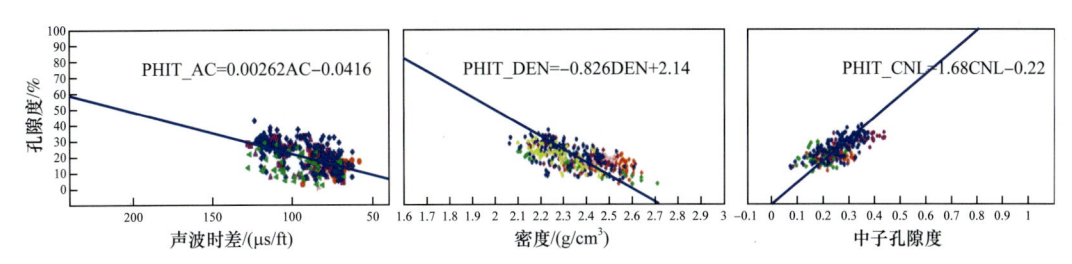

图 3-2　江汉盆地盐间页岩油岩心孔隙度与孔隙度曲线拟合关系

（2）测井交会图技术。

现有商业软件采用交会图技术计算储层孔隙度时，只能采用石英、方解石或者白云石中的一种，作为岩石骨架计算孔隙度。对于矿物组分十分复杂的页岩油储层而言，计算孔隙度时，需要将石英、长石、白云质、灰质、石盐、石膏、钙芒硝、黄铁矿等多种矿物视为混合骨架，从根本上解决骨架背景对孔隙度评价精度的影响。另外，页岩中富集的有机质也会影响孔隙度评价精度，不开展三孔隙度测井响应的有机质校正，会使孔隙度测井评价结果偏高。

针对上述问题在交会图技术基础上，实现测井响应的有机质校正并计算页岩混合骨架参数，根据储层实际骨架情况选定模型参数，可有效提高陆相页岩油储层孔隙度评价精度（如图 3-3、图 3-4 所示为该方法与岩心刻度测井法对比）。与岩心刻度方法相比，该方法考虑了有机质等特殊矿物校正及岩性骨架对孔隙度评价的影响，精度更高。

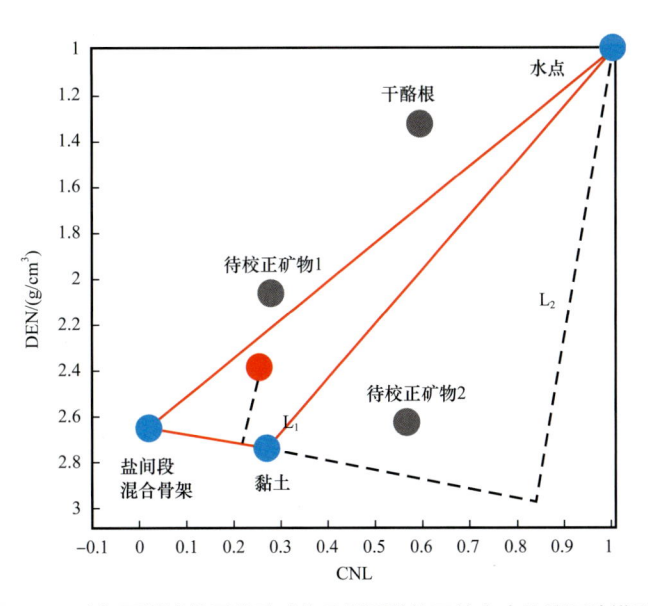

图 3-3　陆相页岩油储层特殊矿物及其测井校正的交会孔隙评价模型

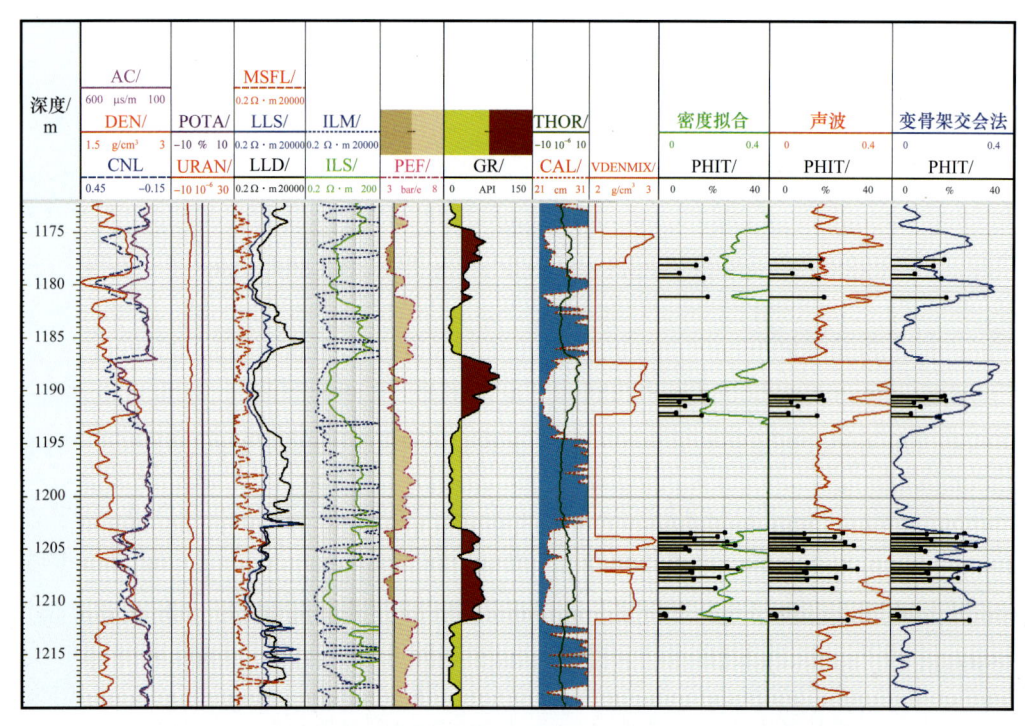

图 3-4　江汉盆地 WP1 井变骨架交会法与曲线拟合方法的效果对比

4）基于总有机碳含量的含油性评价

陆相页岩油储层孔隙结构复杂、导电机理不明，地层水电阻率值难以准确确定（通常经过酸化、压裂等措施产出的水并非原始地层水），依靠电阻率测井定量评价储层含水饱和度十分困难。

通过对比岩心含油饱和度与有机碳含量关系，可建立以有机碳含量为基础的储层含油饱和度评价模型：

$$S_o\_U = 62.3\lg(TOC) + 56.5 \tag{3-2}$$

以江汉盆地盐间页岩油为例（图 3-5），含油饱和度与总有机碳含量交会分析表明，页岩油储层总有机碳含量实质为烃类流体及固体干酪根的总含量，其中烃类流体在总有机碳含量中占有大量比重，故二者之间存在较好相关关系。据此可建立统计关系模型，用于解决陆相页岩储层含油饱和度评价问题，评价结果与岩心含油饱和度分析结果有较好吻合性。

5）基于微球形聚焦测井的含油性评价

页岩油储层含油/水饱和度岩心分析结果与电阻率测井响应关系分析表明，陆相页岩油储层电阻率响应中，微球形聚焦电阻率曲线可较好反映陆相页岩薄层间的饱和度差异，分辨率更好。可利用 Pickett 图版建立以微球形聚焦电阻率评价页岩油含水饱和度的模型：

$\lg S_w = -\lg\phi - 0.9 + \lg b - 0.5 \times \lg(\text{MSFL})$

6）基于孔隙流体分布与岩石等效导电路径的含油性评价

根据页岩油储层生/排烃机理推断，干酪根生烃后，会首先充填有机质孔，排出的烃短距离运移至大无机孔隙中央部分，驱替可动地层水；小无机孔以及部分大无机孔边缘较复杂的孔隙空间中的地层水保留（图 3-6），据此抽象岩石等效导电路径（图 3-7），并推导页岩油储层无机孔隙含水饱和度模型［式（3-3）］，进而分别确定无机孔与有机质孔的含油量［式（3-4）和式（3-5）］，可实现储层含油性测井评价［式（3-6）］。据此评价的页岩油储层含油量具有更好评价精度（图 3-8）。

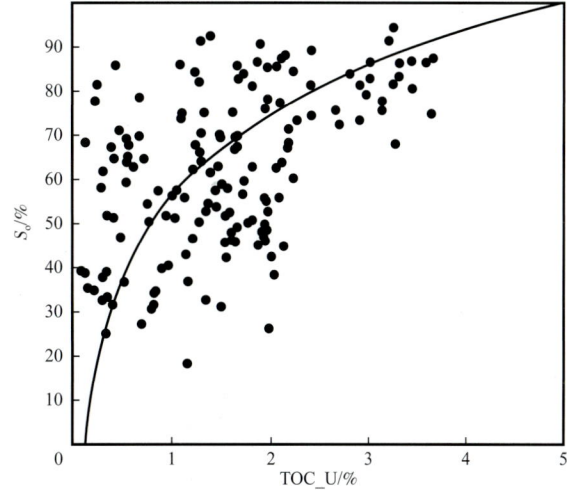

图 3-5 陆相页岩油储层含油饱和度与 TOC 关系

$$S_{\text{win}} = \frac{-B - \sqrt{B^2 - 4AC}}{2A}$$

$$A = C_w,\ B = -\left(C_w S_{\text{wr}} + C_{\text{BG}}\right),\ C = S_{\text{win}} C_{\text{BG}} - \alpha_{\text{stru}} \frac{C_{\text{Log}} - C_{\text{BG}}}{\phi_{\text{IN}}} \quad （3-3）$$

$$O_{\text{cin}} = \frac{(1 - S_{\text{win}})\phi_{\text{IN}} \times \rho_o}{\text{DEN}} \quad （3-4）$$

$$O_{\text{corg}} = \frac{\phi_{\text{ORG}} \times \rho_o}{\text{DEN}} \quad （3-5）$$

式中，ϕ 为孔隙度；b 为岩电关系系数；MSFL 为微球形聚焦电阻率；S_w 为连通孔隙的含水饱和度；S_{wr} 为不参与导电的水饱和度；S_{win} 为无机孔含水饱和度；C_w 为连通孔隙中水的电导率；C_{Log} 为测井电导率；C_{BG} 为背景电导率；α_{stru} 为孔隙空间的结构因子；ϕ_{IN} 为无机孔隙度；O_{corg} 为有机质孔含油量；O_{cin} 为无机孔含油量；ρ_o 为页岩油密度；ϕ_{ORG} 为有机孔隙度；DEN 为地层体积密度。

$$O_c = O_{cin} + O_{corg} \qquad (3-6)$$

式中，S_{win} 为无机孔含水饱和度；O_{cin}、O_{corg} 分别为无机孔与有机质孔含油量；O_c 为总含油量。

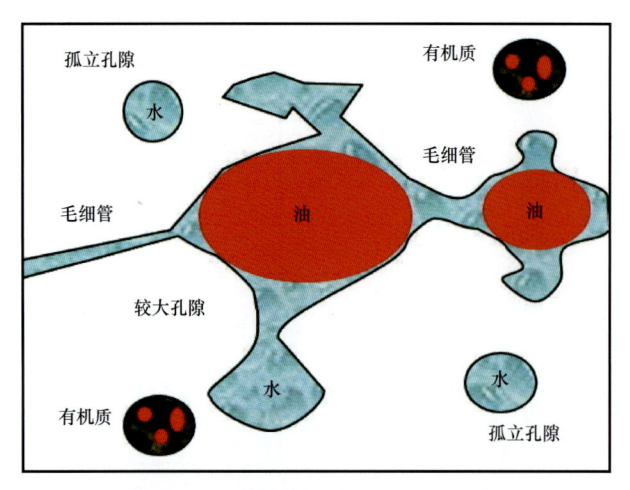

图 3-6 页岩油孔隙流体空间分布示意图

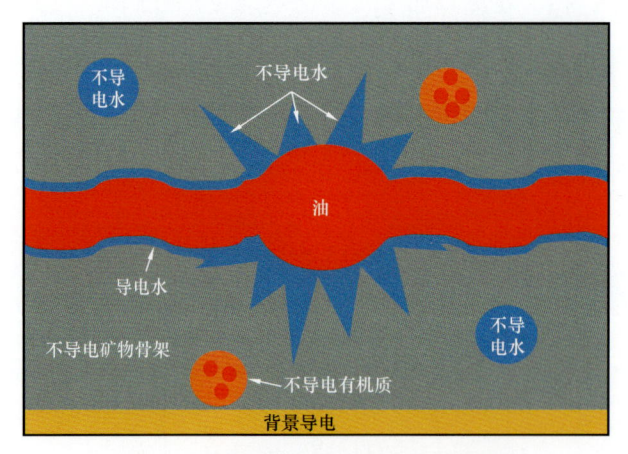

图 3-7 页岩油岩石等效导电路径示意图

7）裂缝分类及识别

结合常规测井和成像测井分析建立了三类不同尺度裂缝分类与识别方法（南泽宇等，2021）。

一类缝发育带：多条大开度裂缝同时发育，成像测井表现为裂缝段明显发育多条大开度张开裂缝或单条大开度裂缝，常规测井表现为微球形聚焦测井、感应测井出现明显尖峰状降低，三孔隙度测井均出现明显增大，井径略微扩径（图3-9）。该本类裂缝可关注微球形聚焦测井及密度测井识别裂缝发育段。

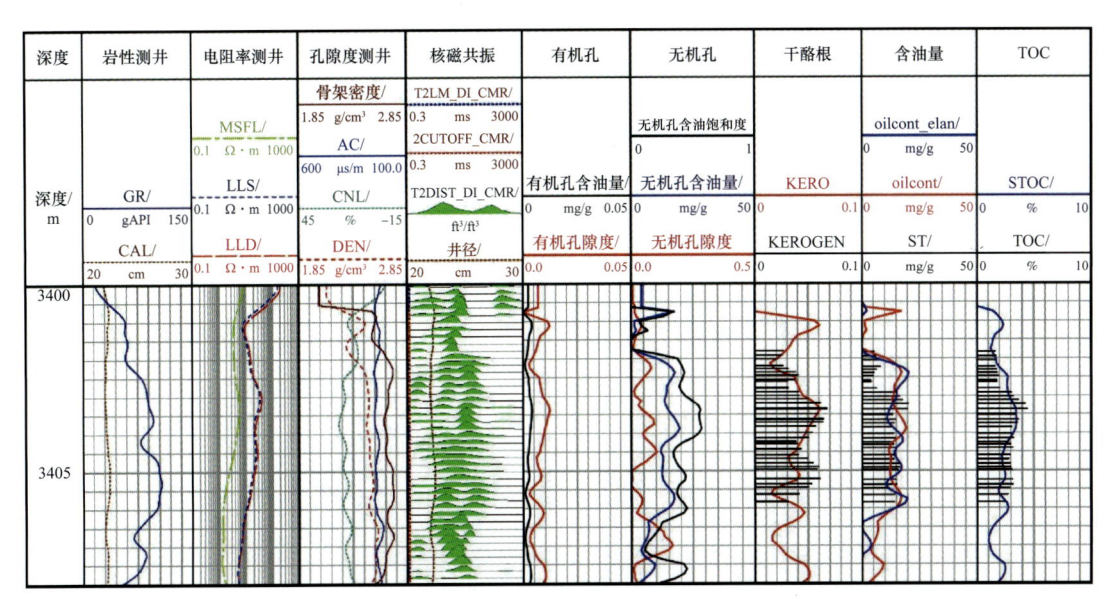

图 3-8 BYY2 井 3400~3410m 段盐间页岩油储层含油性参数测井评价模型的应用

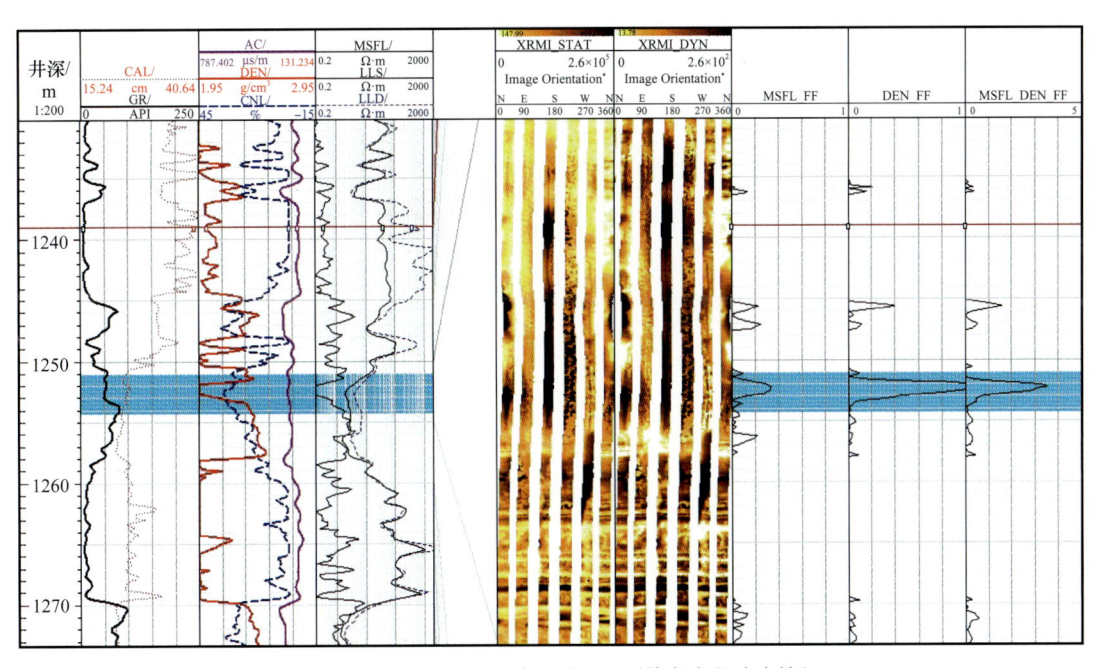

图 3-9 微球—密度裂缝识别因子裂缝发育段响应特征

二类缝发育带：多条小开度缝或单条较大开度缝发育，成像测井表现为裂缝段可见多条张开缝、半充填缝，常规测井表现为微球形聚焦测井略有降低，三孔隙度测井略有增大，井径无扩径。该类裂缝可关注中子测井及声波测井，并结合微球形聚焦测井识别裂缝发育段。

三类缝发育带：单条小开度缝发育，成像测井表现为孤立的张开缝、半充填缝，常规测井表现为微球形聚焦测井略有降低，侧向/感应测井无明显变化，部分孔隙度测井略有增大，井径无扩径。该类裂缝可利用侧向/感应测井与微球形聚焦测井响应差异识别裂缝发育段。

2. 陆相页岩油岩石物理建模及分析

岩石物理是研究岩石各种物理性质之间的相互关系，比如，研究孔隙度、渗透率等储层参数是如何同地震波速度、电阻率、温度等物理参数相关联。而地震岩石物理特指研究弹性参数与储层参数之间的关系，是联系地震响应与地质参数的桥梁，是进行定量地震解释的基本工具，更是非常规页岩气储层研究的必需手段。

页岩油岩石物理模型在传统 Xu-White 模型的基础上充分考虑了页岩油岩石复杂微观结构特征（图 3-10），主要是方解石、石英及钙芒硝等非黏土类矿物分布于黏土矿物组成的基质中，其中黏土基质是以伊利石和蒙皂石矿物颗粒为主组成的混合物，黏土混合物具有微观定向排列的结构，使页岩固体基质在宏观上表现出水平层理构造，因而具有 VTI（Transversely Isotropy with A Vertical Symmetry Axis）类型的固有各向异性。此外，固体基质中顺层发育的水平层理缝引起页岩附加 VTI 各向异性。另外，页岩油储层中有机质干酪根一般呈分散状分布于页岩基质中，图 3-11 为页岩油储层微观结构示意图，并在此基础上进行岩石物理建模。图 3-12 为岩石物理建模流程，首先，应用岩石物理 HS（Hashin-Shtrikman）界限理论计算石英、白云石及钙芒硝等非黏土类矿物的体积模量和剪切模量，

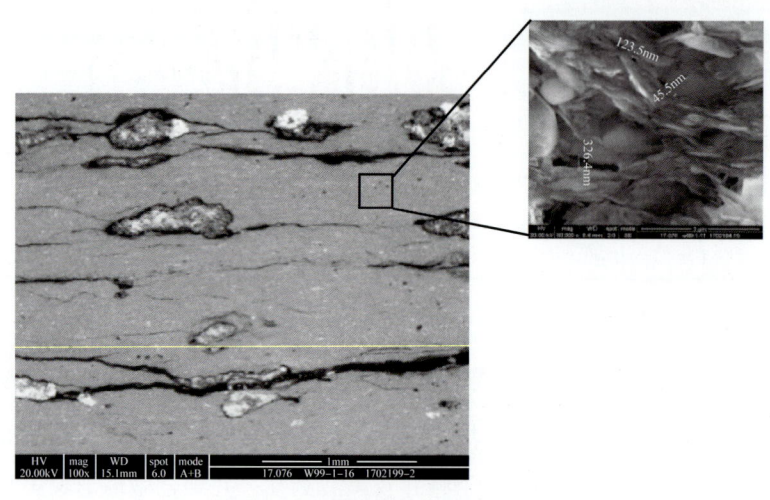

图 3-10 页岩油岩心 SEM 图像

并应用改进的各向异性 Backus 理论计算黏土混合物与非黏土类矿物组成固体基质的 VTI 各向异性，之后，应用各向异性等效场理论，将有机质干酪根填充到 VTI 固体基质中，最后，利用 Chapman 裂缝介质理论，计算固体基质背景中发育水平裂缝引起的附加 VTI 各向异性（郭智奇，2016）。

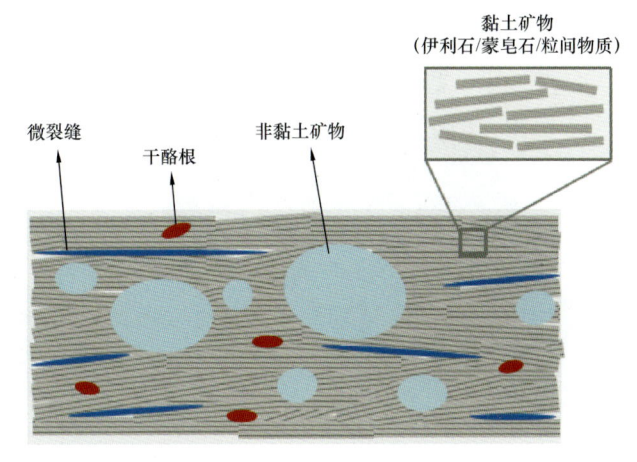

图 3-11　页岩油微观结构示意图

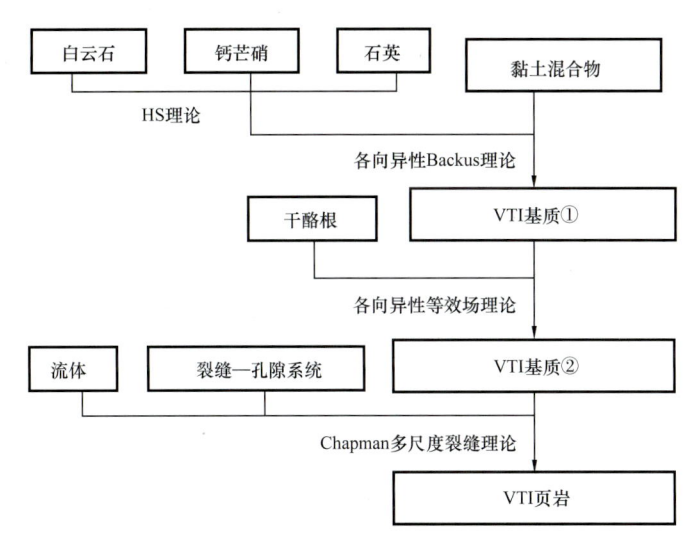

图 3-12　页岩油岩石物理建模流程图

通过岩石物理模型，可得到页岩层段包括各向异性参数在内的地震弹性参数并建立页岩弹性参数（如速度、密度和波阻抗等）和"甜点"参数（如孔隙度、泥质含量、有机质含量等及脆性、应力等）之间的定量关系。以脆性岩石物理量版为例，分别研究黏土含量、孔隙度和含水饱和度等与页岩弹性及力学参数的定量关系。图 3-13 和图 3-14 为江汉盆地盐间页岩油储层建立的岩石物理模板，综合解释了页岩弹性、力学性质、脆性指数与矿物组分、孔隙度等定性关系，进而通过地震弹性参数反演揭示其"甜点"的空间展布特征，为后续的勘探选区、水平井轨迹及压裂方案设计提供有效的技术支撑。

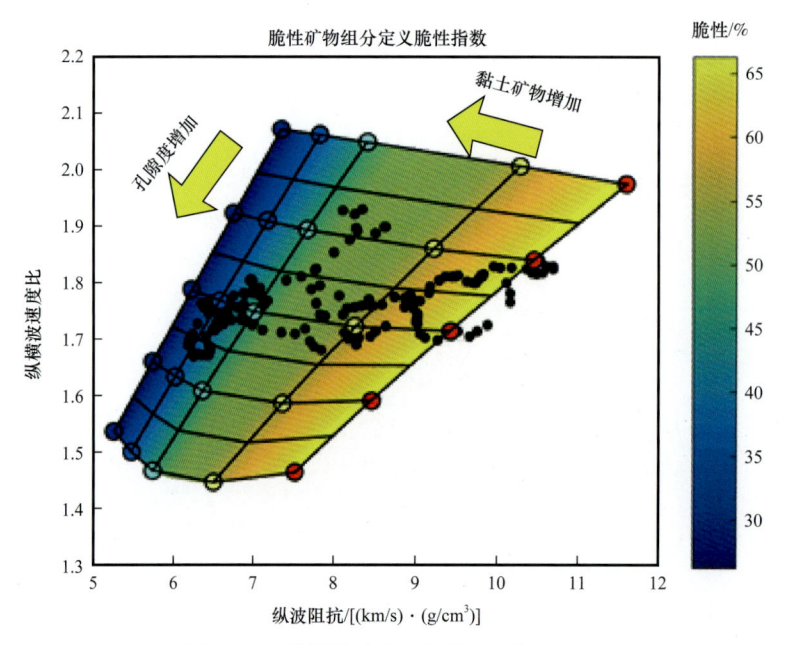

图 3-13　纵横波速度比与纵波阻抗关系图

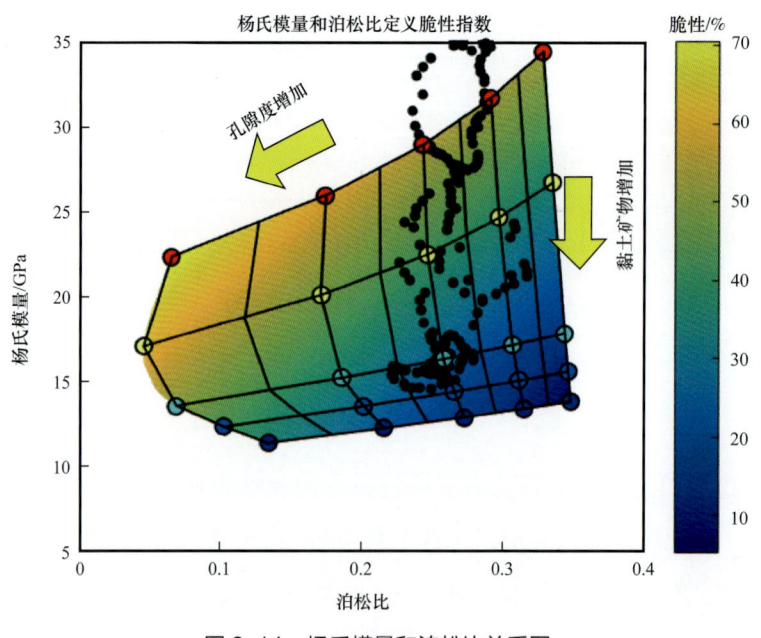

图 3-14　杨氏模量和泊松比关系图

3. 页岩油目标层高精度地震成像技术

页岩油气藏的"甜点"具有裂缝发育、脆性高、水平闭合压力小等特征,虽然地震数据的成像和解释技术近年来获得了快速发展,但由于常规地震资料处理没有考虑地下储层的地质特性(应力方向、裂缝方向和密度等),无法提供准确的特性描述。即使对于全方位采集的地震数据,受处理技术限制,所获得的成像结果不能有效解决地层各向异性及储层特征(应力分布、裂缝方向及密度等)的预测问题,严重制约了地震勘探对于储层各向异性信息的描述精度。针对页岩油目标层段岩性复杂、薄夹层发育、强各向异性特征,地震成像正由传统的各向同性向各向异性、窄方位向宽方位、全方位方向发展。

1)高精度地震资料处理成像技术

针对中国陆相页岩油区域地表复杂、近地表复杂以及地下构造岩性复杂的特征,形成了复杂地表静校正处理技术、多域联合保幅去噪处理、真振幅恢复技术、地表一致性预测反褶积、精细化速度建模处理技术、叠前时间偏移成像技术、叠前深度偏移成像技术等处理技术和流程(张永华,2010)。图3-15为泌阳凹陷高精度地震处理结果,对比分析新技术比老技术在页岩油层段的地震成像品质有了显著提升,为该区后续页岩油的选区评价及"甜点"预测奠定了坚实的基础。

a. 老处理成像技术　　b. 新处理成像技术

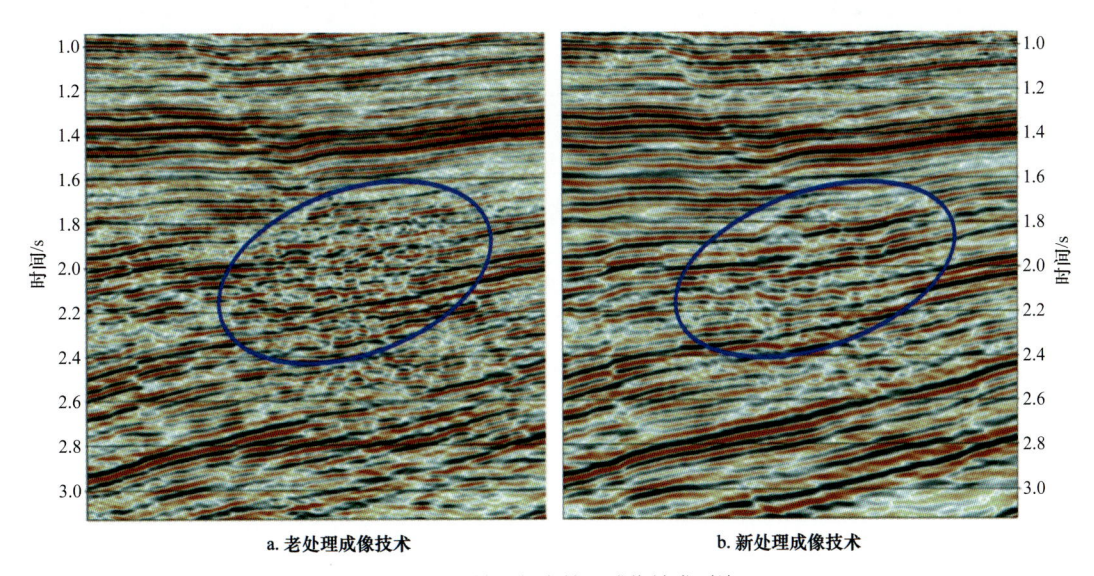

图3-15　地震新老处理成像技术对比

2)各向异性地震层析速度建模及成像技术

地下介质广泛存在各向异性的特性,各向异性是指在地震波长的尺度下介质弹性特征随方向发生变化。页岩油气层段普遍具有更为复杂的各向异性特征（岩性复杂、TOC、页岩节理及断裂），近几年各向异性地震速度建模及成像技术已广泛应用于页岩油气勘探开发（董宁，2016）。从各向异性介质拟声波方程出发，通过对横波干扰进行压制，实现了各向异性介质中的逆时偏移成像。采用三维正交各向异性射线追踪方法，计算层析反演算子，在角度域成像道集和成像剖面上拾取剩余时差、地层倾角、成像点，通过射线追踪构建层析矩阵，并加入井资料信息和地质构造信息约束，进行层析反演，得到各向异性速度模型，形成了与各向异性地震成像配套的速度建模技术，成像效果明显优于传统算法（图 3-16）。目前该方法已广泛应用于复杂介质的地震成像。

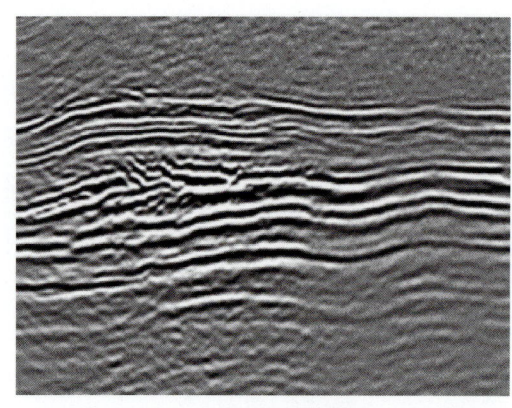

a. 各向异性地震成像　　　　　　　　b. 各向同性地震成像

图 3-16　四川盆地地震各向异性成像技术

3）全方位角度域成像技术

全方位角度域成像技术是近几年发展起来的针对复杂介质（复杂构造、复杂岩性、复杂孔隙结构、强各向异性）的成像技术。它提供了比传统三维技术更加全面和精准的信息，最重要的是增加了大量的方位信息，将传统三维技术或有限方位技术所采用的仅有两个或者有限个数的方位信息拓展为 360°范围，其技术特点是能够直接在地下局部角度域（LAD，Local Angle Domain）中以一种连续的方式利用全部记录到的地震数据，产生两类互补的全方位共成像点角度道集：倾向与反射成像角度道集。两种类型角度道集提供了完全意义上的、全方位的真振幅道集，能够实现真实三维各向异性地质模型下的成像（董宁，2016）（图 3-17）。方位角道集（图 3-18）为振幅随入射角和方位角变化的（AVAZ）反演分析提供了真实的基础数据，可以获得常规处理成像技术无法提供的关于地层的各向异性特性和应力分布情况、地层裂缝发育方向和密度。

a. 常规地震成像　　　　　　　b. 全方位地震成像

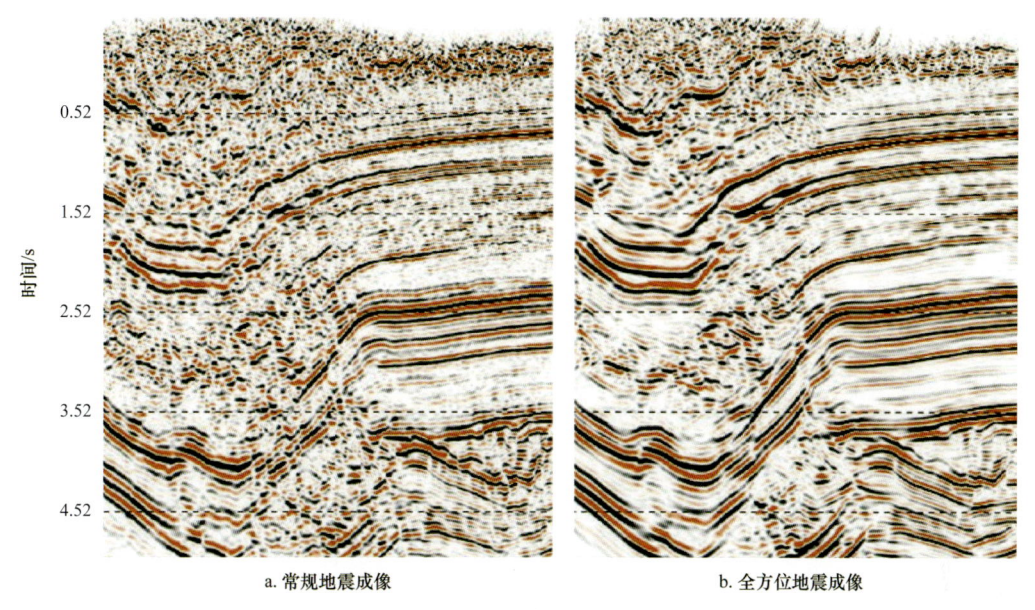

图 3-17　四川盆地页岩层段全方位地震成像

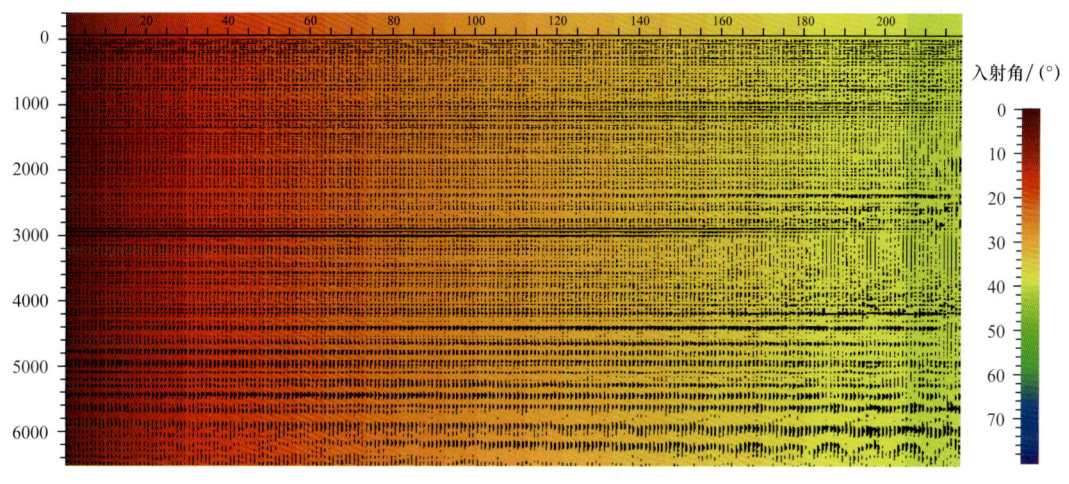

图 3-18　全方位角道集

4. 页岩油"甜点"地震预测技术

与常规油气藏不同，要想开发出有商业价值的非常规页岩油藏，不仅要查明页岩层的深度、厚度、分布范围、产状形态，还要寻找页岩层内有机质丰度高、裂缝发育、渗透性好、脆性大、应力变化小的部位，即页岩油双"甜点"区。目前工业界主要应用的技术是基于贝叶斯理论的 TOC 预测技术、脆性预测技术、压力预测技术、地应力预测技术及裂缝预测技术等（孙赞东等，2011）。

1）基于贝叶斯理论的地震反演技术

传统的反演方法或者只采用单一的地震数据来反演储层参数，或者利用模型参数进行物理正演，获取合成数据，通过合成数据与观测资料的匹配，估算出该模型的参数。因此，反演的参数信息或者是主要来自地震数据，或者是约束于测井数据，没有充分考虑地震数据信噪比对参数反演的影响，易产生较大的参数估计误差。而贝叶斯理论可根据信噪比的大小，有效地均衡地震数据及测井数据的信息采用量，准确地反演储层参数。贝叶斯法，用一句通俗的话来说就是：某件事情发生的概率大致可以由它过去发生的频率近似地估计出来。通常，基于贝叶斯定理，结合似然函数和先验信息得到后验概率分布函数，使后验概率分布函数极大，可以得到目标函数。求解的方法是找到使后验概率密度函数最大的一组模型参数。

2）页岩 TOC 预测

利用地震预测 TOC 的方法主要是通过测井及岩石物理建模分析 TOC 与地震弹性参数的关系，构建多参数联合约束的 TOC 解释模型，使约束后的拟波阻抗曲线能够更加精细地反映 TOC 的变化趋势，从而有效地利用地震反演方法进行 TOC 平面预测。

济阳坳陷页岩油层段的测井及岩石物理分析表明，页岩中有机碳含量越高，电阻率与声波时差之间的幅度差异越大，岩石的总体密度越小。为此，建立一个含有电阻率、密度、速度等信息的新的波阻抗体，新波阻抗体加入了电阻率、密度等多方面信息，能进一步反映岩石中 TOC 的组分特征，从而与 TOC 之间具有更好的相关性。利用实测 TOC 数据与拟合波阻抗线性回归得到多曲线约束条件下的 TOC 公式关系［式（3-7）］：

$$TOC = -7.3081 \times \ln(Pim-n) + 19.32 \qquad (3-7)$$

式中，Pim-n 为拟合波阻抗。图 3-19 是根据上述公式及地震反演得到的 TOC 平面分布图（张营革等，2013）。

3）页岩脆性预测

脆性指数是指当应力由某一初始弹性态加载到峰值强度后，将发生突变而迅速跌落至残余强度面上，反映了岩石受力后破坏变形的难易程度。岩石力学特征脆性指数对非常规含油储层"甜点"和工程压裂改造的指导意义重大，地层岩石脆性越大，越有利于储层后期压裂改造。实际中很难对力学特征脆性指数进行直接预测，但是大量的岩石物理实验数据表明力学特征脆性指数与地震弹性参数之间存在较好的相关性，因此利用高精度的叠前

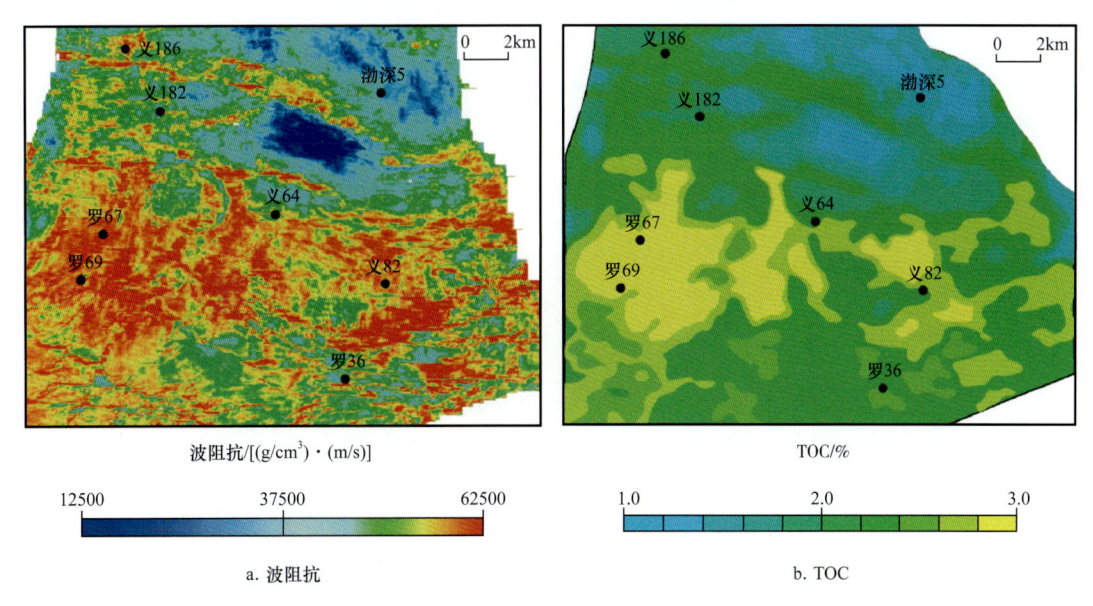

图 3-19　济阳坳陷沙三下亚段波阻抗与 TOC 平面分布图

弹性参数反演算法获取地震弹性参数，并将之转化为脆性指数即可实现对脆性指数的间接预测。利用地震弹性参数定义脆性指数有多种形式，主要有如下几种：

$$YM\_BRIT=(YM-YM_{min})/(YM_{max}-YM_{min})\times100$$

$$PR\_BRIT=(PR_{max}-PR)/(PR_{max}-PR_{min})\times100$$

$$BI=(YM\_BRIT+PR\_BRIT)/2$$

$$BI=YM/PR$$

$$BI=(\lambda+2\mu)/\lambda$$

式中，YM 为岩石的杨氏模量；PR 为岩石的泊松比；λ、μ 为岩石的拉梅系数。在实际应用中，可以根据不同脆性指数与力学特征脆性指数或与矿物成分脆性指数的相关性选择上述脆性指数之一进行脆性指数预测（图 3-20）。

4）地震地层压力预测

对于二维或三维地层压力预测，需要基于单井的压力预测结果，并结合空间地震速度体及地震解释层位，开展相应预测。虽然三维地层压力预测仍基于之前提及的地层压力预测理论，但其模型参数（如正常压实趋势、Eaton 系数等）需要符合三维地质体的特征。因此，如何获取三维地质体的地层压力预测参数是压力体预测的前提。

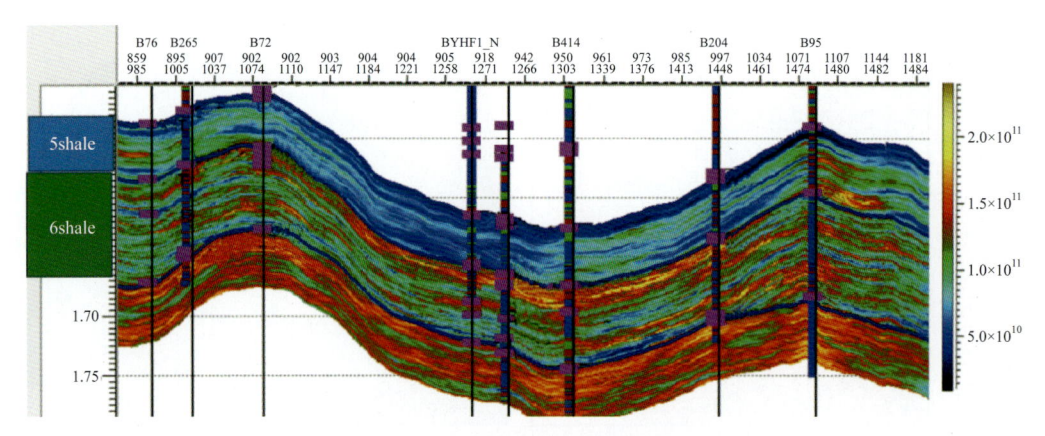

图 3-20 江汉盆地地震反演脆性指数剖面

单井地层压力预测完成后，首先需要完成工区内多井的地层压力预测。多井预测并不是简单的重复，因为在同一工区，沉积成岩环境大体相同，故工区内压实趋势应大体相似。故在利用多井构建的区域压实趋势时，需要综合考虑多井的压力预测结果，以获取最合理的空间预测系数。在此基础上，通过常规反演得到地震速度数据体，二者结合就可以得到最终的压力预测结果。图 3-21 为江汉盆地潜江凹陷压力系数预测结果，王场背斜表现为异常高压区。蚌湖凹陷、广华地区为弱高压区，王场和广华地区交界处压力较低，这与地区的实际钻探资料吻合。

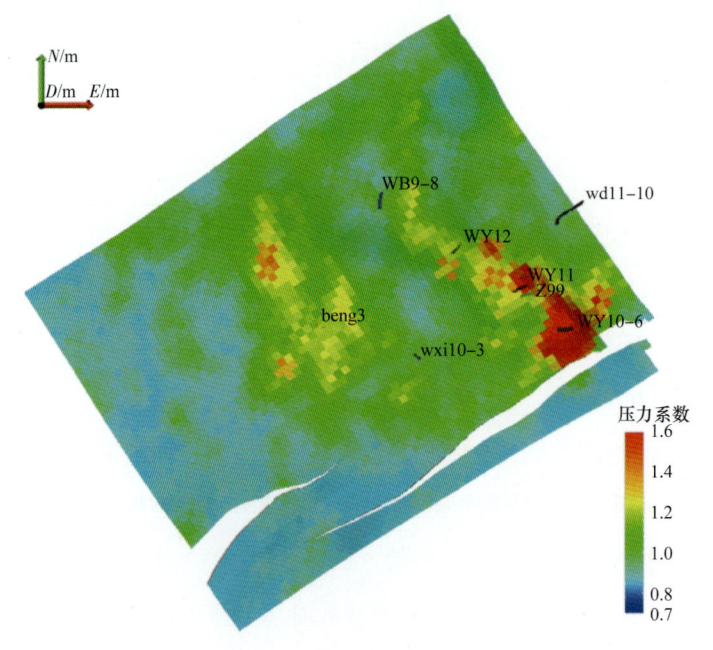

图 3-21 江汉盆地压力系数预测

5）泥页岩地应力大小表征方法

在非常规油气藏钻井和压裂作业中，分析地应力场分布很重要。由于地层中地应力的各向异性，沿着不同方向钻井会有着不同的井壁稳定性特征；水力压裂的效果差别也可能很大。目前，通行的做法是平行于最小水平主应力方向钻大量的水平井，这样既可以钻穿尽可能多的天然裂缝，又可便于后续的压裂改造。以岩石物理的弹性参数为基础，通过多元线性回归，建立了应力计算公式，并进行了多因素校正［式（3-8）］；通过叠前反演技术得到工区的杨氏模量、体积模量、剪切模量三弹性参数体，利用拟合校正公式计算得到最大主应力体、最小主应力体。其数学形式如下：

$$y=\beta_0+\beta_1 x_1+\beta_2 x_2+\cdots+\beta_p x_p+\varepsilon \quad (3-8)$$

该公式表明变量 y 由两部分变量决定：第一，由 p 个因变量 x 的变化引起的 y 的变化部分；第二，由其他随机因素引起的 y 的变化部分。利用应力表征公式对三地震体进行计算，转换即得最大主应力体和最小主应力体。之后，进行应力校正得到应力数据体，开展平面预测（图3-22）。

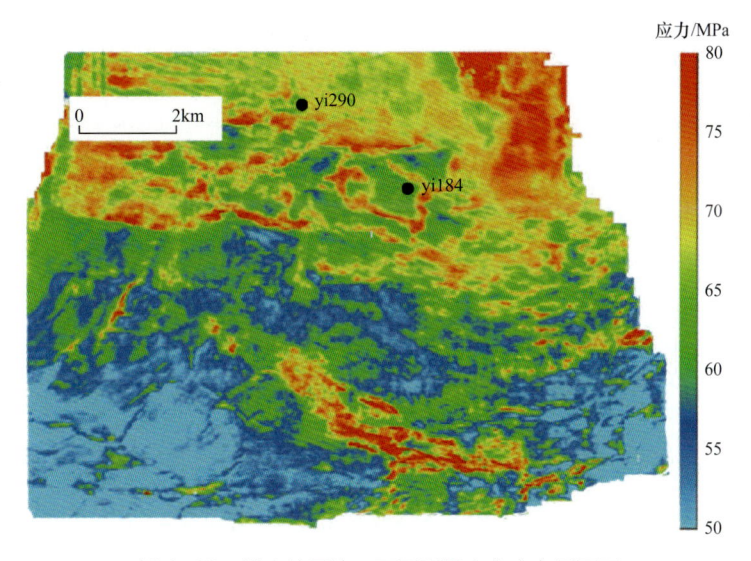

图3-22 渤南地区沙三下亚段最大主应力平面图

6）微裂缝表征方法

裂缝不仅是页岩油重要的储集空间，同时还对井位的部署优化起着至关重要的作用。裂缝预测数世界级难题，仅靠一种方法确定裂缝分布会产生不确定解，需要汇集各种技术进行裂缝综合预测。目前裂缝预测的常用方法有地震曲率、相干属性、方位属性、方位分频属性、纵波方位各向异性反演、横波分裂及各向异性介质裂缝反演方法等，以预测不同尺度裂缝发育带及裂缝密度和方向（图3-23）（刘宇巍，2018）。

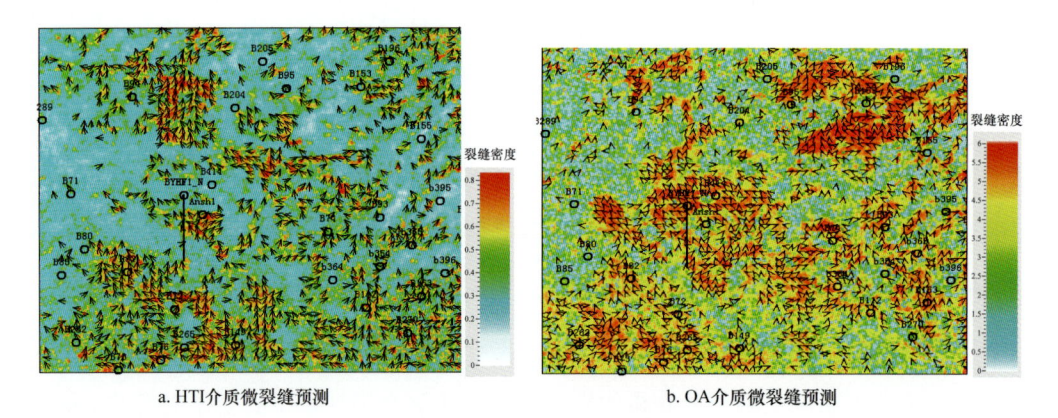

a. HTI介质微裂缝预测　　　　　　b. OA介质微裂缝预测

图3-23　泌阳凹陷微裂缝预测

三、工程工艺技术

1. 高成熟度页岩油开发工程工艺技术

针对中—高成熟度页岩油的开发，"水平井＋体积压裂＋工厂化"是其开发的关键技术。近年来，借鉴国外更小井距、更长水平段、更密切割、更大规模改造的非常规油藏开发理念，以吉木萨尔凹陷页岩油、鄂尔多斯盆地页岩油为代表的国内非常规油气藏单平台水平井数量及水平井水平段长、分段数量、施工排量和压裂规模等工程参数不断刷新纪录，初步形成了大井丛长水平井细分切割体积压裂技术，开发效果正逐年提升，有效动用的瓶颈已经初步突破。

1）钻井技术

"十三五"期间，我国各油田公司通过持续攻关页岩油钻井技术，逐步形成了工厂化作业模式，技术指标稳步提升，井身结构不断优化，固完井技术完善配套，钻井成本不断下降，为页岩油效益开发提供了技术支撑。

（1）建立工厂化钻井作业模式，钻井综合成本大幅度降低。

大庆油田分公司探索形成了接替式和循环式两种"工厂化"钻井模式（图3-24），施工效率提高23.4%。在齐平2井区2#平台4口井实施了接替式模式，4口井表层均由25A型钻机施工，二开采用50D钻机施工，共用一套油基钻井液体系。在垣平1井区1#、2#

平台 5 口井实施了循环式"井工厂"模式，采用一部钻机先施工一口井一开、二开，然后移到下一口井一开、二开，最后一口井一开、二开、三开完钻后再实施前一口井的三开，重复利用油基钻井液。

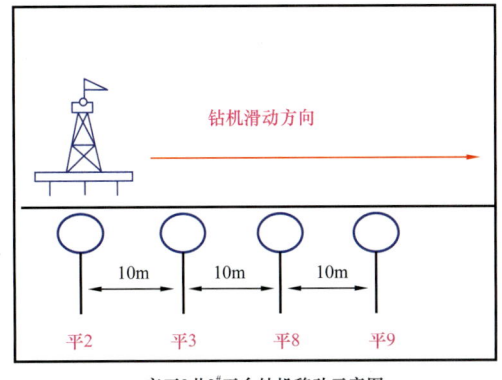

a. 齐平2井2#平台钻机移动示意图　　　　b. 25A型钻机现场安装示意图

图 3-24　大庆油田分公司接替式"工厂化"钻井模式

吉林油田分公司提出并实践了大平台集约化建产模式，目前在乾安地区已经建成了 48 口井的平台，正在建设 84 口井的平台。通过工厂化作业，钻井施工费用下降了 40%~55%。

长庆油田分公司开展了大平台丛式水平井布井（图 3-25），通过优化大井场布局、双钻机联合作业、大井组防碰绕障和三维井提速提效，在多油层叠合发育的页岩油长 7_1、长 7_2 部署的 74 口水平井全部实现大井丛布井，最大化动用储量，单平台部署井数由前期 1~2 口上升到 4~8 口，华 H6 平台最多达 12 口，华 H1 等 5 个大平台钻试周期缩短 41%。

新疆油田分公司通过平台优化设计、钻机快速移动、钻井液重复利用等技术实践，形成了工厂化钻井配套技术。单钻机 3 井平台井场面积节约 60%，钻机搬家安装效率提高 49.5%，钻井液重复利用率为 70%（表 3-1）。

表 3-1　单部钻机（3 井平台）节约工期明细表

工序	作业时间 /d	节约时间 /d	井数 / 口	合计时间 /d
搬家安装	10	8	2	16
接甩钻具	2.5	2.5	2	5
固井候凝	4	1.75	2	3.5
累计时间 /d				24.5

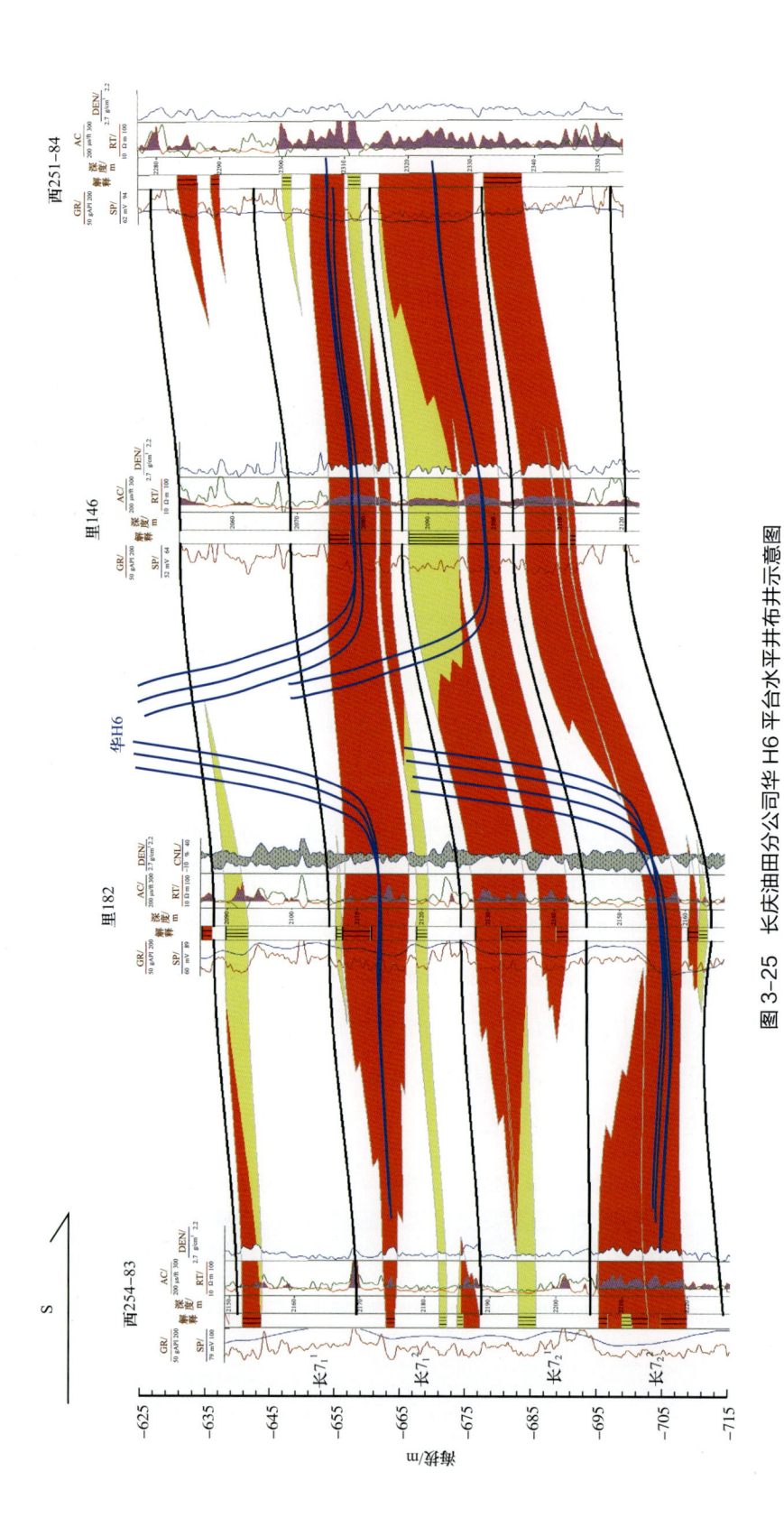

图 3-25 长庆油田分公司华 H6 平台水平井布井示意图

（2）"一趟钻"钻井能力提高，钻井周期大幅度下降。

大庆油田分公司在直井段优化钻具组合和钻井参数，确保打直打快；在造斜段优选钻头和动力钻具，提高定向钻井效率；在水平段应用旋转地质导向，提高钻速和储层钻遇率。通过上述措施综合应用，实现了各井段"一趟钻"，机械钻速提高27%，钻井周期缩短33%。

新疆油田分公司针对三叠系和二叠系地层夹层多、岩性变化频繁、地层可钻性差、机械钻速低（平均机械钻速仅1.0～2.24m/h）等问题，在岩石力学特性评价基础上，结合地层岩性特点，通过模拟井底流场、力平衡与强度分析，优化切削齿角度及刀翼轮廓，确定出适合该地区的高效PDC钻头序列。造斜段、水平段开展定向工具对比试验，定型旋转导向+PDC钻头提速技术较螺杆钻井井眼轨迹光滑，造斜段机械钻速由4.92m/h提高至7.05m/h，水平段由6.14m/h提高至12.14m/h。通过试验攻关和优化改进，实现各井段"一趟钻"。造斜段单趟钻进尺由351m提高至584m，水平段单趟钻进尺由880m提高至1504m。其中JHW033井造斜段、水平段实现"一趟钻"，进尺2068m（表3-2）。

表3-2 新疆油田分公司吉木萨尔凹陷页岩油高效钻头序列

井段	地层	岩性特点	岩石力学参数	钻头特征	钻头型号
直井段	N—T_j	灰色泥岩、砂砾岩互层	可钻性2～5级，抗压强度15～45MPa	四或五刀翼19（16）mm齿，攻击性强，穿夹层能力强	SF46VH3
造斜段	P_3wt	灰色泥岩、砂质泥岩夹砂岩和砂砾岩（砂砾岩夹层多）	可钻性4～5级，抗压强度30～65MPa	五刀翼16mm齿，抗冲击、研磨性强，工具面稳定	SDi516MHUPX SFD54H3
水平段	P_2l	砂岩、泥岩和白云岩，岩性致密	可钻性5～6级，抗压强度60～120MPa	五或六刀翼16mm齿，抗冲击性、抗研磨性强	SDi516MPXG SDi516MHUBP

长庆油田分公司通过优选钻头、螺杆等井下工具，采用电动、顶驱钻机，钻杆由以前的2级提高到1级，配备功率1300PS以上的钻井泵，使用进口合金片双排齿六刀翼PDC钻头，大扭矩螺杆直径增大到172mm，增加水力振荡器，水平段摩阻降低了20%。通过充分发挥设备性能，强化轨迹实时控制，实现了高钻压、高转速、高泵压钻井，钻压从8t提高到10～14t，转速从90r/min提高到120r/min，泵压从15MPa提高到21MPa，钻井速度由12m/h提升至18m/h以上，单只钻头进尺1000m以上。通过集成应用优快钻井技术，与2017年相比，机械钻速提高25%，钻井周期由30d下降到20d以内。宁H5-1井

1640m 水平段，全井钻井周期 9.88d；宁 H5-4 井 2000m 水平段，全井钻井周期 14.45d；宁 H7-2 井 3035m 水平段，创造国内页岩油水平段最长纪录。

（3）井身结构由三开优化为二开，钻井成本进一步降低。

相比于美国的海相页岩油，陆相页岩油岩性更复杂、埋藏更深，以吉木萨尔凹陷为例，剖面上新近系、古近系膏质泥岩发育，侏罗系至二叠系发育多套泥岩，井壁稳定性差，钻井阻卡复杂频发。因此需要利用测录井资料，建立地层三压力模型，研究确定纵向上无井身结构设计必封点，通过强化钻井液抑制封堵性能，确保长裸眼段井壁稳定。

新疆油田分公司为进一步降低钻井成本，通过优化表层套管下深，封隔上部不稳定膏质泥岩地层；同时完善钻井液体系配方，制定不同层段钻井液标准化技术措施（表 3-3），埋深小于 3000m 的上"甜点体"井身结构进一步由三开优化为二开。

表 3-3 吉木萨尔凹陷页岩油钻井液标准化技术措施表

地层	井段	密度 /（g/cm³）	抑制性	封堵/润滑性
第四系	一开直井段	1.20～1.25	—	—
新近系		1.25～1.33	—	—
古近系		1.33～1.35	钻遇膏泥岩前 100m 提高体系矿化度，按设计浓度上限加入各类抑制剂	保持总量 3% 的封堵剂、0.5%～1% 润滑剂
齐古组		1.35～1.36		
头屯河组		1.36～1.40		
西山窑组	二开直井段	1.40～1.42	保证适当的抑制剂含量	保持总量 3% 的封堵剂、0.5% 润滑剂
三工河组		1.42～1.44		
八道湾组		1.44～1.50		
韭菜园组	二开造斜段	1.50～1.60	保持各类抑制剂的最高加量，动塑比达到 0.36 以上	保持总量 6% 的封堵剂、4% 的润滑剂
梧桐沟组		1.60～1.62		
芦草沟组	二开水平段	1.62～1.65		保持总量 5% 的封堵剂、5% 的润滑剂

长庆油田分公司优化 CQSP 钻井液体系，采用"刚性粒子+可变形粒子"复合堵漏技术加强堵漏，提高抑制性，岩屑一次回收率≥90%，解决了洛河层漏失、直罗层坍塌问题，从三开井身结构优化为二开井身结构，钻井周期缩短 8～10d，单井节约 80 万元（图 3-26）。

吉林油田分公司采用钾铵基聚合物钻井液体系防塌、抗 CO_2、强封堵，井身结构由三开、二开深表层套管优化为二开浅表层套管，在保证固井质量、满足大型压裂需求条件下，钻井周期大幅缩短，投资显著下降。完钻46口水平井，平均缩短钻井周期19d，周期缩短比例达到44%。

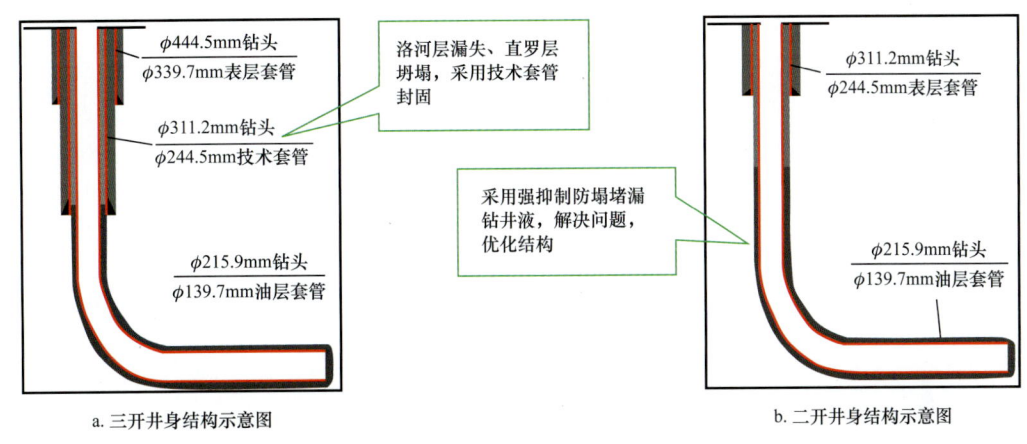

图 3-26　长庆油田分公司强抑制防塌堵漏钻井液技术实现三开转二开

（4）长水平段固井质量不断提高，提供了优质井筒条件。

长庆油田分公司针对长7段页岩油埋深浅（1800～2200m）、温度低（70℃），水泥石强度发展慢等难题，基于紧密堆积理论，结合早强机理、增韧机理，形成了低温高强韧性水泥浆体系，满足了低失水、短过渡、高强低弹等技术需求。研发了两种增韧材料（聚丙烯纤维+改性橡胶），与常规水泥石相比，降低了水泥石的弹性模量，提高了水泥石的抗冲击能力，弹性模量由9GPa降低到7GPa，抗拉强度由1.5MPa提高到1.8MPa。在示范区74口水平井全面应用，水平段优良率达90%以上（图3-27）。

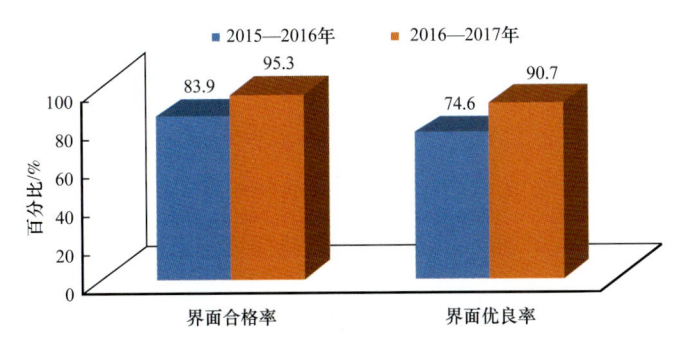

图 3-27　近年长庆油田分公司页岩油水平井固井质量对比图

新疆油田分公司通过室内实验评价，确定水泥石弹性模量小于6GPa且抗压强度大于18MPa方能满足大型体积压裂需求。2015年，开展了24种添加剂72组评价实验，研发了满足大型体积压裂需求的水泥浆体系，费用仅为进口体系的1/3。2017年，进一步开展了韧性材料优选复配实验（表3-4），实现了水泥浆体系完全国产化，费用进一步降低50%，由进口体系的8万元/m³降低到1.5万元/m³。

表3-4　新疆油田分公司韧性水泥浆体系性能对比表

参数	进口体系	自主化体系	国产化体系 JTS-1体系	国产化体系 CF180体系
密度/(g/cm³)	1.9	1.9	1.9	1.9
失水/mL	24	28	35	32
稠化时间/min	165	175	200	194
游离液/%	0	0	0	0
24h抗压强度/MPa	18.1	19.5	26.55	20.5
7d弹性模量/GPa	4.1	5.9	4.5	3.1

新疆油田分公司通过模拟套管刚度及现场试验，优选三扶正器通井钻具组合，确保套管安全下入；计算分析扶正器安装方式，确定每10m安装一个扶正器，水平段套管居中度达68%，确保了固井质量。应用自主研发的韧性水泥浆体系和配套固井工艺技术，现场施工14口井，13口井固井质量声幅评价合格/优质，合格率为92.86%。11口井完成压裂施工，最大压裂级数33级，最高施工泵压86MPa。

通过前期攻关，我国页岩油钻完井技术取得较大进步，钻井周期及成本持续下降。但与国外页岩油钻井指标相比仍有较大差距，钻井速度提升空间较大。北美页岩油钻井提速提效显著，得益于广泛应用轻质钻杆、大排量钻井泵、旋转导向等关键设备及工具，为激进参数钻井提供条件。例如，北美地区水平段1800m的井钻井周期平均为11d，长庆油田分公司平均需要19.2d。对标北美，国内仍需要加大电动顶驱、大功率钻井泵、近钻头+旋转导向工具、复合钻头、水力振荡器、大扭矩螺杆等高性能钻井装备及工具的应用，进一步强化钻压、转速、排量等钻井参数，从而实现持续提速提效。

针对纵向多层系发育的非常规油气资源区块，国外采用逐层布置、纵向交错、立体井网模式实施整体开发，实现区域内、纵向上储层充分动用。目前国内重点以一类有利区主力层建产为主，导致其他层系资源动用相对滞后、二次动用额外增加投资成本，延缓资源整体动用节奏，立体动用潜力亟待落实。对标北美，需要完善大井丛工厂化钻井技术，加强优化大井场布局技术、多钻机联合作业技术、大井组防碰绕障技术和三维井钻井提速提效等技术的攻关。

2）完井技术

我国陆相页岩岩性复杂，脆性较差，因此体积压裂难以形成海相页岩一样的网状缝，总体形成主裂缝为主、分支缝为辅的复杂缝，因此不能完全借鉴美国页岩油储层改造经验。近年来，油田公司针对各自地质油藏特征，形成了各具特色的密集切割、大排量、大液量、大砂量改造的体积压裂技术系列，压裂效果取得突破。

（1）形成了细切割水力压裂技术，压裂效果获得突破。

新疆油田分公司经过不断研究和现场试验，形成了满足吉木萨尔凹陷页岩油储层的压裂配套技术。2017年，结合前期固井桥塞+分簇射孔细分切割体积压裂井细分切割改造经验，借鉴北美最新改造理念，JHW023/025井裂缝间距由25m进一步缩小至15m，以高密度人工裂缝完井方式提高储层动用体积，扩大裂缝与储层的接触面积，相同水平段长内裂缝数量增加65%，水平段改造更充分、更全面。JHW023/025井采用大排量压裂的思路，采用冻胶启缝+滑溜水前置+冻胶携砂的逆混合工艺，全程14m³/min的排量。监测显示微地震事件主要集中在井筒周围，段内多簇启裂，单段裂缝带宽波及相邻井段，实现了大排量开启多缝、增加裂缝复杂程度、充分改造页岩油储层的目的（图3-28）。

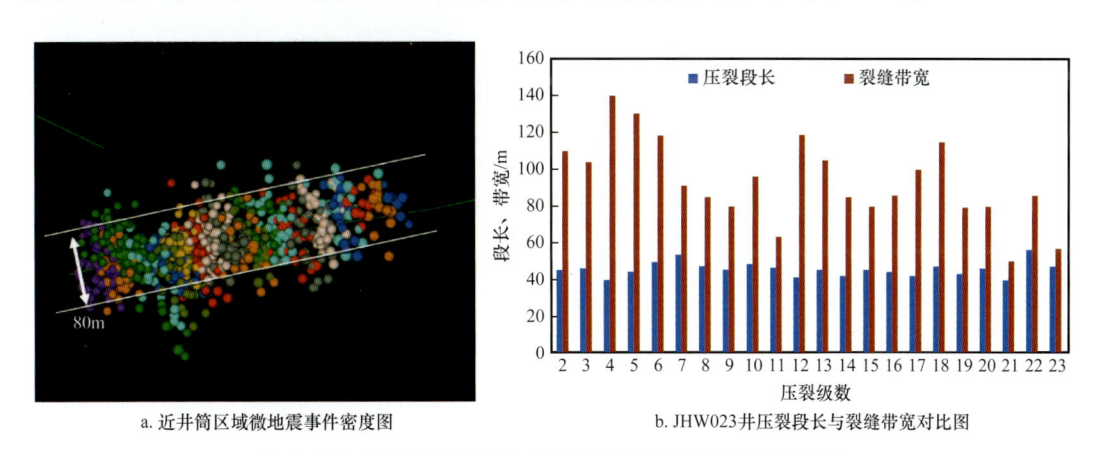

a. 近井筒区域微地震事件密度图

b. JHW023井压裂段长与裂缝带宽对比图

图3-28 新疆油田分公司JHW023井压裂微地震监测结果

吉木萨尔凹陷页岩油密度大（0.88～0.92g/cm³）、黏度高（50℃黏度50.27～123.23mPa·s）、流度低[＜0.0054mD/（mPa·s）]、喉道半径小（0.06μm）、启动压力梯度大（1.87MPa/m）、动用半径小（15.6m），需确保人工裂缝具备较高导流能力，降低流体人工裂缝内的流动阻力。针对这些问题，新疆油田分公司采用多粒径组合方式实现不同尺度裂缝的支撑，2018 年将 70/140 目和 40/70 目支撑剂占比进一步提升至 45%，已成功应用 5 口井。为确保有效充填，加砂强度由 1.0m³/m 提至 2.0m³/m，入井液强度由 13m³/m 提至 30m³/m，生产显示提高压裂规模后，累计产量更高、压降趋势更缓（表 3-5、表 3-6）。

表 3-5　吉木萨尔凹陷页岩油水平井体积压裂技术参数表

设计理念		高密度细分切割 + 大规模体积压裂		技术目的
分段参数	分段压裂工艺	速钻桥塞 + 分簇射孔		实现储层动用体积最大化
	分段/簇参数	段长 45m，每段 3 簇，簇间距 15m		
压裂参数	施工工艺	滑溜水 + 瓜尔胶逆混合压裂 配合滑溜水段塞式加砂工艺		开启多缝 增加裂缝复杂程度
	施工参数	施工排量：14m³/min；前置液比例：60%~75% 平均砂比：16%~18%		
	压裂规模	单簇裂缝支撑剂量 26~34m³	单簇裂缝压裂液量 400~500m³	增大改造体积 补充地层能量
	压裂液体系	低浓度瓜尔胶 + 滑溜水（滑溜水占比>60%）		降低导流能力伤害，降低成本
	支撑剂类型	70/140 目、40/70 目、30/50 目、20/40 目石英砂		多尺度人工裂缝有效支撑

表 3-6　一年期累计产油与压降趋势对比表

参数	吉 172-H	JHW020	JHW023	JHW025
加砂强度/（m³/m）	1.51	1.01	2.10	2.06
入井液强度/（m³/m）	13	27.7	30.0	30.5
开井压力/MPa	34	24.2	19.1	24.1
一年后压力/MPa	1.2	1.2	4.6	4.3
压降速率/（MPa/d）	0.090	0.063	0.052	0.054
一年期累计产油/t	8541	1882	15344	11950
一年后日产油/t	15.4	0.46	27.2	26.0

长庆油田分公司针对长 7 段页岩油储层条带状裂缝特征，体积压裂技术思路由增大裂缝接触面积向参数全面精细优化转变，2017 年以来深入践行"缝控储量最大化"为核心的细分切割压裂改造理念，在长庆西 233 区华 H6 平台设立效益建产示范区，探索缩小井距下储量最大化动用技术方向。针对不同类型砂体展布特征，以实现裂缝对优质储量的最大化控制为目标，优化非均匀多簇裂缝设计（表 3-7）。

表 3-7 不同类型储层细分切割裂缝设计表

砂体类型	布缝目标	改造目标	裂缝设计 簇间距 /m	加砂强度 /(t/m)	进液强度 /(m³/m)
整装连续砂体	全面覆盖密集布缝	完全改造	5～10	5～6	20～25
不连续发育砂体	高度覆盖均衡布缝	充分改造	10～15	4～5	15～20
点状分布砂体	基本覆盖定点布缝	有效改造	15～20	3～4	10～15

针对长庆储层特点和区域差异特征，首次提出了平台整体优化理念，明确了整体压裂方案的四个结合。一是与水平井距结合，200m 小井距交错布缝，最大化缝控储量；二是与油层钻遇结合，单段簇数由 2～3 簇增加到 4～6 簇，提高"甜点区"动用；三是与应力特征结合，通过极限射孔、暂堵转向、拉链压裂等手段提高裂缝覆盖程度；四是与增能需求结合，单段液量从 1000m³ 提高到 1400m³，提升边部区能量。

通过这些手段实现平台改造方案标准化、单井压裂设计个性化、现场调整动态化，保障井组整体效果提升。生产数据显示水平井单井产量由 9.6t/d 提高到 17.3t/d，提高了 80%（表 3-8）。

表 3-8 华 H6 平台整体体积压裂试验关键参数表

内容		H6 平台南区	H6 平台北区
井距 /m		400	200
应力遮挡		长 7₁、长 7₂ 隔层遮挡应力较小	长 7₁、长 7₂ 隔层遮挡应力较大
改造思路		按照长 7 段一套层系进行设计	按照长 7₁、长 7₂ 两套层系设计
布缝方式		相邻井间交错布缝，单井非均匀多簇布缝	同层相邻井间交错布缝，单井非均匀多簇布缝
裂缝长度 /m		200	
簇间距 /m		5～10	
单段簇数		4～6 簇（试验极限射孔 8～12 簇）	
提高多簇裂缝扩展有效性新技术		（1）动态多级暂堵压裂技术增大裂缝带宽；（2）极限射孔限流压裂技术提高起裂有效性	
改造强度	单井液量 /m³	30000～40000	20000～30000
	单井砂量 /m³	4000～5000	3000～4000
	排量 /(m³/min)	10～14	10～14

（2）优化压裂材料组合，压裂成本大幅度降低。

大规模压裂施工中，压裂材料费用占总成本接近一半，在现有技术层面降本的主要方向是压裂材料的优化降本。

新疆油田分公司室内评价表明 1.2 倍的石英砂替代陶粒，人工裂缝导流能力达 30D·cm，可以满足改造需求。2018 年，在 JHW035/036 井开展石英砂替代陶粒现场试验，压后生产效果良好，单段降低费用 6.5 万～12.3 万元。瓜尔胶浓度从先导试验阶段的 0.4%～0.45% 优化调整为 0.3%，降低伤害的同时减少了瓜尔胶用量；采用滑溜水段塞加砂方式，平均滑溜水用量占比由 23% 提高至 69%，最高可达 80% 以上，进一步降低了液体成本。

长庆油田分公司针对体积压裂工艺特点，研发了 EM30S 压裂液，通过实时调节使用浓度，一套体系实现了滑溜水、低携砂和高携砂三种功能，并可循环利用。滑溜水液降阻率 70% 以上，低携砂液降阻率 60% 以上，最高砂浓度 300kg/m³，高携砂液最高砂浓度 700kg/m³。长 7 段致密储层水敏矿物含量较低，室内测试发现黏土稳定剂对防膨率影响甚小，减除了压裂液中黏土稳定剂；滑溜水具有表面活性功能，压裂液表界面性能受助排剂加入变化不大，同时考虑低压储层充分利用滞留液量补能，减除了压裂液中助排剂。现场试验表明，压裂液配方简化优化试验井与未简化实施井相比，相同时间的返排率与见油速度基本接近。2018 年长庆油田分公司将 EM 系列压裂液配方中减阻剂、黏土稳定剂和助排剂优化为减阻剂一种，成本降低 70 元/m³。累计应用 72 口水平井 1450 段，用液量 180×10⁴m³，共节约成本 1.26 亿元。

（3）研发新型高效分段压裂工具，压裂成本进一步降低。

为满足"大井丛、长水平井、细切割"高效压裂需求，2018 年长庆油田分公司规模试验全可溶桥塞压裂技术，解决了 1500m 以上水平段快钻桥塞压裂连续油管钻磨的技术瓶颈。累计应用 50 口井 1000 余段，与速钻桥塞相比，通过减免钻塞环节，单井试油周期缩短 15d，作业成本降低 150 万元，助力体积压裂提效降本。

可溶桥塞压裂工艺免除了钻塞环节，但仍然存在低温条件下桥塞胶皮溶解慢、溶解物多的问题，长庆油田分公司自主研发了全金属可溶球座（图 3-29），工具长度相比可溶桥塞缩短 20%，金属密封替代胶筒密封，单套工具成本较可溶桥塞降低 26%。2018 年 9 月，华 H7-2 井首试成功，全程密封及压后溶解性能良好，井筒处理时间较可溶桥塞缩短 50%。在华 H1-3 井开展试验，该井水平段长 2714m，设计压裂 43 段 211 簇，已压完 34 段，成功率 100%。

a. 溶解28h　　　　b. 溶解36h　　　　c. 溶解50h　　　　d. 溶解120h

图 3-29　全金属可溶球座地面溶解性能评价

（4）充分利用压裂液增能、渗吸置换作用，低返排率提高压后产量。

我国陆相页岩油普遍成熟度偏低，导致地层压力系数低、原油黏度大、流动性差、采出困难。通过压裂补充地层能量，同时研发功能压裂液达到驱油的效果，是目前各油田分公司形成的普遍共识。

大庆油田分公司认为压裂渗吸存在两个阶段，一是压裂驱替亲油孔隙内的原油，二是关井扩散毛细管力置换亲水孔隙内的原油，因此控制压裂液返排、长焖井有利于提高渗吸效果。根据这种渗吸机理和压裂液返排规律，大庆油田分公司初步形成了一套页岩油水平井"焖井、控排、保压采"生产方式，实现水平井全生命周期管理，提高页岩油采收率，确保资源最大化利用（图3-30）。

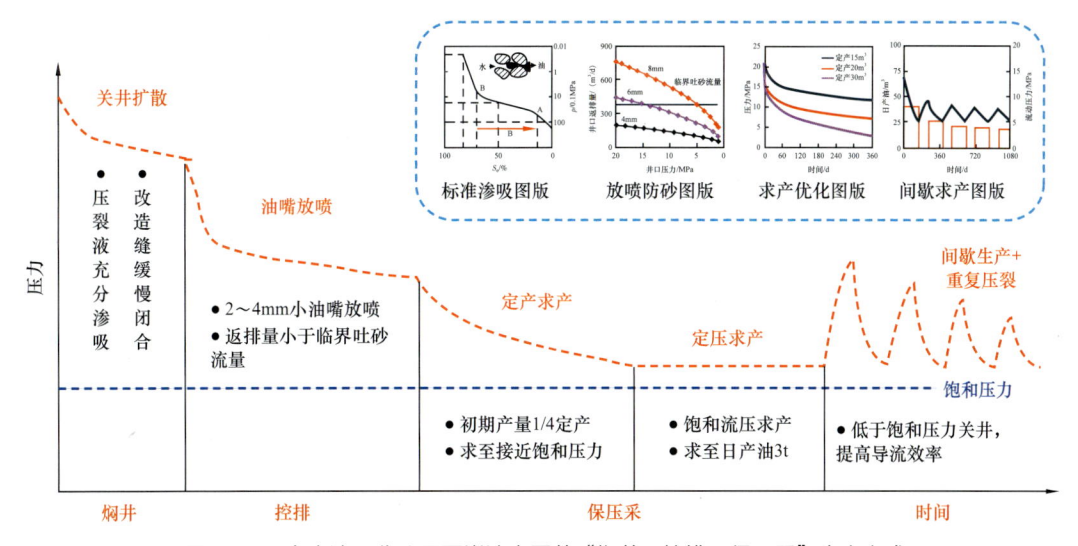

图 3-30　大庆油田分公司页岩油水平井"焖井、控排、保压采"生产方式

吉林油田分公司大规模体积压裂后控制压裂液返排，乾188-43井正常压力系数为1.0，压裂后欠排6000m³，压力系数升高到1.36，在1~2a内保持自喷生产，达到了蓄能

提产效果。

长庆油田分公司实验发现，低黏压裂液环境中砂岩渗吸能力随渗透率降低而增强，实践表明，物性更差的长7段相比其他层位油水置换速度快，从而改变了滞留压裂液伤害储层的传统认识。实验研究和矿场实践均证实压裂存地液具有增加地层能量的作用，水平井一年累计产油量与压裂入地液量存在明显正相关关系。压裂液油水渗吸置换+增能的新认识开拓了页岩油提高单井产量的新思路。近期，长庆油田分公司针对页岩油水平井长期生产产量递减快、稳产难度大的问题，优选油藏边部井控储量较大、初始地层压力偏低的水平井开展超前补能体积压裂评价试验，分段大排量注水+压裂，超前补液 $2\times10^4\sim3\times10^4\mathrm{m}^3$，目标达到压力保持水平超过120%，从而提升低压页岩油水平井稳产能力（图3-31）。

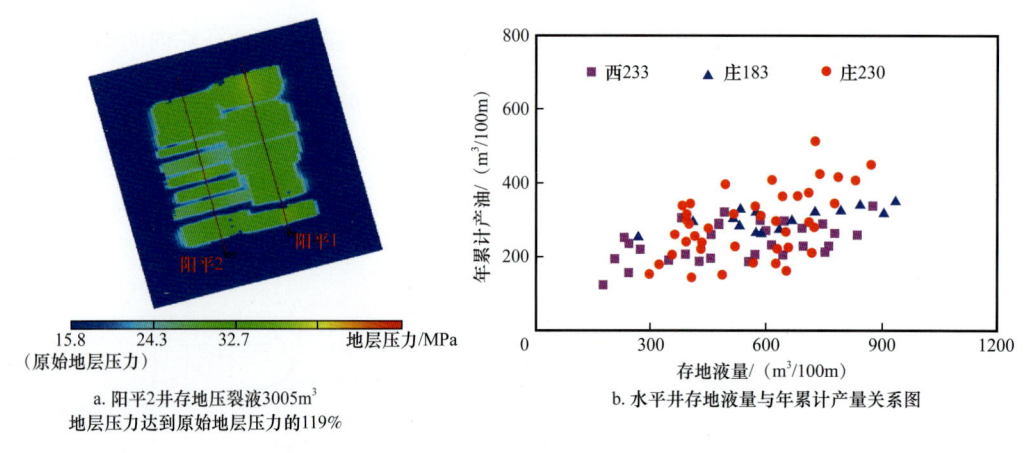

a. 阳平2井存地压裂液3005m³
地层压力达到原始地层压力的119%

b. 水平井存地液量与年累计产量关系图

图3-31　压裂液具有油水渗吸置换+增能的作用

长庆油田分公司在致密砂岩油水置换机理及主控因素分析基础上，合成了具有良好浸润性及润湿改变性的功能性表面活性剂，研发形成前置驱油剂。该驱油剂润湿时间95s，接触角变化值120°，比常规液体300s、80°性能大幅度提高，岩心实验结果表明渗吸置换率达到37%（常规小于15%）。在页岩油水平井试验10口，累计产液量 $6.1\times10^4\mathrm{m}^3$，相同返排率下试验井氯离子较常规体系降低了50%，有效提高了油水置换速度。

针对陆相页岩油储层塑性偏强导致的压开相对困难以及难以形成缝网的问题，CO_2干法压裂或前置 CO_2 压裂液代替全水基压裂液是未来技术发展方向。

江汉油田盐间页岩油储层含可溶盐，水基压裂液易出现溶盐、结晶，造成裂缝失效，需要考虑无水压裂。前期研究结果表明，CO_2 黏度小，可进入微裂隙及天然裂缝尖端，增加孔隙压力，降低围岩有效应力，减少对裂缝扩展的约束，较水力致裂压力降低15%~46%；同时，由于CO_2压裂体积应变增量与压后裂缝破坏程度均高于水，更易开启层理，会产生更多分支缝，裂缝复杂程度显著大于水力压裂。2018年8月31日在王57斜-16井首次实施了CO_2干法压裂。微地震监测表明井周多方向破裂，实现体积改造（图3-32），压后初期能够达到增油效果，日产原油15.8m³。

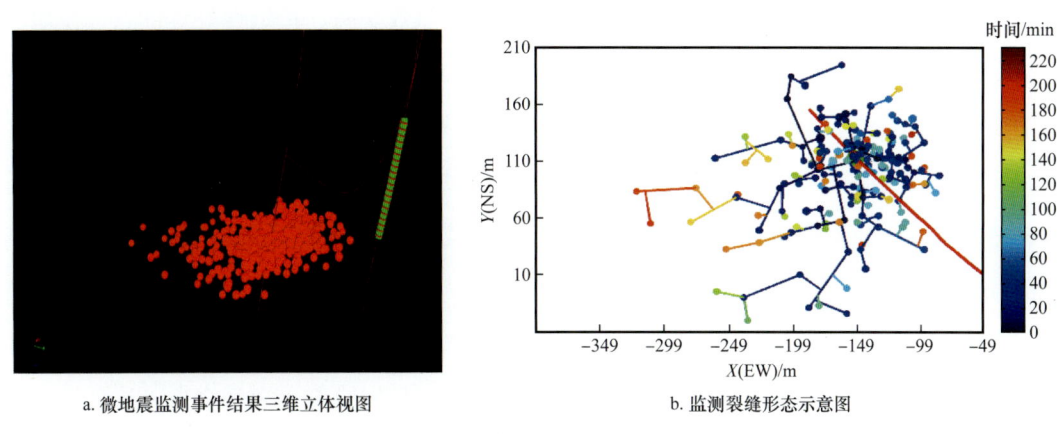

a. 微地震监测事件结果三维立体视图

b. 监测裂缝形态示意图

图3-32 王57斜-16井CO_2干法压裂微地震监测情况

目前我国陆相页岩油采收率很低，提高采收率技术需求迫切，大庆油田分公司、吉林油田分公司、吐哈油田分公司先后开展了CO_2吞吐、空气驱、重复压裂等试验，取得了一定提产效果，但配套理论研究及工艺技术试验亟待加强。未来，以提高陆相页岩油采收率为目标，国内油田还需要进一步试验具备润湿转换、渗吸置换、高效洗油等功能的新型压裂液，开展CO_2前置压裂和CO_2吞吐驱油技术试验，从而实现压裂、蓄能和驱油一体化贯穿整个全生命周期开发过程。

目前矿场对裂缝形态的描述主要依据井下微地震监测，但该技术不能满足对有效支撑缝长、缝高、多簇起裂差异等方面的测试需求，还需要开展套管外光纤测试、电磁支撑剂三维成像等先进测试技术试验。

2. 中—低成熟度页岩油开发工程工艺技术

针对中—低成熟度页岩油的开发，原位改质技术（In-situ Upgrading Process，IUP）被认为是一种有效的手段，该技术通过对目的层加热提高储层温度，促进溶融、吸附态页岩油脱附流动，促进未成熟干酪根以及沥青质裂解，提高页岩油在地层内的流动性；高温加热可以提高致密页岩储层孔隙度，形成微裂缝，改善致密页岩储层渗透能力，最终提高单井产量和采收率。该技术的研究目前主要集中在油页岩原位开采领域，虽然作用对象不同，但技术实质是相同的。

美国西方石油公司（Occidental Petroleum）、壳牌石油公司（Shell）、埃克森美孚石油公司（Exxon Mobil）、道达尔石油公司（Total）等世界多家石油公司和研究机构投入大量经费进行油页岩原位开采技术的研究。技术较为成熟的是壳牌的电阻加热技术，壳牌生产的铁镍或铜镍合金电缆加矿物绝缘电加热器，具有加热效率高、稳定性好等优点，在地下高温及腐蚀等恶劣条件下的寿命达到了6a；加热器最大长度可以做到2000m，功率可达到1650W/m，能够实现水平井加热，大幅度增加加热面积。

我国油页岩原位转化开采技术研究起步较晚，目前尚处于探索起步阶段，工艺技术尚未成熟，基础研究比较薄弱，地下环境监测及评价技术还不完善，亟待加强后才能进行技术经济性评价和工业化应用。

吉林省众诚油页岩投资开发有限公司研究并提出了地下原位裂解技术，2013年8月在扶余市三骏乡苗胜村开展油页岩原位转化现场试验，采用原位压裂燃烧提取油页岩油气的方法，实施1口注入井、3口生产井，2014年7月生产出油页岩油。

吉林大学联合多家公司自2009年以来开展原位开采技术研究与试验，探索了地下原位局部化学法技术（TS）、近临界水地下原位裂解技术（SCW）、地下原位高压—工频电加热裂解技术（HVF）三种油页岩原位开采方法。在改进原位局部化学法技术基础上提出了体积、温度、压力、化学反应法（VTPC），2015年6月在吉林农安进行了现场试验，生产油页岩油1.6t。

太原理工大学提出了油页岩原位注蒸汽开采油气技术（MTI）。即在地面布置施工群井进入油页岩矿层，采用群井调控压裂方式，产生巨型沿矿层展布的裂缝，使群井沿矿层连通，然后群井之间轮换，选择作为注热井和生产井。将550℃过热水蒸汽沿注热井注入矿层，对流加热油页岩矿层，绝氧热解后产出大量页岩油和烃类气体，低温蒸汽与油气混合物在压力驱动下沿生产井排至地面。该混合物首先进入低温发电系统进行余热发电，发电后进行油、气、水分离处理，从而得到油气产品，水净化后循环利用。

中国石油开展了原位开采技术研究和室内实验等工作。重点开展了加热设备研发和技术攻关等。分析了原位开采地下反应器构成和影响因素，确定了电加热和蒸汽加热地下反应器的构成要素；对不同原位开采方式适用条件进行了分析，确定了油页岩原位开采的主要影响因素和影响方式，提出了不同加热方式下的原位开采技术适用条件；研制了三元复合加热器和卡式陶瓷电加热器；建造了室内小型气体辅助电加热油页岩原位模拟实验装置，开展了电加热和蒸汽加热的原位室内小型模拟实验，并根据室内物理模拟实验和数值模拟实验分析，给出了油页岩原位开采工艺技术的 7 个约束条件。

中国石化牵头组建了国家油页岩开采研发中心。自主研发了大型电加热/流体加热物理模拟实验装置、热解及产出物实时在线分析系统、高温三轴应力下岩石渗透率测定装置、高温岩石应变测试装置，初步建成了中国石化油页岩原位开采实验室。通过大量实验研究了油页岩热解规律、高温形变规律、高温岩石力学参数、高温孔隙度/渗透率变化规律，获得了原位开采过程中油页岩地层参数变化的大量原始数据。开展了电加热/流体加热机理实验研究，明确了干酪根类型、矿物组成、含水、含油率、储层厚度、埋藏深度等油页岩储层条件对原位开采的影响。开展了油页岩储层提高渗透率技术研究，形成了两项低成本油页岩储层改造技术方法。目前已形成水平井电加热和流体加热两套工艺技术的设计方案。

在室内模拟实验的基础上开展了数值模拟研究，考虑孔隙内的油、气、固三相动态平衡，相对渗透率等随各相饱和度变化，建立了油页岩热解三步反应模型，形成了拥有自主知识产权的油页岩原位开采优化设计软件。结合中国石化钻井、压裂和采油工艺技术优势，利用该软件针对水平井电加热和流体加热两种加热技术分别进行了方案优化，优化了井型、井间距等布井参数，制订了加热方案，预测了油气产量及采收率，同时开展了地面装置的选型及地面流程设计，初步形成了电加热和流体加热工艺技术及现场实施方案。

2015 年 8 月中国石化石油勘探开发研究院在茂名羊角实施了油页岩原位开采钻井取心、固井、完井、储层改造等现场试验工作，目的层油柑窝组油页岩埋深 114～161m，现场试验了 2 段重复脉冲强冲击储层改造技术，试验后测试渗透率提高 4～8 倍，达到了储层改造目的。

虽然取得了一些进展，但是原位转化开采研究基础薄弱，实验仪器、设备难以满足原位转化开采研究和实验的要求，原位转化开采机理需要进一步深入和完善。在真实的原位开采条件下，地层在地应力作用下温度达到 300～500℃，因此需要研究高温高压环境下的地层孔渗变化、干酪根热解反应等。目前开展的室内实验很难完全模拟这种原位转化开采地层条件。页岩油原位转化开采过程中，温度场、压力场、浓度场、流场相互耦合、相互作用，动态因素变化多。温度场的变化引起的热解效应不同，产生的热解物质也不同。地层孔渗条件随着温度的变化而变化，流体相态及流动特性随着温度变化，渗流规律复杂。涉及的复杂物理化学机制尚不完全明确，需进一步开展相关机理研究。

国内外现有的原位转化开采技术均不成熟，处于探索试验阶段，适合我国页岩油资源特点的经济有效原位转化开采工艺技术需要攻关。原位加热工艺、提高渗透率技术、原位热解增效技术及数值模拟是原位转化开采的关键。需要探索电加热工艺的可行性和降低能耗的技术措施，提高经济效益；探索原位热解增效技术，预测油气生成量及品质，建立原位开采系统模拟平台；形成加热工艺、热解增效技术和效果预测为一体的关键技术体系，实现页岩油经济有效开发。

原位转化开采配套技术系列尚未建立，缺乏适合原位转化开采的重大装备。原位转化开采需要加热地层到较高温度（350℃以上），适合高温的页岩油完井及固井技术尚未进行系统研究；缺乏适合页岩油储层特性及埋深特点的低成本钻、压、采和油气集输处理装备。

原位转化开采环境监测及保护措施需要深入研究。原位转化开采页岩油过程中会导致地下水组分、pH 值、微生物等发生变化，有可能污染到地下水和土壤，需要研究降低原位转化开采过程中环境污染和治理技术。

参 考 文 献

陈祥，王敏，等，2011. 泌阳凹陷陆相页岩油气成藏条件［J］. 石油与天然气地质，32（4）：568–576.

董宁，刘喜武，刘宇巍，等，2016. 页岩气地震勘探技术［M］. 上海：华东理工大学出版社.

高秋菊，谭明友，张营革，等，2019. 陆相页岩油"甜点"井震联合定量评价技术——以济阳坳陷罗家地区沙三段下亚段为例［J］. 油气地质与采收率，26（1）：165–173.

郭智奇，刘财，刘喜武，等，2016. 基于岩石物理模型的页岩油储层各向异性研究［J］. Applied Geophysics，13（2）：382–392.

贾承造，郑民，张永峰，2012. 中国非常规油气资源与勘探开发前景［J］. 石油勘探与开发，39（2）：129–136.

蒋启贵，黎茂稳，钱门辉，等，2016. 不同赋存状态页岩油定量表征技术与应用研究［J］. 石油实验地质，38（6）：843–849.

匡立春，等，2012. 准噶尔盆地二叠系咸化湖相云质岩致密油形成条件与勘探潜力［J］. 石油勘探与开发，39（6）：657–667.

黎茂稳，金之钧，董明哲，等，2020. 陆相页岩形成演化与页岩油富集机理研究进展［J］. 石油实验地质，42（4）：17.

黎茂稳，马晓潇，蒋启贵，等，2019. 北美海相页岩油形成条件、富集特征与启示［J］. 油气地质与采收率，26（1）：13–28.

李军，等，2016. 利用核磁共振技术确定有机孔与无机孔孔径分布——以四川盆地涪陵地区志留系龙马溪组页岩气储层为例［J］. 石油与天然气地质，37（1）：129-134.

李志明，陶国亮，黎茂稳，等，2019. 鄂尔多斯盆地西南部 B-1 井长 7 段取心段含油性特征及彬长区块页岩油勘探前景探讨［J］. 石油与天然气地质，40（2），236-247.

刘惠民，张守鹏，王朴，等，2012. 沾化凹陷罗家地区沙三下亚段页岩岩石学特征［J］. 油气地质与采收率，19（6）：11-15.

路菁，等，2016. 页岩油气储层有机碳含量测井评价方法研究及应用［J］. 科学技术与工程，6（16）：143-147.

聂海宽，张培先，边瑞康，等，2016. 中国陆相页岩油富集特征［J］. 地学前缘，23（2）：55-62.

邱振，卢斌，施振生，等，2016. 准噶尔盆地吉木萨尔凹陷芦草沟组页岩油滞留聚集机理及资源潜力探讨［J］. 天然气地球科学，27（10）：1817-1827.

宋明水，2019. 济阳坳陷页岩油勘探实践与现状［J］. 油气地质与采收率，26（1）：1-12.

孙赞东，贾承造，李湘方，等，2011. 非常规油气勘探与开发［M］. 北京：石油工业出版社.

涂其军，王刚，2018. 准噶尔盆地南缘中二叠统页岩矿物学和地球化学特征及地质意义［J］. 新疆地质，36（4）：455-462.

王勇，刘惠民，宋国奇，等，2017. 济阳坳陷页岩油富集要素与富集模式研究［J］. 高校地质学报，23（2）：268-276.

吴世强，唐小山，杜小娟，等，2013. 江汉盆地潜江凹陷陆相页岩油地质特征［J］. 东华理工大学学报（自然科学版），36（3）：282-286.

杨华，张文正，2005. 论鄂尔多斯盆地长 7 段优质油源岩在低渗透油气成藏富集中的主导作用：地质地球化学特征［J］. 地球化学，34（2）：147-154.

杨智，侯连华，林森虎，等，2018. 吉木萨尔凹陷芦草沟组致密油、页岩油地质特征与勘探潜力［J］. 中国石油勘探（4）：76-85.

杨智，侯连华，陶士振，等，2015. 致密油与页岩油形成条件与"甜点区"评价［J］. 石油勘探与开发，42（5）：555-565.

姚泾利，邓秀芹，赵彦德，等，2013. 鄂尔多斯盆地延长组致密油特征［J］. 石油勘探与开发，40（2）：150-158.

张文正，杨华，彭平安，等，2009. 晚三叠世火山活动对鄂尔多斯盆地长 7 段优质烃源岩发育的影响［J］. 地球化学，38（6）：573-582.

张文正，杨华，杨奕华，等，2008. 鄂尔多斯盆地长 7 段优质烃源岩的岩石学、元素地球化学特征及发育环境［J］. 地球化学，37（1）：59-64.

张永华，刘振东，徐照营，等，2010. 王集地区复杂断裂构造带高精度三维地震成像研究［J］. 石油物探，49（6）：591-598.

赵贤正，周立宏，蒲秀刚，等，2018. 断陷盆地洼槽聚油理论的发展与勘探实践——以渤海湾盆地沧东凹陷古近系孔店组为例［J］. 石油勘探与开发，45（6）：1092-1102.

支东明，唐勇，杨智峰，等，2019. 准噶尔盆地吉木萨尔凹陷陆相页岩油地质特征与聚集机理［J］. 石油与天然气地质，40（3）：524-534.

周立宏，刘学伟，付大其，等，2019. 陆相页岩油岩石可压裂性影响因素评价与应用：以沧东凹陷孔二段为例［J］. 中国石油勘探，24（5）：670-678.

邹才能，杨智，崔景伟，等，2013. 页岩油形成机制、地质特征及发展对策［J］. 石油勘探与开发，40（1）：14-26.

Abrams M A, Gong C, Garnier C, et al, 2017. A new thermal extraction protocol to evaluate liquid rich unconventional oil in place and in-situ fluid chemistry［J］. Marine and Petroleum Geology, 88: 659-675.

Behar F, Lewan M, Lorant F, et al, 2003. Comparison of artificial maturation of lignite in hydrous and nonhydrous conditions［J］. Organic Geochemistry, 34（4）: 575-600.

Burnham A, 2017. Global chemical kinetics of fossil fuels, how to model maturation and pylyrosis［M］. Springer, 145-147.

Chen Z H, Li M W, Cao T T, et al, 2017. Hydrocarbon generation kinetics of a heterogeneous source rock system: Example from the Eocene-Oligocene Shahejie Formation, Bohai Bay Basin in eastern China［J］. Energy & Fuels, 31（12）: 13291-13304.

Chen Z H, Li M W, Cao T T, et al, 2018. Generation kinetics based method for correcting effects of expelled oils on Rock-Eval pyrolysis data: Example from Eocene Qianjiang Formation in Jianghan Basin, China［J］. International Journal of Coal Geology, 195: 84-101.

Jarvie D M, 2012. Shale resource systems for oil and gas: Part 2—shale-oil resource systems［M］. AAPG Memoir, 97: 89-119.

Li M W, Chen Z H, Cao T T, et al, 2018. Expelled oils and their impacts on Rock-Eval data interpretation, Eocene Qianjiang Formation in Jianghan Basin, China［J］. International Journal of Coal Geology, 191: 37-48.

Li M W, Chen Z H, Ma X X, et al, 2018. A numerical method for calculating total oil yield using a single routine Rock-Eval program: A case study of the Eocene Shahejie Formation in Dongying Depression, Bohai Bay Basin, China［J］. International Journal of Coal Geology, 191: 49-65.

Li M W, Chen Z H, Ma X X, et al, 2018. Shale oil resource potential and characteristics of the Eocene-Oligocene Shahejie, Jiyang Super-Depression, Bohai Bay Basin of China［J］. International Journal of Coal Geology, 204: 130-143.

Li M W, Chen Z H, Ma X X, et al, 2020. What are in S_1? A numerical method for inferring compositional characteristics of free hydrocarbons in S_1 from routine programed pyrolysis data and implications for assessing oil mobility in shale oil reservoir［J］. International Journal of Coal Geology, 217: 103321.

Li M W, Ma X X, Li Z M, et al, 2018. Emerging shale oil plays in hypersaline lacustrine Qianjiang Formation, Jianghan Basin, Central China［C］. Unconventional Resources Technology Conference（URTeC）. DOI: 10.15530/urtec-2018-2898296.

Li Z, Qian M, Li M, et al, 2017. Oil content and occurrences in low-medium mature lacustrine shales: One case from the 1st Member of Eocence-Oligocene Shehejie Formation in wells Luo-68 and Yi-21, Bonan subsag, Bohai Bay Basin, China［J］. Oil & Gas Geology, 38（3）: 448-456.

Li Z, Zou Y R, Xu X Y, et al, 2016. Adsorption of mudstone source rock for shale oil-experiments, model and a case study［J］. Organic Geochemistry, 92: 55-62.

Liu Y W, Liu X W, Lu Y X, et al, 2018. Fracture prediction approach for oil-bearing reservoirs based on AVAZ attributes in an orthorhombic medium［J］. Petroleum Science, 15（3）: 510-520.

Loucks R G, Reed R M, et al, 2012. Spectrum of pore types and networks in mudrocks and a descriptive classification for matrix-related mudrock pores［J］. AAPG Bulletin, 96（6）: 1071-1098.

Ma X X, Li M W, Pang X Q, et al, 2019. Paradox in bulk and molecular geochemical data and implications for hydrocarbon migration in the inter-salt lacustrine shale oil reservoir, Qianjiang Formation, Jianghan Basin, central China［J］. International Journal of Coal Geology, 209: 72-88.

Ma Y Y, Cao T T, Snowdon L, et al, 2017. Impact of different experimental heating rates on calculated hydrocarbon generation kinetics［J］. Energy & Fuels, 31（10）: 10378-10392.

Nan Z Y, et al , 2021. Influential factors of inclined fracture induction logging based on numerical simulation and physical experiment［J］. Exploration Geophysics, 8（2）: 1-12.

Penner S S, 1952. On the kinetics of evaporation［J］. Journal of Physical Chemistry, 56（457）: 475-479.

Romero-Sarmiento M-F, Pillot D, Letort G, et al, 2016. New Rock-Eval method for characterization of unconventional shale resource systems［J］. Oil &Gas Science and Technology, 71（37）, doi: 10.2516/ogst/2015007.

Sandvik E I, Young W A, Curry D J, 1992. Expulsion from hydrocarbon sources: The role of organic absorption［J］. Organic Geochemistry, 19（1-3）: 77-87.

Xin Nie, et al, 2020. Oil content prediction of lacustrine organic-rich shale from wireline logs: A case study of intersalt reservoirs in the Qianjiang Sag, Jianghan Basin, China［J］. Interpretation, 12（2）: 79-88.

第四章

中国页岩油地质特征与资源潜力

如第一章和第二章所述，国外页岩油勘探开发取得重大突破的领域主要是在构造发育稳定地区的古生界和中生界海相层系。但是，中国古生界富有机质海相页岩层系目前演化程度过高，页岩气勘探开发潜力大但是页岩油潜力不大。与此不同，中国中—新生界陆相地层发育多套优质烃源层系，为大庆、胜利等油区大型常规油气田提供了油源，具有寻找非常规页岩油资源的基础。因此，针对中国陆相盆地的地质特点，揭示页岩油富集机理与分布规律、研发配套适应性工程工艺技术，是实现中国陆相页岩油勘探开发规模突破的关键。

本章将通过与北美海相页岩油气的对比分析，简要阐述中国陆相页岩油地质特征与富集因素、页岩油资源潜力与时空分布、页岩油勘探开发面临的各种挑战。

第一节 中国页岩油地质特征及富集因素

一、中国与北美页岩油地质特征对比分析

北美海相页岩油勘探开发实践表明，稳定宽缓的构造背景、大面积分布的优质烃源岩、大面积分布的致密顶底板、合适的热演化程度、地质和工程"甜点"控制页岩油规模富集（Aplin 和 Macquaker，2010；Breyer 等，2012，2016；Camp 等，2013）。中国陆相沉积体系在盆地规模、构造稳定性和沉积类型上与北美海相盆地存在显著差异，进而造成中国陆相页岩油和北美海相页岩油在形成、演化和富集特征方面存在诸多差异性。表4-1列出了中国和北美代表性海陆相页岩油区带的部分石油地质关键参数。

沉积盆地中页岩油形成和富集需要稳定宽缓的构造背景。美国页岩油具有稳定的地盾与克拉通背景，在稳定地盾的背景下，沉积盆地构造演化的稳定性强。页岩油气主要分布在威利斯顿克拉通盆地和墨西哥湾海岸平原及陆棚区，盆地面积大，以上古生界和中生界为主；沉积相带分布宽缓，岩性稳定（Tyson 和 Pearson，1991；Zagorski 等，2012；Milliken 等，2012；Bunting 和 Breyer，2012；Monro 和 Breyer，2012；Ayers，2002；Manger 和 Woods，1996）。与北美海相页岩油形成条件比较，中国陆相页岩油形成的构

表 4-1 北美与中国主要盆地页岩油勘探层系地质特征对比

地区	盆地名称	盆地类型	层位	主要岩性	有利烃源岩面积/$10^4 km^2$	累计厚度/m	干酪根类型	R_o/%	TOC/%
北美	阿巴拉契亚	前陆	马塞勒斯组	海相页岩/石灰岩	11.4	10~200	II 为主	0.5~3.5	1.0~15.0
	威利斯顿	克拉通内部坳陷	巴肯组	海相页岩/石灰岩	7	5~55	I + II	0.6~1.0	7.2~14.0
	墨西哥湾	克拉通边缘	伊格尔福特组	海相泥岩/页岩	4	10~60	II 为主	0.6~1.4	3.0~10.0
	二叠	叠合	沃尔夫坎普组	海相泥岩/页岩	10	20~150	I + II	0.6~1.3	2.0~5.0
			巴奈特组	海相页岩/石灰岩	3	15~70	I + II	0.7~1.1	4.0~12.0
	丹佛	前陆	奈厄布拉勒组	海相泥灰岩	3.5	80~100	II 为主	0.7~1.4	1.6~4.7
中国	松辽	坳陷	青山口组	湖相泥页岩	5.0~6.0	100~150	I 为主	0.5~2.0	0.9~9.0
	渤海湾	裂陷	沙河街组	湖相泥页岩	5.0~10	30~1000	I 为主	0.5~2.0	1.5~10.0
	鄂尔多斯	坳陷	延长组7段	湖相泥页岩	10	10~100	I + II	0.7~1.5	2.0~20.0
	准噶尔	裂陷	二叠系	湖相泥页岩	3.0~4.0	30~200	I + II	0.6~1.6	1.2~8.9
	四川	坳陷	侏罗系	湖相泥页岩	3	80~150	I + II	0.5~1.6	0.2~3.8
	柴达木	坳陷	古近系—新近系	湖相泥页岩	1.0~3.0	100~300	II	0.5~0.9	0.4~5.5
	酒泉	裂陷	白垩系	湖相泥页岩	0.3~1	50~1000	I + II	0.5~0.8	1.0~2.5
	三塘湖	裂陷	二叠系	湖相泥页岩	0.5~1	30~400	I + II	0.6~1.3	0.1~6.0
	吐哈	坳陷	侏罗系	湖相泥页岩	0.7~1	700~1100	I + II	0.5~0.9	1.0~5.0
	江汉	裂陷	古近系	湖相泥页岩	2.8	50~650	I + II	0.5~1.2	0.5~12.0

造环境整体稳定性较差，主要表现三个方面：一是陆块小、数量多，在中国境内 37 个陆块中，华北陆块最大，扬子陆块和塔里木陆块面积次之，但华北陆块的面积也只有北美陆块的 1/12（任纪舜等，1999）；二是沉积盆地类型多、分割性和后期活动性强，受加里东、海西、印支、燕山和喜马拉雅多期构造活动的影响，中国陆块依托的各沉积盆地构造演化

153

存在较大的差异性，表现为横向上具有拉张走滑、裂陷、克拉通、陆内坳陷和前陆等盆地的东西、南北分异性，纵向上为多旋回叠置、残留叠置与单旋回盆地的演化发展的差异性，从而导致陆相页岩油分布面积的差异性和层系时代分布的差异性；三是陆相页岩油主要分布在沉积环境变化大的陆相湖盆，受盆地类型多样与活动强度控制，发育淡水湖泊、混积湖泊与咸化湖泊等多种细粒岩石沉积体系，表现为沉积体系多样、相带变化快、岩性复杂、储盖组合样式多变等特征（傅成玉等，2015；Li等，2018）。

北美在整体稳定宽缓的构造沉积背景下，烃源岩分布层系集中，岩性和沉积环境较为简单，主要发育在克拉通盆地凹陷区、海岸平原和陆棚环境的局限海滞留区，烃源岩岩性为泥灰岩、泥页岩和黑色页岩（Kelmme和Ulmishek，1991；Zagorski等，2012；Sageman等，2003；Pollastro等，2012；Donovan等，2016；Grabowski，1995；Robison，1997；Jackson和Jackson，2008；Baumgardner和Hamlin，2014；Dutton等，2005；Schenk等，2008；Sonnenberg和Weimer，1993；Gautier等，1995；Russum和Belonogov，2011）。中国陆相沉积盆地发育多种类型的优质烃源岩，主要形成于深水湖相沉积环境。与北美相比，中国陆相烃源岩具有规模小、变化大、烃源岩品质相对较差的特征，受中国区域大地构造和陆相沉积成盆环境的影响，中国页岩油主力烃源岩在时代、盆地类型、岩性和沉积环境方面都具有多样性。从时代上，从二叠系到新近系均有烃源岩分布；在盆地类型上，包括二叠纪到三叠纪的陆内坳陷盆地、侏罗纪到白垩纪的前陆盆地、中—新生代的断陷和坳陷盆地；岩性和沉积环境上，有陆相淡水、半咸水和咸化湖盆环境，形成的泥岩、泥灰岩、泥页岩、页岩和沉凝灰岩等，导致烃源岩分布规模、连续厚度、干酪根类型和不同地区页岩油资源潜力的巨大变化。

区域性优质致密岩性顶底板的存在是页岩油在烃源岩层系中富集的基本条件（Stoakes和Creaney，1984；Li等，1998）。与稳定宽缓的地盾构造沉积背景相对应，北美页岩油层系顶底板分布面积大、稳定性好。与北美相比，由于中国湖盆面积小、陆相沉积体系相带窄、相变快，导致主要烃源岩层系的区域性致密层顶底板地层分布面积整体较小，横向非均质性强。同时，在陆相湖泊细粒沉积形成的时期，当盆地周缘构造活动性强、外部物源充足时，快速沉积有利于形成粗粒的碎屑岩；外部物源缺乏时，有利于形成湖相碳酸盐岩。因此，细粒烃源岩与粗粒岩石在侧向上或者纵向上的相变，容易形成有利的源储组合，有利于烃源岩中生成的烃类向近邻储层中运移。频繁的区域构造活动和火山间歇喷发活动、气候变化和沉积环境变化等条件，有利于混积岩发育，导致湖泊沉积体系沉积类型多、岩性复杂，纵向非均质性强。咸化湖泊细粒沉积常常与盐岩和蒸发岩层伴生，形成多套盐间细粒富有机质页岩沉积韵律，有利于页岩油的富集。

烃源岩层系热演化程度控制了北美海相页岩油核心区的分布。在致密顶底板边界明确、内部常规储层不发育的优质烃源岩层系中，由于中—低成熟阶段生成的大分子烃类很难在致密烃源岩层系中流动，到目前为止，原位富集的页岩油气规模开发只在中—高成熟阶段（如伊格尔福特区带）和高—过成熟阶段（如马塞勒斯区带）烃源岩层系获得了成功。在优质烃源岩和优质常规储层呈互层或"三明治"式组合时，在正常生油窗生成的油气排烃效率高，可以就近形成源内页岩油聚集，巴肯组中段部分具有常规浮力成藏条件的致密储层中的油气就是一个很好的实例（Alexandre 等，2011）。在构造活动较为强烈的美国西部加利福尼亚古近系蒙特利组成熟烃源岩生成的油气沿地层上倾方向侧向运移，而在构造斜坡区烃源岩裂缝发育带聚集，形成裂缝型烃源岩油藏（Jarvie 等，2012）。纵观北美和中国已发现的页岩油特征，页岩油主要是烃源岩内烃类原位聚集和短距离运移形成的，大面积分布的优质烃源岩进入生油高峰阶段是页岩油富集的重要条件。此外，中国陆相烃源岩的生烃热演化动力学和烃类产物与北美海相存在巨大差异：陆相原油含蜡量高于海相原油，陆相原油裂解成气活化能也高于海相原油；陆相成烃有机质非均质性强，生烃活化能差异大；咸化湖泊有机质大量生烃阶段早于半咸水和淡水湖泊有机质。

北美页岩油"甜点区"总体分布面积大，一般为数千平方千米至上万平方千米，产量较稳定，单井初期日产 10~300t，稳定日产 20~80t（Pollastro 等，2012；Dutton 等，2005；Schenk 等，2008；Gautier 等，1995）。与北美相比，中国陆相页岩油"甜点区"分布点多、面积小，富集高产能力较差。截至目前，中国从东部的渤海湾盆地古近系沙河街组和孔店组、松辽盆地上白垩统青山口组，中部鄂尔多斯盆地中—上三叠统延长组、江汉盆地古近系潜江组，西南四川盆地侏罗系，到西部准噶尔盆地和三塘湖盆地中二叠统芦草沟组，在常规油气勘探过程中，均在陆相烃源岩层系中见到油气显示，并获得工业油流，展示了中国陆相页岩油巨大的资源潜力。

陆相沉积环境对陆相页岩油的形成具有双重影响：陆相大中型湖泊有机质丰富，有利于优质烃源岩的形成；同时，陆源碎屑沉积、生物和化学沉积以及火山碎屑沉积的复杂性，又带来了烃源岩层系的多样性和非均质性。因此，中国陆相页岩油具有独特的地质特征，主要表现在烃源岩类型多，有机质丰度高但变化大，烃源岩储层岩性复杂，厚度、分布规模和可压性变化大，页岩油流动性和饱和度受热成熟度影响大（黎茂稳等，2019）。

二、陆相页岩油形成的基本条件

中国页岩油形成的最基本特征是在陆相沉积盆地背景影响下，沉积构造特征具有明显的分期性和分带性，地台较强的活动性与地壳运动的多期性等因素，导致中国陆相页岩油形成的地质要素存在与海相明显的差异性和强非均质性。

1. 宽缓的凹陷—斜坡区是页岩油形成的有利背景

各种原型盆地内部相对稳定的地区主要是凹陷—斜坡区，如陆相坳陷盆地（鄂尔多斯盆地上三叠统、准噶尔盆地二叠系）和断陷盆地的凹陷—缓坡区（渤海湾盆地古近系），均有页岩油分布。鄂尔多斯盆地延长组原型盆地具有稳定的构造沉积背景，发育于古生界克拉通基底之上，构造活动微弱，属于坳陷湖盆宽缓斜坡—凹陷沉积背景，有利于烃源岩、区域盖层、重力流砂体和深水席状砂体大面积叠置分布。在准噶尔盆地吉木萨尔凹陷发现的二叠系芦草沟组页岩油属于坳陷盆地中央凹陷—斜坡区的湖相沉积，地层稳定展布，横向连续性好，断裂不发育，致密储层满凹分布。渤海湾盆地沙三下亚段—沙四上亚段沉积区为较稳定的较深水沉积环境，属于断陷盆地相对稳定的凹陷—缓坡区类型，因此，各大背景控制烃源岩展布，宽缓凹陷—斜坡区是陆相页岩油形成的有利背景。

2. 优质高效的烃源岩是页岩油形成的资源基础

中国陆相盆地发育多种类型的烃源岩，主要形成于深水沉积环境，以泥页岩地层为主，有机碳含量高，生烃潜力大，且大面积分布。如鄂尔多斯盆地延长组 7 段，泥岩分布面积有 50000km^2，平均厚度为 16m，最厚 60m，有机碳含量为 13.8%，生烃强度达到 $400 \times 10^4 \sim 800 \times 10^4$t/km^2。松辽盆地青山口组泥岩面积有 62000km^2，生烃强度为 $400 \times 10^4 \sim 1200 \times 10^4$t/km^2。因此，鄂尔多斯、松辽、渤海湾与准噶尔等盆地陆相沉积发育分布面积大、丰度高、生烃潜力高的优质烃源岩，为页岩油规模聚集提供了丰富的物质基础。

3. 合适的成熟度是页岩中烃类生成和滞留的必要条件

沉积有机质在热演化过程中一般要经历脱羧、热降解和热裂解等过程，只有在合适的热演化程度，烃源岩才能生成足够多的烃类，在满足烃源岩内部孔隙空间和有机质/矿物基质吸附作用之后才能开始向烃源岩层系之外排烃。一方面，烃源岩内部要在合适的成熟阶段才能有大量烃类生成并滞留；另一方面，只有在热演化达到一定程度，才能有足够多的有机酸形成对页岩储层中的矿物产生次生改造作用。烃源岩层系向外部排烃不畅，同时内部又具有足够的容纳空间，是页岩层系内部烃类滞留和富集的基本条件。从烃源岩内部烃类富集的基本要求来看，合适的成熟度既可以保障烃源岩层系内部烃类的总量，又可以保证烃类具有一定的流动性。低成熟—未成熟阶段，烃类总量偏少，流动性偏差。中—低成熟阶段，烃源岩中烃类总量较大，但流动性偏差。在中—高成熟阶段，烃源岩中仍有大量烃类聚集，同时烃类流动性较好。在高—过成熟阶段，由于烃类热裂解和天然气大量形成，有机质体积急剧膨胀，造成烃类流动性大幅增加，除非有致密顶底板，一般不利于烃源岩层系中液态烃的大量保存。

4. 大面积分布的致密页岩层系中有利储层是形成页岩油藏的关键

中国页岩油主要发育于陆相大地构造背景，页岩油储层受不同沉积盆地类型、构造活动性与沉积环境的差异性等因素控制。陆相湖盆分割性强，在凹陷—斜坡地区，构造相对稳定宽缓，有利于大面积分布的薄砂层、碳酸盐岩和混积岩形成。由于沉积环境变化、岩石类型分异、成岩作用不同和构造改造程度差异等因素，导致不同盆地、不同地区的相同和不同类型烃源岩层系非均质性较强，主要表现在岩性复杂多样与分布面积、厚度和储集性能等方面的差异性。一般而言，页岩油储层既可以是烃源岩层系中的非烃源岩夹层，也可以是富有机质纹层状岩相。同时，烃源岩层系微裂缝发育程度也可以对烃源岩储集性能和烃类滞留程度产生重要影响。

三、陆相页岩油富集因素

大量研究表明，不同类型页岩油的赋存空间、赋存状态不同（杨华和张文正，2005；陈祥等，2011；贾承造等，2012；匡立春等，2012；刘惠民等，2012；吴世强等，2013；姚泾利等，2013；邹才能等，2013；王勇等，2015；邱振等，2016；杨智等，2018；宋明水，2019；支东明等，2019），其富集主控因素有所差异。依据储集空间类型，可将陆相页岩油赋存类型划分为基质型（纯泥页岩型）、裂缝型和夹层型三种。

1. 基质型页岩油富集主控因素

1）有利岩相发育决定页岩油的主力层系

受陆相泥页岩沉积岩相变化快的影响，泥页岩岩相一词在近年页岩油勘探中常被提及，说明岩相在页岩油勘探中起着十分重要的作用，但其划分方案至今尚未统一，大部分只是利用岩石组分来命名，目前普遍在考虑岩石组分的基础上，增加了纹层发育程度和TOC这两个比较重要的参数。通过对济阳坳陷大量岩心观察、X射线衍射全岩矿物分析和显微电镜分析，依据岩石组分、纹层发育程度和TOC，将济阳坳陷主力烃源岩段泥页岩划分为富有机质纹层状泥质灰岩相、富有机质纹层状灰质泥岩相、富有机质层状泥质灰岩相、富有机质层状灰质泥岩相、富有机质块状泥岩相、含有机质纹层状泥质灰岩相、含有机质层状灰质泥岩相、含有机质块状灰质泥岩相和富有机质层状膏质泥岩相9种类型。根据系统取心井分析化验数据的岩相划分结果和刻度电成像测井资料，以成像图上的色标变化识别泥页岩岩相，进而标定常规测井资料，建立岩相精细划分模式。利用测井模型对济阳坳陷泥页岩岩相进行了详细研究，发现泥页岩出油井段大部分分布在富有机质纹层状泥质灰岩相、富有机质纹层状灰质泥岩相、富有机质层状泥质灰岩相和富有机质层状灰质泥岩相中。也就是说，页岩油主要富集在富有机质岩相中（将TOC大于2%划分为富有机质岩相），这几种岩相主要分布于沙四上亚段2砂层组和沙三下亚段2、3砂层组，岩相在一定程度上决定了页岩油的主力层系（王勇等，2015）。

2）储集性能是页岩油富集的基础

页岩油属于自生自储型富集形式，富集程度很大程度上取决于储集空间类型和物性特征。济阳坳陷主力烃源岩段泥页岩储集空间主要为方解石粒间孔、方解石晶间孔、白云石晶间孔、黏土粒间孔和粒内孔以及黄铁矿晶间孔等一些相关孔隙和顺层裂缝、构造裂缝，到目前为止，在济阳坳陷主力烃源岩泥页岩段尚未见到大量发育的有机质孔隙，这可能与研究区演化程度较低有关。研究表明，不同的岩相储集空间不同，其中富有机质纹层状泥质灰岩、富有机质纹层状灰质泥岩、富有机质层状泥质灰岩和富有机质层状灰质泥岩除发育大量黏土粒内孔和碳酸盐粒间孔外，还发育大量的层间缝，富有机质块状灰岩和富有机质块状泥岩主要发育黄铁矿晶间孔和黏土粒间孔以及生物相关的一些孔隙，膏质泥岩主要发育白云质晶间孔和硬石膏晶间孔，整体上富有机质纹层状和层状岩相的孔隙最为发育，物性也最好。通过页岩油井段产能与物性相关性统计分析，发现基质型页岩油产能与储集物性具有明显的正相关关系，具有物性越好、产能越高的特征，目前研究区页岩油井有效储层的孔隙度下限为3%。

3）异常高压是页岩油富集高产的重要因素

济阳坳陷沙四上亚段—沙三下亚段泥页岩正处于生油高峰期，受生烃增压的控制，绝大部分存在异常高压，异常压力为页岩油初次运移提供了动力，使得高压区的页岩油具有较高的产能。济阳坳陷沙四上亚段—沙三下亚段页岩层压力系数与日产油量关系表明，二者并非完全呈正相关关系，而是呈正态相关关系。分析发现这种相关关系与页岩油的赋存过程可能存在必然的联系，就页岩油富集而言，无外乎静态富集和动态富集两种方式，静态富集即页岩油生成后原地富集，也就是自生自储，这种富集往往是越富集压力越高，这与统计结果不符；动态富集即页岩油生成后发生了初次运移，这种运移导致相对可动油气富集区压力会相对下降，并非最高，这与统计结果一致。另外，这两种富集模式页岩油的赋存状态也可能不同，静态富集的页岩油可能大多呈分散状存在，不易采出，而动态富集的页岩油可能大多呈连续相态产出，以油润湿相为主，油气生成后运移过程中受到的阻力小，容易采出。

4）可动性是页岩油富集高产的关键因素

页岩油与页岩气勘探开发中最大的区别就是可动性不同，致使页岩气勘探开发过程中形成的一些理论和经验难以直接应用于页岩油勘探开发过程中。这点在北美地区页岩油评价中已有所关注，目前，北美地区页岩油与页岩气有不同的评价体系，其中最大的区别就是在页岩油评价中考虑了页岩油的可动性。通常情况下，烃类可动部分用 S_1 表示，北美地区主要的参考指标是 S_1/TOC 大于 100mg/g。依据该指标，对济阳坳陷渤南地区沙三下亚段页岩油富集层进行了标定，结果表明，该区沙三下亚段确实存在 S_1/TOC 大于 100mg/g 的层段，如罗 69 井 2990～3025m 井段。油源对比发现，与该区已产出的页岩油碳同位素组分最为接近的烃源岩对应于 S_1/TOC 大于 100mg/g 的 2990～3025m 井段（原油为罗 42 井沙三下亚段 13 砂层组页岩油，烃源岩为罗 69 井沙三下亚段烃源岩，两口井距离为 2.9km）。生物标志化合物对比结果也表明，与该区页岩油生物标志化合物最为接近的烃源岩也对应于 S_1/TOC 大于 100mg/g 的 2990～3025m 井段（原油为渤页平 1 井沙三下亚段 12 砂层组页岩油，烃源岩为罗 69 井沙三下亚段烃源岩，两口井距离为 1.98km）。也就是说，碳同位素及生物标志化合物色谱—质谱分析结果一致，均对应 S_1 最高值段，表明研究区页岩油也具有动态富集的特征，页岩油可动性研究将是该区页岩油富集评价的一个关键参数，值得加强这方面的研究。

2. 裂缝型页岩油富集主控因素

1）（微）裂缝发育控制页岩油分布

在野外露头和钻井岩心观察基础上，结合成像测井资料，对研究区目的层段泥页岩

（微）裂缝发育进行了定量研究，发现泥页岩中主要发育构造缝、层间页理缝、层面滑移缝、成岩收缩微裂缝和有机质演化异常压力缝等多种裂缝，且不同岩性（微）裂缝发育程度不同，其中纹层状岩性（微）裂缝最为发育，进一步研究发现，这几种岩性在纵向上主要分布在沙四上亚段2砂层组和3砂层组以及沙三下亚段3砂层组和4砂层组，而当前发现的页岩油也主要分布在这几个层组，表明裂缝型页岩油纵向上主要受岩性控制。这点在前期陆相断陷湖盆页岩油勘探中常被忽视，前期主要考虑与断裂距离的关系。（微）裂缝的存在在某种程度上提高了储集的有效性，极大地改善了泥页岩的渗流能力，为页岩油从基质孔隙进入井孔提供了必要的运移通道。陆相断陷湖盆（微）裂缝发育往往与断裂发育有着密切的关系。据断裂附近页岩油井统计，日产油量与断距呈明显的正比关系，而与距断层的距离呈反比关系，据此建立了研究区裂缝发育系数（断距与页岩油井距断层距离的比值）与日产油量的关系，发现二者的相关性很好，相关系数为0.89，其中裂缝发育系数大于0.2就能获得工业产能，同时发现高产井距断层的距离一般小于1.2km（研究区主要属于拉张型压力体系，裂缝主要发育在断层的上盘，因此井与断层的距离必须用上盘距井的距离），断距一般大于100m。

2）封存条件控制页岩油富集

研究区目的层段裂缝型页岩油富集区表现为异常高压，据初步统计，裂缝型页岩油高产井压力系数一般大于1.3。研究认为裂缝型页岩气富集区在烃源岩幕式排烃过程中可能起着"仓储层"的作用，高压表明封存条件好、富集程度高，低压表明封存条件较差、富集程度较低。如大95井裂缝型油藏（测井上表现为高电阻率、高声波时差、扩径、高中子、低自然伽马、低密度和具负异常的自然电位响应等特征），压力系数为1.16，日产油0.37t，该井还表现出原油密度（0.9570g/cm^3）和黏度（314mPa·s）很高的特点，均反映了油气富集区封存条件较差。

3. 夹层型页岩油富集主控因素

研究区夹层包括砂岩和碳酸盐岩两类，其中砂岩夹层型页岩油主要分布在沙三下亚段2砂层组和3砂层组，储集体主要为深水浊积岩体系；碳酸盐岩夹层型页岩油主要分布在沙四上亚段和沙一下亚段，岩性上主要分布在白云岩或泥质白云岩中，占62.6%，这可能与白云化过程中形成的大量白云石晶间孔和白云石颗粒边缘孔有关。

相对于其他类型页岩油，夹层型页岩油具有产能高且相对稳定、生产周期相对较长的特点，如义 21 井 2676.12～2764.32m 井段累计产油 10359t，累计产水 1788m³，综合含水率为 14.7%。生产共分 3 期，第 1 个周期持续 2 年半，初期产油量较高，达 48t/d，周期末降至 1t/d 左右停产；第 2 个周期持续 1 年 5 个月，初期产油量为 36t/d，至周期末降到 6.9t/d；第 3 个周期持续 4 年 2 个月，初期产油量为 4.5t/d，至周期末降到 0.1t/d。

夹层型页岩油富集主控因素为储集物性、排烃强度和异常压力，基本上与该区常规深水浊积岩和碳酸盐岩油藏的成藏主控因素一致。

第二节　中国页岩油资源及分布

一、页岩油资源评价分析

在长期的地质演化过程中，烃源岩生成了大量的油气，其中一部分油气从烃源岩中排出，另有大量油气仍残留在烃源岩层系内。根据全国第三轮油气资源评价数据，中国重点盆地主要生油层系的生油量、排油量和残留油量分别为 7851.7×10^8t、4129.67×10^8t 和 3722.10×10^8t，残留油量占生烃量的 47.4%。这些残留油就是页岩油，但由于现有技术的局限性，只能开采其中很少一部分。

页岩油资源评价的原则是评价方法要实用、操作性要强；要开展分类、分级评价；以落实可动用、可升级资源为主。评价目的是突出重点、优选"甜点"，指导勘探部署。因此，按照资源评价原则和总体要求，页岩油资源评价思路可以分为地质评价、资源量估算和分级评价三个步骤。

"十三五"期间，中国页岩油勘探开发尚处于起步阶段，多数盆地仅对页岩油层系地质评价有较好的工作基础，基本没有页岩油地质认识程度高、勘探程度高和资源探明率高的"三高"勘探先导区作为解剖刻度区，因此还无法采用国外常用的资源丰度类比法、EUR 分布类比法来开展页岩油资源量估算。第一轮页岩油资源评价时，个别油田利用小面元容积法和体积法在小范围内开展了页岩油资源估算，由于缺少合适的开采先导试验，估算结果的可信度还值得商榷。

中国石化石油勘探开发研究院研究团队在实施国家"973"项目"中国东部陆相页岩油富集机理与分布规律"研究过程中，针对渤海湾盆地和江汉盆地古近系陆相泥页岩样品进行热释烃和溶剂抽提试验，发现其中低分子量饱和烃占 8.53%～46.85%，平均占 32.8%，它们是泥页岩中最可动的组分。这一研究成果与北美多个海相页岩油单井控制的最终采收率在2%~8%之间基本相当。由此认为，页岩油采出2%、5%，甚至10%都是可能的。因此，以全国第三轮油气资源评价结果中残留油量为基数，并且采用成因法，分别乘以2%、5%、10%，来估算中国页岩油地质资源量。

按上述方法，初步估算中国陆上主要盆地页岩油地质资源量分别为 74×10^8t、186×10^8t 和 372×10^8t（表4-2）。从大区分布看，中国页岩油资源主要分布在东部地区和中西部地区，页岩油地质资源量分别为 98.27×10^8t 和 84.69×10^8t，分别占中国页

表4-2 中国陆上页岩油地质资源量估算结果统计

大区	盆地	层系	评价面积/km²	生油量/10^8t	排油量/10^8t	残留油量/10^8t	2%	5%	10%	页岩油资源丰度/$10^8t/km^2$
东部	渤海湾（陆）	古近系	123196	1446.8	505.5	941.37	18.83	47.07	94.14	3.82
	松辽	白垩系	108714	1506.07	672.46	833.61	16.67	41.68	83.36	3.83
	南襄	古近系	4600	30.27	12.12	18.15	0.36	0.91	1.81	1.97
	苏北		23844	125.1	31.96	93.14	1.86	4.66	9.31	1.95
	江汉		30996	90.78	11.74	79.04	1.58	3.95	7.90	1.28
	合计		291350	3199.02	1233.78	1965.31	39.31	98.27	196.53	3.37
西部	鄂尔多斯	三叠系	242085	2234.95	1387	847.95	16.96	42.40	84.80/油田自评135	1.75
	准噶尔	二叠系	134985	1634.53	1040.49	594.04	11.88	29.70	59.40	2.2
	吐哈	侏罗系	48000	286.43	213.839	72.59	1.45	3.63	7.26	0.76
	三塘湖	侏罗系、二叠系	2799	93.15	23.87	69.28	1.39	3.46	6.93	1.51
	柴达木	古近系—新近系	121000	272.56	162.54	110.02	2.20	5.50	11	0.45
	合计		548869	4521.62	2827.74	1693.88	33.88	84.69	169.39	1.54
南方	四川	侏罗系	121175	131.06	68.15	62.91	1.26	3.15	6.29	0.26
	合计		121175	131.06	68.15	62.91	1.26	3.15	6.29	0.26
总计			961394	7851.7	4129.67	3722.1	74.44	186.10	372.21	1.9

岩油地质资源量的52.8%和45.5%，勘探开发潜力巨大；南方地区页岩油地质资源量仅3.15×10^8t，勘探开发潜力较小。从资源丰度比较，东部页岩油资源丰度为3.373×10^8t/km²，中西部为1.54×10^8t/km²，东部页岩油勘探开发前景好于中西部。页岩油资源量相对集中在几个大型含油气盆地中，其中页岩油地质资源量大于40×10^8t的盆地有渤海湾、松辽和鄂尔多斯三大盆地，$20\times10^8\sim40\times10^8$t的盆地有准噶尔盆地。纵向上，页岩油主要分布在古近系、白垩系、三叠系和二叠系四套层系中。

综合地质条件和页岩油资源丰度分析，中国页岩油有潜力的勘探领域可以归纳为两大区、四大领域。东部地区两大领域：东部断陷盆地古近系，页岩油地质资源量为56.58×10^8t，资源丰度为3.10×10^8t/km²；松辽盆地白垩系，页岩油地质资源量为41.68×10^8t，资源丰度为3.834×10^8t/km²。中西部地区两大领域：鄂尔多斯盆地三叠系，页岩油地质资源量为42.39×10^8t，资源丰度为1.751×10^8t/km²；准噶尔—三塘湖盆地二叠系页岩油地质资源量为33.16×10^8t，资源丰度为2.41×10^8t/km²。

二、重点区带资源潜力

1. 准噶尔盆地

准噶尔盆地仅二叠系烃源岩具有丰富的页岩油资源。下二叠统风城组有机碳含量平均为1.26%，氯仿沥青"A"含量平均为0.1493%，总烃含量平均为0.0820%，S_1+S_2平均为0.73mg/g，有机质类型多为Ⅰ—Ⅱ型，处于成熟—高成熟阶段，是一套较好—好的生油岩。中二叠统芦草沟组有机碳含量平均为7.455%，氯仿沥青"A"含量平均为0.4397%，总烃含量平均为0.1132%，S_1+S_2平均为3.5mg/g，有机质类型大多为Ⅱ₁、Ⅰ型，处于低成熟—成熟阶段，是一套很好的烃源岩。中二叠统红雁池组有机碳含量为0.41%~5.18%，氯仿沥青"A"含量为0.0040%~0.4340%，总烃含量为0.0027%~0.1417%，S_1+S_2为0.06~23.7mg/g，有机质类型大多为Ⅲ型，处于低成熟—成熟阶段，是一套较好的烃源岩。中二叠统平地泉组有机碳含量平均为3.12%，氯仿沥青"A"含量平均为0.1898%，有机质类型以Ⅱ₁型为主，处于成熟—高成熟阶段，是盆地东部最重要的烃源岩层之一。

二叠系脆性矿物含量较高，下二叠统风城组脆性矿物含量最高，平均近75%，黏土矿物含量约20%；其次是中二叠统平地泉组，脆性矿物含量变化较大。

2010年以前，吉木萨尔凹陷吉17井、吉171井在芦草沟组见到良好油气显示。2010

年钻的吉 23 等 4 口井在芦草沟组获日产原油 2.13～12m³。

本次估算的页岩油地质资源量为 29.702×10⁸t，其中吉木萨尔凹陷中二叠统芦草沟组页岩油资源潜力大，是勘探开发有利地区。

2018 年，中国石油新疆油田分公司通过资源富集主控因素分析、优选和细化评价参数，运用小面元容积法计算得到上"甜点体"地质资源量为 4.85×10⁸t，下"甜点体"地质资源量为 6.27×10⁸t，合计页岩油地质资源量为 11.12×10⁸t。页岩油已成为准噶尔盆地未来油气资源接替的重要领域。

2. 三塘湖盆地

三塘湖盆地富有机质泥岩主要分布于石炭系哈尔加乌组及二叠系芦草沟组。

石炭系哈尔加乌组富有机质泥页岩层段为上、下两段，总体上厚度分布不稳定。在西部条湖凹陷，哈尔加乌组上段泥页岩有机碳含量主要在 2.0% 以上，下段泥页岩有机碳含量主要在 3.0% 以上；在马朗凹陷，哈尔加乌组上、下段泥页岩有机碳含量均主要在 3.0% 以上。镜质组反射率为 1.0%～1.3%，为生油高峰期。

二叠系芦草沟组富有机质页岩在东部最厚，大约 130m；在西部厚度整体较薄，约 70m。有机碳含量整体较高，均大于 2.0%，镜质组反射率为 0.6%～1.0%；东部马朗凹陷处于低熟—成熟阶段，西部条湖凹陷处于生油高峰阶段。

三塘湖盆地泥页岩储层储集空间类型多样，存在粒间、晶间微孔、黏土矿物基质微孔及溶蚀微孔、微裂隙、有机质生烃后残留孔等。经测试，样品孔隙度为 7%。

三塘湖盆地马朗凹陷和条湖凹陷芦草沟组部署 35 口探井，5 口出油井。以氯仿沥青"A"资料计算的含油率为 1.05t/t（油/岩石），而以密闭取心测试的含油量计算的含油率为 0.82t/t（油/岩石）。

本次估算的页岩油地质资源量为 3.464×10⁸t。条湖—马朗凹陷芦草沟组以云质岩和泥灰岩相为主，是页岩油勘探有利区。

3. 鄂尔多斯盆地页岩油资源潜力

鄂尔多斯盆地中生界页岩油资源集中在中南部地区，主要目的层 3 个。

长 7 段为最主要目的层，形成于湖盆最大扩张期，发育厚层的暗色泥岩和油页岩，厚度为 30～160m。长 7 段暗色泥岩有机碳含量为 2%～9%，S_1+S_2 平均为 8.17mg/g，氯仿沥青"A"含量平均为 0.40%；油页岩有机碳含量平均为 3.97%，S_1+S_2 平均为 16.96mg/g，氯仿沥青"A"含量平均为 1.20%；综合评价均为好的烃源岩。长 7 段泥页岩有机质类型较好，以Ⅰ型、Ⅱ₁型为主。镜质组反射率平均值为 0.71%，处于低熟—成熟阶段。长 7 段页岩脆性矿物主要为石英，含量一般为 15%～30%。

长 9 段顶部也发育一套黑色、深灰色页岩，深灰色、灰绿色、黄绿色粉砂质页岩，厚度一般为 5～20m。暗色泥岩有机碳含量为 1%～7%，S_1+S_2 平均为 2.88mg/g，氯仿沥青"A"含量平均为 0.14%；油页岩有机碳含量平均为 3.95%，S_1+S_2 平均为 13.87mg/g，氯仿沥青"A"含量平均为 0.29%；均为较好—好的烃源岩。有机质类型以Ⅱ₁、Ⅱ₂型为主。镜质组反射率为 0.78%，处于低熟—成熟阶段。长 9 段页岩脆性矿物含量低，在 20% 左右，黏土矿物以伊/蒙混层为主，其次为伊利石。

长 4+5 段总体由泥岩、粉砂岩组成，泥页岩厚度一般在 5～25m 之间，主要分布在富县—正宁—灵台之间。暗色泥岩有机碳含量为 0.20%～4.68%，S_1+S_2 平均为 2.00mg/g，氯仿沥青"A"含量平均为 0.05%，综合评价为较好烃源岩。有机质类型以Ⅱ₂型和Ⅲ型为主，少量Ⅱ₁型。镜质组反射率平均为 0.90%，处于成熟阶段。长 4+5 段页岩脆性矿物含量一般不超过 40%，其他均为泥质黏土矿物。

钻井中延长组泥页岩段也常出现气测异常，庄 167 井气测录井 CH_4 含量平均为 71.7%，C_1/C_{2+} 值平均为 2.59；庄 171 井气测录井 CH_4 含量平均为 76.0%，C_1/C_{2+} 值平均为 2.59。

初步测算，3 个层系页岩油的地质资源量为 $42.4×10^8$t。综合评价，鄂尔多斯盆地中南部是页岩油勘探开发有利目标区，首选目标层系为长 7 段。

2018 年，长庆油田分公司在地质综合研究基础上，利用体积法、类比法和 EUR 法综合对长 7 段Ⅰ+Ⅱ类页岩油地质资源量进行评价，地质资源量达到 $30×10^8$t。盆地当年提交页岩油石油探明地质储量 $1.01×10^8$t，石油控制地质储量 $4.36×10^8$t，预测地质储量 $7.37×10^8$t，三级储量达 $12.74×10^8$t，Ⅰ+Ⅱ类页岩油资源探明率仅 3.4%，盆地Ⅰ+Ⅱ类页岩油具勘探开发潜力；同时开展岩石热解法、石油醚抽提法、二氯甲烷萃取法等方法的页岩平均可动烃评价，以大于 20m 泥页岩厚度计算，综合评价Ⅲ+Ⅳ类页岩油地质资源量达 $105×10^8$t。

4. 松辽盆地页岩油资源潜力

松辽盆地面积为 $26×10^4km^2$，主要有以下 3 个页岩油勘探领域。

1）齐家—古龙凹陷

富有机质泥页岩主要发育在青山口组一段和嫩江组一段。青一段在盆地中央坳陷区几乎全部为暗色泥岩，有效厚度为20～45m，平均厚度为32m；嫩一段暗色泥页岩发育，在全盆地稳定分布，有效厚度为13～24m，平均厚度为18m。嫩一段和青一段的有机碳含量绝大部分大于1%，以Ⅰ型和Ⅱ$_1$型为主，镜质组反射率为0.5%～1.3%，有利于页岩油生成。青一段和嫩一段泥岩脆性矿物含量较高，如青一段钙质含量为5%～20%，长英质含量为40%～70%，黏土矿物含量小于40%。近两年钻探的齐平1井、齐平2井及老井杏91井压裂后分别日产油10.2t、38t、2.58t。

2）长岭断陷

青山口组和嫩江组是最主要的泥页岩层段。嫩一段、嫩二段泥页岩基本全区分布，泥页岩厚度一般为30～100m；青一段顶部含油气泥页岩主要分布在东北深洼部位，厚度为10～40m。嫩一段有机碳含量均在2.5%以上，有机质类型以Ⅰ型为主；嫩二段有机碳含量为0.8%～2.0%，有机质类型以Ⅱ$_1$型为主；青一段顶部泥页岩有机碳含量也多达到1.0%以上，有机质类型以Ⅱ$_1$型为主。3套泥页岩均处于生油高峰阶段。嫩江组矿物组成：石英27.50%～39.80%，钾长石5.60%～6.80%，钠长石18.20%～22.00%，伊利石12.10%～23.50%，蒙皂石12.40%～15.40%，黏土矿物35.90%～38.80%，脆性较高。青山口组矿物组成：石英12.20%～28.80%，钠长石17.80%～37.50%，伊利石12.70%～36.40%，蒙皂石7.80%～15.70%，绿泥石0～15.90%，黏土矿物28.40%～63.20%。11口老井复查，发现嫩江组油斑、油迹显示。

3）梨树断陷

营一段上、下和沙河子组上部各发育一套含油气泥页岩段。3套泥页岩厚度均较大，主要在30～150m之间。有机碳含量分布在0.5%～2.0%之间，有机质类型以Ⅱ$_2$型和Ⅲ型为主；泥页岩处于生油阶段。苏家屯地区泥页岩黏土矿物含量为39.6%～65.8%，脆性矿物含量为32.1%～50.5%，平均为43.3%，岩石可压裂性较好。苏2井营一段气测全烃为100%，甲烷为89.397%，具有油层的特征。

本次估算松辽盆地白垩系页岩油地质资源量为41.68×10^8t。综合评价，松北地区页岩油勘探开发应首选齐家—古龙、大庆—长垣地区，松南长岭凹陷也可以作为下一步的重点目标。

中国地质调查局油气资源调查中心最新的研究成果认为：古龙凹陷及相邻的龙虎

泡阶地青山口组暗色泥岩分布面积大，热演化程度相对较高，泥页岩滞留烃含量高，发育异常高压，页岩油保存条件好，页岩油资源期望值在4个凹陷中居首，地质资源量为$20\times10^8\sim30\times10^8$t，页岩油有利区主要分布在古龙凹陷北部、中部及南部大部地区，仅在凹陷西部，由于离物源区较近，沉积相带变粗，泥页岩欠发育；长岭凹陷及相邻大安阶地也具有与古龙凹陷相近的页岩油富集有利条件，地质资源量为$20\times10^8\sim25\times10^8$t，页岩油有利区主要分布在凹陷北部的大安—龙虎泡地区和凹陷中部的乾安洼陷区；齐家凹陷由于面积相对较小，资源期望相对较低，地质资源量为$10\times10^8\sim20\times10^8$t，有利区主要分布在凹陷南部；三肇凹陷暗色泥岩分布稳定且厚度大，但是由于埋藏深度相对较浅，有机质演化程度较低，页岩油有利分布面积相对局限，资源期望较低，地质资源量为$10\times10^8\sim20\times10^8$t，有利区主要分布在凹陷中部。

5. 渤海湾盆地

渤海湾盆地陆地部分总面积为13.9×10^4km^2，最有利的页岩油气层系是古近系沙三段、沙四段。沙三段烃源岩厚度大、分布最广，是最好的生油层系；沙四段烃源岩主要分布在济阳坳陷、辽河坳陷和临清坳陷东濮凹陷。暗色泥岩厚度一般大于100m，局部超过1000m，单层厚度一般超过10m，局部大于30m。

渤海湾盆地古近系泥页岩有机碳含量高。济阳坳陷普遍较高，主体为2%~5%，最高为16.7%；黄骅坳陷、辽河坳陷高至中等，主体分别为0.5%~4.5%和1.5%~3.5%；东濮凹陷中等，主体为0.5%~3%；冀中坳陷普遍较低，主体为0.5%~2.0%。有机质类型多样，济阳坳陷为腐泥型，其余坳陷以过渡型为主。成熟度不高，主体处于生油高峰阶段。

古近系泥页岩储集空间类型为晶间孔、微孔隙与裂缝，纳米级孔隙发育。微孔类型以黏土微孔为主，其次为碳酸盐矿物晶间微孔、有机质微孔、溶蚀孔等。裂缝类型以构造缝、层间缝、高压破裂缝为主。泥页岩属于低孔低渗，如沾化凹陷孔隙度平均为5.04%，渗透率一般小于10mD。泥页岩的石英、碳酸盐含量普遍较高，如济阳坳陷石英+碳酸盐含量一般为40%~83%，黏土矿物含量低于50%，有少量的伊/蒙混层，具较好的可压裂性。

渤海湾盆地许多探井的古近系泥页岩试获工业油气流。至2011年底，济阳坳陷30余口井获工业油气流。东濮凹陷、辽河坳陷古近系泥页岩油气显示井和工业油流井也较多，展示了良好的页岩油勘探开发前景。

渤海湾盆地陆上古近系5个坳陷残留烃量为941.37×10^8t，按2%、5%、10%分别估算页岩油地质资源量，其中5%页岩油地质资源量为47.07×10^8t。综合评价认为，济阳坳陷沾化凹陷的沙三段，东营凹陷的沙三段、沙四段，辽河坳陷西部凹陷的沙四段，临清坳陷东濮凹陷的沙三段最为有利。

"973"项目实施过程中，已在济阳坳陷落实了3凹（东营凹陷、沾化凹陷、车镇凹陷）3层（沙四上亚段、沙三下亚段、沙一段）有利区带，预测一类"甜点"展布面积为1155km^2，预测地质资源量为4.62×10^8t；预测二类"甜点"展布面积为2655km^2，预测地质资源量为7.62×10^8t（黎茂稳等，2018）；辽河油田探区沙三段、沙四段页岩油预测地质资源量为7.66×10^8t；大港油田沧东凹陷孔二段页岩油地质资源量达8.24×10^8t（赵贤政等，2018）。

6. 苏北盆地

苏北盆地发育阜二段、阜四段优质泥页岩，其中阜二段泥页岩东厚西薄，最厚350m，有机碳含量为0.5%～2.0%，平均为1.44%；阜四段烃源岩主要分布在金湖凹陷、高邮凹陷及溱潼凹陷，最厚达500m以上，有机碳含量一般大于1.0%，氯仿沥青"A"含量一般大于0.05%。有机质类型以Ⅰ型和Ⅱ$_1$型为主。烃源岩大部分处于低成熟阶段。

阜二段黏土矿物含量为35.8%，碳酸盐矿物含量为33.9%，石英含量为17.4%，方沸石含量为8.5%；阜四段黏土矿物含量为47.1%，石英为25.0%，碳酸盐矿物含量为20.2%，长石为6.8%。二者整体脆性矿物含量均较高，压裂造缝条件好。

阜二段和阜四段泥页岩层系中油气显示丰富，有67口井见油气显示，有多口探井试获原油，其中盐城1井在阜二段试获原油36.83m^3/d，黄20井在阜四段试获原油初始日产11.65t，证实该区泥页岩油勘探潜力巨大。

本次估算的苏北盆地古近系页岩油地质资源量为4.66×10^8t。综合分析，高邮凹陷深凹带阜四段上部和盐城凹陷南洋次凹深洼带阜二段下部页岩油气形成条件相对较好，是勘探有利目标区。

7. 南襄盆地

南襄盆地主要页岩油目的层为核桃园组二段至三段上部。泌阳凹陷核三段各砂层组泥岩厚度为120～160m，核二段各砂层组泥岩最厚达到120m。南阳凹陷泥页岩主要分布在南部深洼带，泥岩厚度多在100m以上。

泌阳凹陷核桃园组泥岩有机碳含量为0.25%~2.7%，平均为1.12%；干酪根类型以II_1型为主，II_2型次之；有机质处于成熟—高成熟阶段。南阳凹陷核桃园组有机碳含量为0.10%~3.62%，平均为0.62%；干酪根类型以混合型为主，演化程度不高，处于成熟阶段。

泌阳凹陷页岩石英、碳酸盐、长石等脆性矿物含量高达66%~69.9%，层理、天然微裂缝较发育，可压性好。页岩微孔隙发育，主要以晶间孔的形式存在。南阳凹陷红12井脆性矿物含量为55.7%，黏土矿物含量为40%，具有一定的可压性。

泌阳凹陷深洼区多口井核二段、核三段泥页岩均见到显示，安深1井核三段3亚段页岩段大型压裂日产油4.68m³，泌页HF1井分段压裂日产油22.5m³。南阳凹陷10口井在泥页岩钻井过程中气测异常明显，红12井测试日产油2.58t。

南襄盆地估算的页岩油地质资源量为0.91×10^8t，其中泌阳凹陷资源潜力相对较大，已经有井获工业油流，核三段是主要的页岩油勘探开发目标。

8. 江汉盆地

江汉盆地有新沟嘴组下段、潜江组两套高效烃源岩层系。潜江组烃源岩厚度一般为200~1200m，有机碳含量一般为1.0%~2.0%，有机质以Ⅰ、Ⅱ型为主，镜质组反射率一般为0.65%~1.65%，处于低成熟—高成熟阶段。新沟嘴组烃源岩厚度为100~150m，有机碳含量一般为0.8%~1.4%，有机质以Ⅰ、Ⅱ型为主，镜质组反射率一般为0.8%~2.0%，处于成熟—高成熟阶段。

潜江组泥页岩脆性矿物含量一般大于70%，可压性好。主要储集空间为碳酸盐岩溶蚀孔，其次为钙芒硝晶间孔、溶蚀孔和层理缝，孔隙度平均为13.9%，渗透率一般为0.129~94mD。

2018年底，共有128口井钻遇泥页岩时见槽面油花以上油气显示，其中获工业油流井45口，初期日喷千吨油井3口。

江汉盆地古近系估算页岩油地质资源量为3.95×10^8t。目前综合评价认为，潜江凹陷潜江组是页岩油有利的勘探地区和层系，其中潜3^4—10韵律按单层厚度≥8m、TOC≥2.0%、R_o≥0.7%、S_1≥5mg/g、脆性指数≥40%的评价标准，进一步明确了有利区面积为247km²，预测储量为1.13×10^8t。在有利区范围内，按密度小于2.55g/cm³圈定

"甜点区"，面积为98km²，预测储量为4515×10⁴t。同时，利用地震资料初步落实蚌湖向斜南坡潜四段下部6、15、27、28、29韵律可靠分布面积为50km²，初步估算地质资源量为10108.9×10⁴t。

9. 四川盆地

受三期湖侵影响，四川盆地侏罗系发育东岳庙一亚段、大安寨二亚段及凉高山组二段3套富有机质泥页岩。涪陵地区凉二段4小层、东岳庙一亚段页岩厚度相对较大，品质好，是勘探最有利层系。阆中、元坝中南部地区大安寨二亚段页岩相对较厚，为较有利层系，阆中厚度更大、TOC更高，涪陵分布相对局限。普光、元坝地区凉高山组页岩品质较好，具备商业勘探开发的潜力，为较有利层系，普光地区热演化程度高，有利于页岩油气的产出。阆中地区东岳庙一亚段页岩厚度大、TOC含量高，为较有利层系。岩性组分中黏土矿物含量高（一般为50%），硅质含量低（一般小于40%），伊/蒙混层含量高（36%～47%）。东岳庙、大安寨碳酸盐矿物含量较高（一般为10%～35%）。热演化程度介于1.2%～2.0%，油气藏类型主要为挥发性油气藏—凝析油气藏—湿气气藏之间的过渡类型。

半深湖—深湖相页岩是侏罗系陆相页岩油气富集的基础。半深湖相页岩TOC、孔隙度、含气量均高于浅湖相泥页岩，黑色泥页岩TOC、孔隙度、含气量高于粉砂质泥页岩、泥质粉砂岩、粉砂岩和细砂岩。纯页岩型及夹纹层或薄层的页岩型为侏罗系较有利岩性组合。半深湖—深湖相纯页岩及夹纹层的页岩具有高TOC、高孔隙度、高含气量耦合特征，为较有利岩性组合类型。

保存条件好、气层超压是侏罗系陆相页岩油气富集高产的关键。涪陵地区发育大型宽缓向斜，远离剥蚀区的稳定向斜区，埋深适中（2000～3000m），保存条件好，压力系数高，普遍大于1.2，有利于高产。元坝地区处于川北低缓褶皱带，后期构造抬升弱，构造平缓，千佛崖—大安寨—东岳庙为封闭流体压力系统，埋深介于3500～4000m，保存条件好，压力系数高。

微裂缝发育有利于侏罗系陆相页岩油气富集高产。陆相页岩天然裂缝不仅增加了储集空间，而且沟通了无机、有机孔隙，有利于页岩油气富集。平昌地区主要受大巴山挤压运动影响，产生一系列北西向断裂，排列较密集。

中国石油平安1井导眼井钻遇两套气侵层：一是凉高山组2973～2976m（钻井液

密度 1.67g/cm³）发生气侵，全烃最大 100%，点火火焰最高 18m；二是大安寨段在 3164～3167m（钻井液密度 1.87g/cm³）取心钻进时发生气侵，全烃最大 86.6%，钻井液密度提至 1.93g/cm³ 才平衡住气藏，预测压力系数 1.90。

烃类相态是四川盆地侏罗系富集高产的重要地质因素。热成熟度主要介于 1.2%～1.71%，正处于生油气高峰期。有机质类型和热演化程度影响流体性质、气油比，决定了油气藏类型及可开采性。初步估算的四川盆地侏罗系页岩油地质资源量为 3.15×10^8t。

第三节　中国页岩油勘探开发面临的挑战

正如前述，与美国相比，中国陆相沉积体系在盆地规模、构造稳定性和沉积类型上与北美海相盆地存在显著差异。由于地质条件差异巨大，在前期的勘探开发实践中，采用美国设计理念、美国技术开展的页岩油专探井基本以失利告终。中国陆相页岩油勘探开发突破面临着更大的挑战，主要表现在 4 个方面。

一、资源禀赋的挑战

美国页岩油开发实践表明，烃源岩层系热演化程度控制了北美海相页岩油核心区的分布。到目前为止，美国页岩油气规模开发只在中—高成熟阶段（如伊格尔福特区带）和高—过成熟阶段（如马塞勒斯区带）烃源岩层系获得了成功，在中—低成熟度页岩油上没有实现突破。中国陆相页岩油资源禀赋决定了勘探开发难度更大，挑战更多。

（1）对中国陆相页岩油能否商业开采以及形成的规模认识差异大。目前对中国陆相页岩油资源潜力巨大有共识，但是对中国页岩油资源潜力究竟有多大、能否规模有效开发，在业界还远未达成共识，是当前面临的最大挑战。

（2）中国陆相页岩油大部分资源为中—低成熟度页岩油，目前没有成熟技术可以动用这部分资源。由于成熟度低，有机质还没有完全转化为页岩油气，已经转化的部分也具有气体生成量少、原油黏度高的特点，这些特征造成地层驱动能量不足，页岩油流动困难，依靠现有的水平井多分段压裂技术难以实现效益开发。因此，要实现中—低成熟度页岩油资源的有效动用，必须依靠技术创新，发展能够使地层油气改善品质、使有机质加快转化为油气采出的新一代工程技术。

（3）中国中—高成熟度陆相页岩油经济有效动用难度大，需要针对陆相页岩油特点开展技术攻关。与美国海相资源相比，中国陆相页岩沉积相变快，非均质性强，储层单层厚度薄；陆相页岩油储层塑性强，地层压开难度大，人工裂缝波及体积小；储层黏土含量高，水敏性强，容易对储层造成伤害；压力系数为常压或低压的储层多，驱动能量不足，产量递减快；页岩油黏度大，含蜡量高，流动性能不好。前期实践中，普遍存在储层"压不开、撑不住、流不动"的问题，产量递减很快，没有稳定的经济产能。因此，需要研究适应陆相页岩油储层特点的水力压裂、无水压裂和增能开发等技术。

二、工程技术的挑战

美国针对中—高成熟度海相页岩油资源，已经形成了比较完善的选区评价、"甜点"预测、水平井多分段压裂开发技术，代表了世界领先水平。但对中—低成熟度页岩油资源，没有形成主体技术，基本上没有动用。

中国初步形成了针对陆相储层特点的选区评价、"甜点"预测、水平井多分段压裂主体技术，探索了无水压裂技术，"十三五"以来，在认识和实践上取得了较大突破。但总体上，中国尚处于前期研究和先导试验阶段，在技术上与美国相比，还存在着较大差距。现有技术不能够满足勘探开发的需求，主要体现在以下几个方面。

1. 选区与"甜点"评价技术的挑战

目前，美国已经有了比较完善的地质—地球物理—岩石力学—盆地演化模拟四结合的"甜点"预测方法。通过地质研究、盆地模拟，寻找区域地质"甜点"，再结合岩石力学研究寻找工程"甜点"布井。流程为地震解释、地质研究、盆地模拟、地应力分析、天然裂缝分析来定位地质"甜点"和工程"甜点"，布井后用更新的资料进行储层表征，接着进行流动模拟、DFN建模来指导完井设计，用微地震资料进行压裂拟合和综合评价每级甚至每一簇的压裂效果，然后用Femstress软件进行多井干扰分析，最后确定合理井网密度。中国开展了地质、地球物理、岩石力学等多个领域的基础研究和技术攻关工作，在陆相储层页岩油赋存富集的关键因素上取得了重要认识，在评价和实验技术上取得了一些突破，针对陆相页岩油"甜点"分布形成了预测模块。但还没有形成技术体系，大部分研究成果还没有经过实践验证，技术总体上处于研发和试验阶段。

2. 钻完井工程技术的挑战

中国与美国相比，在页岩油水平井钻完井技术上存在较大差距，不能满足勘探开发的需要。

美国近几年重点发展了"一趟钻"、超长水平段等技术，钻井速度大幅度提升，钻井周期大幅度缩短，钻井成本得到有效控制。例如，斯伦贝谢公司采用Orbit（旋转导向）+TelepacerMWD+Motor（动力螺杆技术及斧型PDC钻头），使造斜段+水平段"一趟钻"成为常态。在二叠盆地Reagan县沃尔夫坎普组上段的"一趟钻"进尺达到4419m，钻速36m/h。2017年在尤蒂卡（Utica）所钻超长水平井，水平段长5800~6300m，全部实现"一趟钻"。美国在水平段长度越来越长的情况下，钻井速度也越来越快。以二叠盆地为例，2014年水平段长度1200m，钻井速度一般为15~30m/h；2017年在水平段长度2400~3600m下，钻井速度一般为24~55m/h。

中国针对页岩油勘探开发的钻井数量少，目前还没有代表性。针对页岩气储层，开展了大量的钻完井工作，形成了3500m以浅页岩气水平井优快钻井技术，但是在"一趟钻"能力和完成比例上与美国差距大。目前，中国页岩气水平段"一趟钻"能力为1500~2000m，主要采用美国的旋转导向技术，在优快钻井的关键技术上存在技术瓶颈，现有技术不能够满足页岩油高效开发要求。在钻井速度上也与美国差距大，对一口井身长度5000多米的页岩油水平井，美国7~10d可以钻完1口井，中国一般需要30d以上才能钻完。

美国在页岩油上还积极尝试了多分支钻完井技术，取得了较好的产量。桑德里奇能源（SandRidge Energy）公司在密西西比石灰岩区域尝试多分支水平井钻完井技术，成功完成了双分支、三分支水平井和上下叠加分支水平井等20多口多分支水平井施工。多分支井的完井工艺多采用裸眼封隔器系统和化学封隔器/滑套工具系统，目前95%的完井方式采用裸眼封隔器系统。化学封隔器采用一种临时凝胶液代替永久性水泥环，与滑套工具配合使用。中国在页岩油气上还没有开展相关现场试验工作。

美国近几年大力发展超级井场技术，单位面积钻井数量大增。2010年，每个井场钻井数量一般为4口水平井，2015年每个井场6口水平井成为常态，2016年发展到16口井，2017年开始出现5层分布的超级井场，1个井场达到64口水平井。中国一个井场水平井钻井数量一般为2~6口井，技术上还有很大的发展空间。

3. 水平井多分段压裂技术的挑战

美国引领了页岩油气水平井压裂技术的发展，中国总体上借鉴美国技术和经验，针对陆相特点开展了针对性攻关,进行了小规模现场试验。从技术指标上看,由于以美国技术指标为参照对象进行设计,中国在最高指标上与美国差距不大,但主体技术处于现场试验阶段,成熟度不高,关键软件依赖进口,工程成本高,经济效益差。以新疆油田为例,主要指标见表4-3。

表 4-3 国内外非常规资源水平井开发技术参数对比

内容	北美地区指标	吉木萨尔页岩油指标参数 现阶段	吉木萨尔页岩油指标参数 预期	现阶段中国指标参数 最高指标	现阶段中国指标参数 所属单位
水平井井距 /m	90～200	260～300	200～260	100	吐哈油田
水平段长 /m	2000～3500	1200～1800	1200～2500	3065	涪陵页岩气田
水平井分段数 / 段	50～100	25～40	30～60	45	浙江油田
段内射孔簇数 / 簇	6～10	3	4～6	6	西南油气田
施工排量 /（m³/min）	11～22	14	15	20	西南油气田
压裂液量 /（m³/m）	20～40	30	35～40	88059（总量 /m³）	浙江油田
支撑剂量 /（m³/m）	2.0～3.5	2.0	2.0～2.5	4402（总量 /m³）	长庆油田

从平均水平分析,中国与美国差距大。在水平井水平段长度上,美国页岩油水平井水平段长度普遍达到了 3000m 以上,中国新钻页岩油水平井水平段长度一般为 1500m 左右。为了发挥水平井高效、高产的优势,增加泄油面积,降低桶油成本,美国各区块不断尝试加长水平段长度,探索经济长度界限。总体来看,与 2010 年相比,经济水平段长度基本增长了 1 倍以上。

在水平井多分段压裂的关键指标——分段数和射孔簇数上,中国与美国相比,差距大。美国呈现分段数和簇数越来越多的趋势,页岩油水平井分段数普遍达到了 40 段以上,射孔簇数达到了 8～10 簇;中国在页岩油气水平井压裂中,分段数平均在 20 段左右,射孔簇数为 3～5 簇。

在低成本压裂技术和压裂材料的研究上,美国也大幅度领先其他国家。压裂液普遍采用低成本的滑溜水压裂液体系,支撑剂普遍采用天然石英砂,用量与 2014 年相比,普遍翻了一番以上,效果大幅度提升。中国针对陆相页岩油,尚未形成低成本技术和材料体系。

以康休公司（Concho Resources）在博恩斯普林页岩区的压裂为例:平均水平井射孔

长度由 2014 年的 1468m 增加到 2017 年的 2275m，增加了 55%；平均段数增加 2 倍多，由 2014 年的 15 段增加至 2017 年的 47 段；同时也减少了段间距，从 2014 年的 101m 减少至 2017 年的 51m；每段加砂量从 2014 年的 1143514kg 增加至 2017 年的 1989714kg，增加了 74%；压裂液基本采用滑溜水，凝胶量占总注入流体量比例从 2014 年的 62% 减少至 2017 年的 10%，减少了 52 个百分点；支撑剂从使用树脂覆膜砂为主转变为天然石英砂，使用天然石英砂的比例达到了 93.8%；统计最终可采储量从 2014 年的 4.48×10^8 boe 增加到 2017 年的 12.21×10^8 boe。

4. 中—低成熟度页岩油有效开发技术的挑战

目前，世界上还没有可靠的技术可以有效动用中—低成熟度页岩油资源，急需加大攻关力度，尽快实现技术突破。国内外目前倾向于借鉴采用油页岩原位加热技术来提高页岩油资源的动用程度。通过地下加热技术使油页岩由固体原位转化成油气开采出来，相当于建设一座"地下炼油厂"，生产的油气品质高。作为一项颠覆性、革命性的技术，美国、中国和以色列进行过小范围的现场开采试验，技术处于原型设计和探索初期。其潜在价值极大，对油页岩、稠油、油砂、中—低成熟度页岩油等资源领域，可以显著改善地下原油品质，大幅度提高原油流动性，使地下油气采出量提高 2~3 倍。

在国际上，壳牌等公司通过多年攻关，初步形成了储层电加热等技术。该项技术主要针对油页岩开展了现场试验，在美国科罗拉多绿河现场试验了 8 次，约旦现场试验了 1 次，实现了轻质油气的采出。中国于 2018 年成立了国家油页岩开采研发中心，系统地研究高效加热机理及技术、油气转化过程及控制技术等，已经针对油页岩开展了 2 次小规模现场试验，采出了油页岩油气，目前正在扩大现场试验中。中国石油、中国石化等单位研究认为，以高效地层加热为代表的储层原位改质技术具有颠覆性，能够大幅度提高页岩油采收率，可以有效动用中国中—低成熟度页岩油资源。

中国需要围绕着储层加热等技术瓶颈，探索加热工艺的可行性和降低能耗的技术措施，提高经济效益；探索原位热解增效技术，预测油气生成量及品质，建立原位开采系统模拟平台；形成加热工艺、热解增效技术为一体的关键技术体系，实现页岩油经济有效开发。

三、低油价的挑战

随着美国页岩油产量的迅速增加，在很大程度上改变了世界原油供给的市场格局，直接推动了原油价格的大幅度下降。自2014年下半年以来一直到2021年，原油价格始终在低位徘徊。页岩革命推动了世界范围的低油价，反过来又深刻地影响着页岩油产业自身的发展，尤其制约了美国以外国家页岩油产业的发展。由于这些国家在资源禀赋、技术水平、融资环境等方面与美国相比有差距，在低油价环境下，造成页岩油产业投入不足，技术攻关不够，后续发展乏力，与美国的差距越来越大。较长时期的低油价，为大型跨国公司充分研究世界页岩油等资源提供了重要的战略期，为长远布局能源产业奠定了基础。中国需要作为国家战略的一部分，认真研究发展的策略和措施。

（1）原油价格是影响页岩油资源能否有效经济动用的主导因素之一。油价和技术水平将决定页岩油产业的规模。按照EIA的预测，在基准情景下，随着油价复苏和成本降低，2040年之前美国页岩油产量都将保持稳定增长态势，最高可接近 $800 \times 10^4 bbl/d$。在高油气资源与技术情景下，即基于具有较高的单井EUR、较大的页岩油资源基础和长期的技术进步的前提下，页岩油产量将呈快速增长态势，到2050年页岩油产量将达到 $1200 \times 10^4 bbl/d$ 的水平，美国石油总产量也将增至 $1800 \times 10^4 bbl/d$，页岩油约占美国原油总产量的2/3。在低油气资源与技术情景下，即低于基准情景的预期，页岩油产量在预测区间内先呈短期增长，在2025年前后达到峰值，然后进入较长期的下降通道，2030年之后页岩油产量不足美国原油产量的一半，也导致美国原油产量呈下降趋势，到2050年美国原油产量将低于目前水平。不同机构的预测趋势基本一致。

（2）美国页岩油具有比较显著的成本优势，具有抵御低油价风险的较好能力。根据中国石化调研组对巴肯油区企业页岩油完全成本的分析，目前在北达科他州巴肯页岩区从事页岩油生产的勘探开发完全成本为40~50美元/bbl，如果将公司的矿权购置成本、股东分红、融资利息等计入，成本为50~60美元/bbl，如果原油价格长期低于55美元/bbl，大部分公司产能将受到极大的限制，页岩油产量难以增长。如果油价大于65美元/bbl，页岩油企业将有比较大的动能，加快页岩油产业规模，实现可持续发展。

（3）中国处于技术突破关键时期，与美国技术突破初期一样，成本高，抵御低油价风险能力弱。中国陆相页岩油尚处于新一轮科技攻关阶段，中国石油和中国石化在三塘湖盆地、吉木萨尔凹陷、鄂尔多斯盆地、济阳坳陷、潜江凹陷等区域进行了试采和小规模产能建设，2019年总产量超过了 $100 \times 10^4 t$。综合成本基本上在70美元/bbl以上，部分达到110美元/bbl以上。在国际油价长期低于65美元/bbl的低油价环境下，试采期间显著的高成本已经严重影响了页岩油产业发展的积极性，需要国家层面加强统筹，加大技术攻关力度，制定产业发展优惠政策，通过技术进步显著降低成本，通过产业规划促进产业健康发展。随着技术的进步和产业扶持政策的到位，中国页岩油开采成本必将如美国实践一样，实现大幅度下降，达到经济开采的门槛，从而推动页岩油成为具有战略意义的重要油气接替资源，达到年产千万吨级以上的水平，为国家能源安全作出重大贡献。

四、体制机制的挑战

中国页岩油产业还处在起步阶段，促进其发展不仅需要政策的支持，也需要体制改革和市场机制的完善。目前，无论政策层面还是体制机制都还难以适应页岩油产业发展的需要。

（1）美国和加拿大等国家开发页岩油的实践表明，财税政策是这些国家成功推行页岩油气等非常规油气资源商业化开采的重要因素。例如，美国《原油暴利税法》规定，1980—1992年钻探的非常规油气可享受每桶油当量3美元的税收津贴，后续的立法又将期限推迟了两次和3年；1990年的《税收分配的综合协调法案》和1992年的《能源税收法案》均扩展了非常规能源的补贴范围；1997年的《纳税人减负法案》延续了替代能源的税收补贴政策。对2006年投入运营用于生产非常规能源的油气井，可在2006—2010年享受每吨（或热量等价）22.05美元的补贴；《美国2005年能源法案》规定，10年内政府每年投资4500万美元用于包括页岩气在内的非常规天然气研发。从20世纪80年代开始，美国先后投入60多亿美元进行包括页岩气在内的非常规油气开发，其中用于培训和研究的费用约为20亿美元。在20世纪90年代后期，还专门设立了非常规油气资源研究基金。除联邦当局的税收减免政策外，地方政府也制定了相应的税收减免政策。美国对页岩气的税收减免政策实行了23年，这些政策的出台极大地调动了企业的积极性，促进了页岩气产量的连续增长。

（2）中国对页岩油产业缺乏相应的财税支持政策。由于中国页岩油资源地质条件复杂，勘探开发难度大，而且页岩油的勘探开发又处于起步阶段，投资大、成本高、风险高是这一阶段的显著特点，需要积极有效的政策支持。目前，对煤层气和页岩气的非常规油气资源开发制定了相关的财税政策，但是对页岩油资源勘探开发还缺乏专门的财税支持政策。页岩油除了能够享受油气资源行业一般性的税收优惠政策外，既没有对页岩油的勘探和开发给予一定的财政补贴，也没有对其开采从资源税、进口税收政策方面给予优惠，且页岩油等非常规石油还需要与常规石油一样按照统一的标准缴纳石油特别收益金。要求页岩油资源按照常规油气资源的税费制度缴纳税费，将加重石油企业的负担和减少利润，这导致企业对页岩油资源勘探开发的积极性普遍不高，进而阻碍了页岩油资源的开发进程，不利于页岩油资源产业的有效发展。

（3）中国在促进页岩油等新兴产业发展方面需要完善体制机制。美国页岩油气商业化的成功，很大程度是由于产业初期较低市场准入门槛，鼓励中小公司不竭地推动技术革新，促进了相关技术的进步，有效推动了页岩油气产业高速、规模发展。另外，在开放竞争的环境下，美国培育了大量的页岩油气专业化技术服务公司，鼓励其自主创新，以满足不断增加的勘探开发难度和技术需求。长期、稳定的财税扶持政策调动了勘探开发及相关产业投资者的热情，完善的配套资金及良好的科技创新环境为投资利润的增加创造了条件，正是二者的相互结合和补充在很大程度上推动美国页岩油气产业的健康、高速成长。中国现有的油气资源管理体制不适应页岩油开发的需要，特别是以原有的矿权区块为依据设置页岩油气资源的矿权，其他企业很难再进入这一领域，这一体制也制约了页岩油开发。

尽管目前中国初步建立了油气地质资料和信息共享机制，但是该机制尚不完善，难以切实应用，且缺乏相关的监管，这也是制约企业（尤其民营企业）参与页岩油勘探开发的问题。当页岩油气勘探开发进入中长期以后，特别是当越来越多的非传统油气企业、中小石油企业进入页岩油气开发后，不完善的信息共享机制可能会造成勘探开发工作的重复性投入，直接影响页岩油气勘探开发的效率和成本。

油气产业监管缺位、政府监管机构不协调也是影响中国页岩油气产业健康发展面临的问题。随着页岩油气产业的不断发展和投资主体的进入，页岩油气产业对政府监管能力提出了巨大的挑战，涉及采矿权、生产、环境和市场等多个方面。目前，中国页岩油气产业政府监管力量薄弱，体系不健全，一些相关标准和规范仍为空白。以环境监管为例，一方面，中国目前仍没有专门针对页岩油气的环境管理方面的污染排放标准；另一方面，页岩油气项目环境评价管理尚未规范化，存在环境评价分类要求不适用、环境评价介入时机不明确、评价内容和深度不够、评价方法不完善等诸多问题。

参 考 文 献

陈祥，王敏，严永新，等，2011.泌阳凹陷陆相页岩油气成藏条件[J].石油与天然气地质，32（4）：568–576.

傅成玉，2015. 非常规油气资源勘探开发［M］. 北京：中国石化出版社.

贾承造，郑民，张永峰，2012. 中国非常规油气资源与勘探开发前景［J］. 石油勘探与开发，39（2）：129-136.

匡立春，唐勇，雷德文，等，2012. 准噶尔盆地二叠系咸化湖相云质岩致密油形成条件与勘探潜力［J］. 石油勘探与开发，39（6）：657-667.

黎茂稳，马晓潇，蒋启贵，等，2019. 北美海相页岩油形成条件、富集特征与启示［J］. 油气地质与采收率，26（1）：13-28.

刘惠民，张守鹏，王朴，等，2012. 沾化凹陷罗家地区沙三段下亚段页岩岩石学特征［J］. 油气地质与采收率，19（6）：11-15.

邱振，卢斌，施振生，等，2016. 准噶尔盆地吉木萨尔凹陷芦草沟组页岩油滞留聚集机理及资源潜力探讨［J］. 天然气地球科学，27（10）：1817-1827.

任纪舜，王作勋，陈炳蔚，1999. 从全球看中国大地构造：中国及邻区大地构造图简要说明［M］. 北京：地质出版社.

宋明水，2019. 济阳坳陷页岩油勘探实践与现状［J］. 油气地质与采收率，26（1）：1-12.

王勇，刘惠民，宋国奇，等，2017. 济阳坳陷页岩油富集要素与富集模式研究［J］. 高校地质学报，23（2）：268-276.

吴世强，唐小山，杜小娟，等，2013. 江汉盆地潜江凹陷陆相页岩油地质特征［J］. 东华理工大学学报（自然科学版），36（3）：282-286.

杨华，张文正，2005. 论鄂尔多斯盆地长7段优质油源岩在低渗透油气成藏富集中的主导作用：地质地球化学特征［J］. 地球化学，34（2）：147-154.

杨智，侯连华，林森虎，等，2018. 吉木萨尔凹陷芦草沟组致密油、页岩油地质特征与勘探潜力［J］. 中国石油勘探（4）：76-85.

姚泾利，邓秀芹，赵彦德，等，2013. 鄂尔多斯盆地延长组致密油特征［J］. 石油勘探与开发，40（2）：150-158.

支东明，唐勇，杨智峰，等，2019. 准噶尔盆地吉木萨尔凹陷陆相页岩油地质特征与聚集机理［J］. 石油与天然气地质，40（3）：524-534.

赵贤正，周立宏，蒲秀刚，等，2018. 断陷盆地洼槽聚油理论的发展与勘探实践：以渤海湾盆地沧东凹陷古近系孔店组为例［J］. 石油勘探与开发，45（6）：1092-1102.

邹才能，杨智，崔景伟，等，2013. 页岩油形成机制、地质特征及发展对策［J］. 石油勘探与开发，40（1）：14-26.

Alexandre C S, Sonnenberg S A, Sarg F J, 2011. Reservoir characterization and petrology of the Bakken formation, Elm Coulee field, Richland county, Montana［R］. AAPG Search and Discovery Article #20108.

Aplin A C, Macquaker J H S, 2010. GS20-Getting started in shales［M］. AAPG/Datapages.

Ayers W B J, 2002. Coalbed gas systems, resources, and production and a review of contrasting cases from the San Juan and Powder River basin［J］. AAPG Bulletin, 86（11）：1853-1890.

Baumgardner R W, Hamlin H S, 2014. Core-based geochemical study of mudrocks in basinal lithofacies in the Wolfberry Play, Midland basin, Texas, part Ⅱ [C]. AAPG Annual Convention and Exhibition.

Breyer J A, 2012. Shale reservoirs-Gaint resources for the 21st Century [M]. Tulsa: AAPG Memoir 97.

Breyer J A, 2016. The Eagle Ford shale-A renaissance in U.S.oil production [M]. Tulsa: AAPG Memoir 110.

Bunting P J, Breyer J A, 2012. Lithology of the Barnett shale (Mississippian), southern Fort Worth basin, Texas, Shale reservoirs [M]//Breyer J A. Shale reservoirs—Giant resources for the 21st Century. Tulsa: AAPG Memoir 97: 322–343.

Camp W, Diaz E, Wawak B, 2013. Electron microscopy of shale hydrocarbon reservoirs [M]. Tulsa: AAPG Memoir 102.

Donovan A D, Staerker T S, Gardner R M, et al, 2016. Findings from the Eagle Ford Outcrops of West Texas & implication to the subsurface of South Texas [M]//Bryer J A. The Eagle Ford shale-A renaissance in U.S. oil Production. Tulsa: AAPG Memoir 110: 301–336.

Dutton S P, Kim E M, Broadhead R F, et al, 2005. Play analysis and leading-edge oil-reservoir development methods in the Permian basin: Increased recovery through advanced technologies[J]. AAPG Bulletin, 89(5): 553–576.

Gautier D L, Dolton G L, Takahashi K I, et al, 1995. National assessment of United States oil and gas resources-results, methodology, and supporting data [M]. U.S.Geological Survey Digital Data Series DDS–30.

Grabowski G J, 1995. Organic-rich chalks and calcareous mudstones of the Upper Cretaceous Austin Chalk and Eagle Ford formation, south-central Texas, USA [M]//Katz B J. Petroleum source rocks. Berlin, Heidelberg: Springer-Verlag: 209–234.

Jackson J, Jackson K, 2008. Integrated synthesis of the Permian basin: Data and models for recovering existing and undiscovered oil resources from the largest oil-bearing basin in the US [R]. Austin: Bureau of Economic Geology the University of Texas.

Jarvie D M, 2012. Shale resource systems for oil and gas: Part 2—shale-oil resource systems [M]. AAPG Memoir 97: 89–119.

Kelmme H D, Ulmishek G F, 1991. Effective petroleum source rocks of the world: Stratigraphic distribution and controlling depositional factors [J]. AAPG Bulletin, 75 (12): 1809–1851.

Li M W, Chen Z H, Ma X X, et al, 2018. Shale oil resource potential and characteristics of the Eocene-Oligocene Shahejie, Jiyang Super-Depression, Bohai Bay basin of China [J]. International Journal of Coal Geology, 204: 130–143.

Li M W, Yao H X, Fowler M G, et al, 1998. Geochemical constraints on models for secondary petroleum migration along the Upper Devonian Rimbey-Meadowbrook reef trend in central Alberta, Canada [J]. Organic Geochemistry, 29: 163–182.

Manger K C, Woods T J, 1996. The Antrim shale, fractured gas reservoirs with immense potential [J].

AAPG Bulletin, 80: 1526-1527.

Milliken K L, Day-Stirrat R J, Papazis P K, et al, 2012. Carbonate lithologies of the Mississippian Barnett shale, Fort Worth basin, Texas [M] //Breyer J A. Shale reservoirs—Giant resources for the 21st Century. Tulsa: AAPG Memoir 97: 290-321.

Monroe R M, Breyer J A, 2012. Shale wedges and stratal architecture, Barnett shale (Mississippian), southern Fort Worth basin, Texas [M] //Breyer J A. Shale reservoirs—Giant resources for the 21st Century. Tulsa: AAPG Memoir 97: 344-367.

Pollastro R M, Roberts L N R, Cook T A, 2012. Geologic model for the assessment of technically recoverable oil in the Devonian-Mississippian Bakken formation, Williston basin [M] //Breyer J A. Shale reservoirs—Giant resources for the 21st Century. Tulsa: AAPG Memoir 97: 205-257.

Robison C R, 1997. Hydrocarbon source rock variability within the Austin Chalk and Eagle Ford shale (Upper Cretaceous), East Texas, USA [J]. International Journal of Coal Geology, 34 (3/4): 287-305.

Russum D A, Belonogov A, 2011. The emerging oil revolution in Western Canada [R]. AAPG Search and Discovery Article #80128.

Sageman B B, Murphy A E, Werne J P, et al, 2003. A tale of shales: The relative roles of production, decomposition, and dilution in the accumulation of organic-rich strata, Middle-Upper Devonian, Appalachian basin [J]. Chemical Geology, 195 (1/4): 229-273.

Schenk C J, Pollastro R M, Cook T A, et al, 2008. Assessment of undiscovered oil and gas resources of the Permian basin Province of West Texas and Southeast New Mexico 2007 [M]. Center for Integrated Data Analytics Wisconsin Science Center.

Sonnenberg S A, Weimer R J, 1993. Oil production from Niobrara formation, Silo field, Wyoming: Fracturing associated with a possible wrench fault system [J]. The Mountain Geologist, 72 (2): 38-59.

Stoakes F A, Creaney S, 1984. Sedimentology of a carbonate source rock: The Duvernay formation of Alberta Canada [M] //Eliuk L. Proceedings of the 1984 Canadian Society of Petroleum Geologists Core Conference: 132-147.

Tyson R V, Pearson T H, 1991. Modern and ancient continental shelf anoxia: An overview [M] //Tyson R V, Pearson T H. Modern and Ancient continental shelf anoxia. Geological Society Special Publication No 58: 1-27.

Zagorski W A, Wrightstone G R, Bowman D C, 2012. The Appalachian basin Marcellus gas play: Its history of development, geologic controls on production, and future potential as a world-class reservoir [M] //Breyer J A. Shale reservoirs—Giant resources for the 21st Century. Tulsa: AAPG Memoir 97: 172-200.

第五章

中国页岩油发展的战略与对策

能源安全是国家战略安全的重要基石，油气安全是国家能源安全的核心之一。2018年，中国原油对外依存度接近70%，天然气对外依存度达45.3%。党中央高度重视我国能源和石油天然气安全，2018年7月21日，习近平总书记作出了大力提升勘探开发力度，保障国家能源安全的重要指示。近年来，页岩油革命迅速兴起，页岩油已经成为世界石油增长的重要组成部分，深刻地影响着世界能源格局。2018年，美国页岩油（致密油）产量超过了常规石油产量，达到 3.29×10^8 t，占其原油总产量的59%。2019年，美国页岩油进一步增产，产量达到 3.99×10^8 t，占其原油总产量的65.2%。"十三五"后期，中国以陆相为主的页岩油勘探开发也取得了重大突破，为"十四五"页岩油产业化发展奠定了基础。在此基础上，经过大量的调研和现场实践，提出了中国页岩油发展的战略与对策。

第一节 发展思路与目标

一、发展思路

坚持政策引导、科技先行的原则。参照页岩气早期开发政策，对当前页岩油开发给予财税政策支持；科技进步是实现页岩油有效开发的关键，应早部署早行动。

坚持自主创新、开放合作的原则。借鉴北美先进经验和成果，针对我国前期勘探开发实践中面临的关键问题，开展理论研究与技术攻关，深化基础研究，加强页岩油地质工程一体化技术攻关；充分发挥国有大企业创新主体与"产学研用"相结合的机制，有效调动社会各界力量共同参与。

坚持先易后难、有序推进的原则。理论研究、技术攻关与先导试验相结合，优先选择"三高"（高TOC、高成熟度、高地层能量）层系和区带作为示范区，最终实现页岩油产业突破性发展。

二、发展目标

根据中国陆相页岩油的特殊性，分战略准备、战略突破、战略展开三个阶段实施。

战略准备（第一阶段）——"十四五"（2021—2025年）：集中科技攻关，制定相关政策，落实中高成熟度页岩油技术可采资源量 $20 \times 10^8 \sim 30 \times 10^8 t$，落实中低成熟度页岩油原位改质技术可采资源量 $30 \times 10^8 \sim 40 \times 10^8 t$；突破中高成熟度页岩油勘探开发关键技术，建立3~4个中高成熟度陆相页岩油国家级示范区；探索中低成熟度页岩油原位改质技术，建立1~2个中低成熟度陆相页岩油原位转化开采国家级试验区；全国页岩油年产量达到 $500 \times 10^4 \sim 800 \times 10^4 t$。

战略突破（第二阶段）——"十五五"（2026—2030年）：继续强化科技攻关，形成关键技术系列；落实中高成熟度页岩油技术可采资源量 $5 \times 10^8 \sim 10 \times 10^8 t$，落实中低成熟度页岩油原位转化技术可采资源量 $40 \times 10^8 \sim 50 \times 10^8 t$；建成1~2个陆相页岩油 $300 \times 10^4 t$ 国家级示范区；新建1~2个中低成熟度陆相页岩油原位转化开采国家级试验区；全国页岩油年产量达到 $1000 \times 10^4 \sim 1500 \times 10^4 t$。

战略展开（第三阶段）——"十六五"（2031—2035年）：突破中低成熟度页岩油关键技术，有效动用中低成熟度页岩油资源；落实中高成熟度页岩油技术可采资源量 $5 \times 10^8 \sim 10 \times 10^8 t$，落实中低成熟度页岩油原位转化技术可采资源量 $30 \times 10^8 \sim 40 \times 10^8 t$；新建2~3个中高成熟度陆相页岩油百万吨国家级示范区；新建1~2个中低成熟度陆相页岩油原位转化开采百万吨级国家级示范区；全面开展页岩油开发，实现全国页岩油大规模工业化生产，年产量达到 $2000 \times 10^4 t$ 以上。

第二节　发展重点区带与层系

中国陆相页岩油典型类型包括鄂尔多斯盆地延长组7段、准噶尔盆地二叠系、渤海湾盆地沙河街组—孔店组、松辽盆地白垩系、三塘湖盆地二叠系、江汉盆地古近系、四川盆地侏罗系、柴达木盆地古近系—新近系、吐哈盆地侏罗系，不同盆地与区带地质条件具有明显差异。结合每个盆地地质条件与勘探开发现状，准噶尔盆地二叠系、鄂尔多斯盆地延长组7段、松辽盆地白垩系、渤海湾盆地沙河街组—孔店组、四川盆地侏罗系和江汉盆地古近系盐间是近期和未来中国陆相页岩油最为重要的勘探开发领域。

按照 $TOC>2\%$、$S_1>2mg/g$、$S_1/TOC>100mg/g$、孔隙度$>5\%$、水平渗透率$>0.01mD$、

脆性矿物含量>60%的评价标准及高、中、低三大类成熟度指标（高成熟度，$R_o>0.9\%$；中成熟度，R_o为0.7%～0.9%；低成熟度，$R_o<0.7\%$），将页岩油资源划分为高、中、低成熟度三类资源，总体部署原则是"十四五"重点解决第一类资源，先导试验第二、第三类资源；"十五五"重点解决第二类资源，先导试验第三类资源；第三阶段重点解决第三类资源，优选4个"十亿吨级"和部分"亿吨级"技术可采储量的有利目标区开展重点规划部署，主要目标如下。

一、准噶尔盆地芦草沟组

准噶尔盆地芦草沟组页岩油为源储一体型，重点分布在吉木萨尔凹陷，页岩油总地质资源量 25.5×10^8t，有利区页岩油井控储量 11.12×10^8t，其中一类区井控储量 2.98×10^8t，二类区井控储量 6.2×10^8t，三类区井控储量 1.94×10^8t。同时，在准噶尔盆地西部风城组，也发育咸化湖盆厚层优质烃源岩，页岩油资源丰富。

"十三五"期间，中国石油新疆油田分公司在探索页岩油开发试验过程中初见成效。2016年，在吉木萨尔凹陷芦草沟组上"甜点体"开发试验实施两口水平井，探索水平井与细分切割体积压裂工艺，产量大幅提升，一年期累计产油突破万吨，平均日产油30.3～38.9t。2018年，新投产水平井7口，其中JHW035井5.5mm油嘴最大日产油116.8t，JHW036井4.5mm油嘴最大日产油75.6t。JHW033—JHW036井初产均达到设计产能25t/d要求。

第一阶段——"十四五"（2021—2025年）：根据新疆油田分公司规划部署安排，落实中高成熟度页岩油可采资源量 5×10^8～8×10^8t，上、下两个"甜点体"共部署971口水平井，其中一类区部署页岩油水平井385口，二类区部署页岩油水平井586口。到2025年，吉木萨尔凹陷芦草沟组页岩油产量达到 200×10^4t，并稳产8年（图5-1）。

第二阶段——"十五五"（2026—2030年）：针对准噶尔盆地二叠系芦草沟组白云岩，落实中高成熟度页岩油可采资源量 5×10^8～8×10^8t，预计年产量 300×10^4t。

第三阶段——"十六五"（2031—2035年）：准噶尔盆地二叠系芦草沟组页岩、云质泥岩的探索进一步向吉木萨尔凹陷西南区域扩展，同时兼顾玛湖地区风城组页岩油勘探，落实中高成熟度、中低成熟度页岩油可采资源量 10×10^8～15×10^8t，预计年产量 500×10^4t。

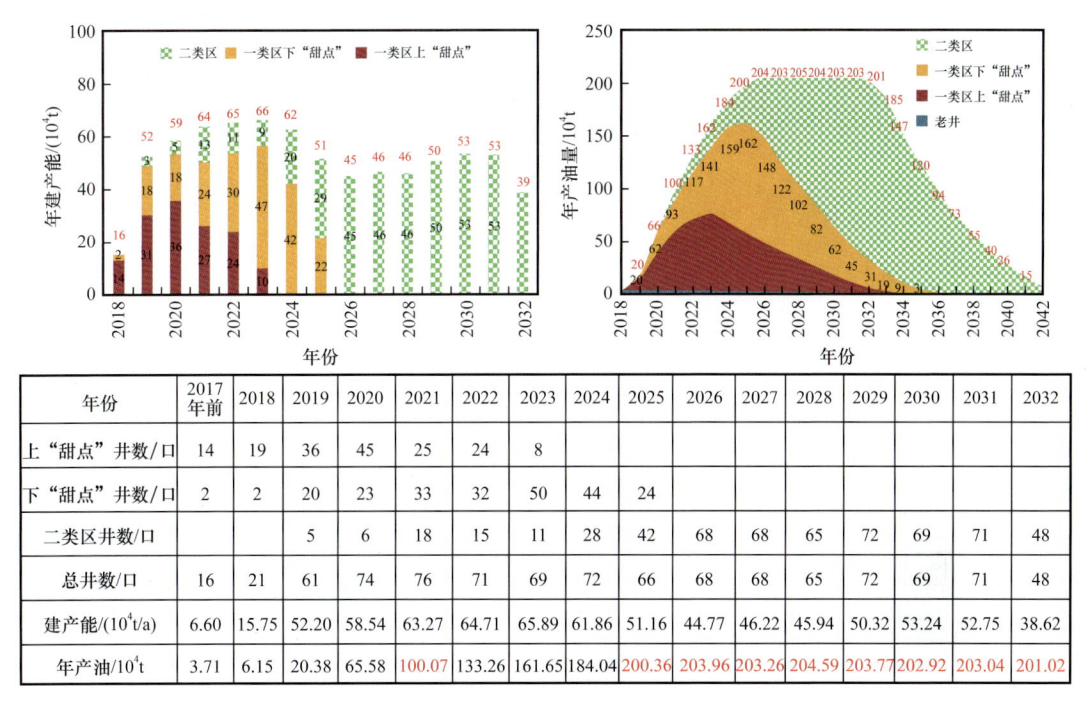

年份	2017年前	2018	2019	2020	2021	2022	2023	2024	2025	2026	2027	2028	2029	2030	2031	2032
上"甜点"井数/口	14	19	36	45	25	24	8									
下"甜点"井数/口	2	2	20	23	33	32	50	44	24							
二类区井数/口			5	6	18	15	11	28	42	68	68	65	72	69	71	48
总井数/口	16	21	61	74	76	71	69	72	66	68	68	65	72	69	71	48
建产能/(10^4t/a)	6.60	15.75	52.20	58.54	63.27	64.71	65.89	61.86	51.16	44.77	46.22	45.94	50.32	53.24	52.75	38.62
年产油/10^4t	3.71	6.15	20.38	65.58	100.07	133.26	161.65	184.04	200.36	203.96	203.26	204.59	203.77	202.92	203.04	201.02

图 5-1　新疆油田分公司准噶尔盆地芦草沟组页岩油建产方案

二、鄂尔多斯盆地长 7 段

鄂尔多斯盆地长 7 段页岩油可进一步分为源储分异型与源储一体型，总地质资源量约 135×10^8t，两种类型资源潜力与勘探策略具有一定的差异。

源储分异型岩性以致密细砂岩、粉砂岩为主。"十三五"期间，中国石油长庆油田分公司通过不断深化成藏特征和分布规律认识，持续开展以"水平井 + 体积压裂"为核心的技术攻关，建成了西 233、庄 183、宁 89、安 83 等页岩油水平井试验区，截至 2019 年，已探明石油地质储量 1.0×10^8t，三级石油地质储量 9.2×10^8t，石油地质资源量 30×10^8t（图 5-2）；建成产能 137.8×10^4t/a，年产原油 53.8×10^4t。

源储一体型岩性以黑色页岩与暗色泥岩为主，局部夹少量致密细砂岩与粉砂岩层。在近期资源评价中，以岩石热解法、石油醚抽提法、二氯甲烷萃取法获得的页岩平均可动烃（S_1）含量为依据，以 20m 以上泥页岩厚度作为计算单元，地质资源量分别为 82×10^8t、113×10^8t 和 116×10^8t，综合评价地质资源量为 105×10^8t。"甜点区"受岩相、沉积微相、有机相及热演化程度控制；利用混合水体积压裂改造技术完成试油井 29 口，获工业油流井 13 口，其中宁 148 井获 24.23t/d 高产油流（图 5-3）。

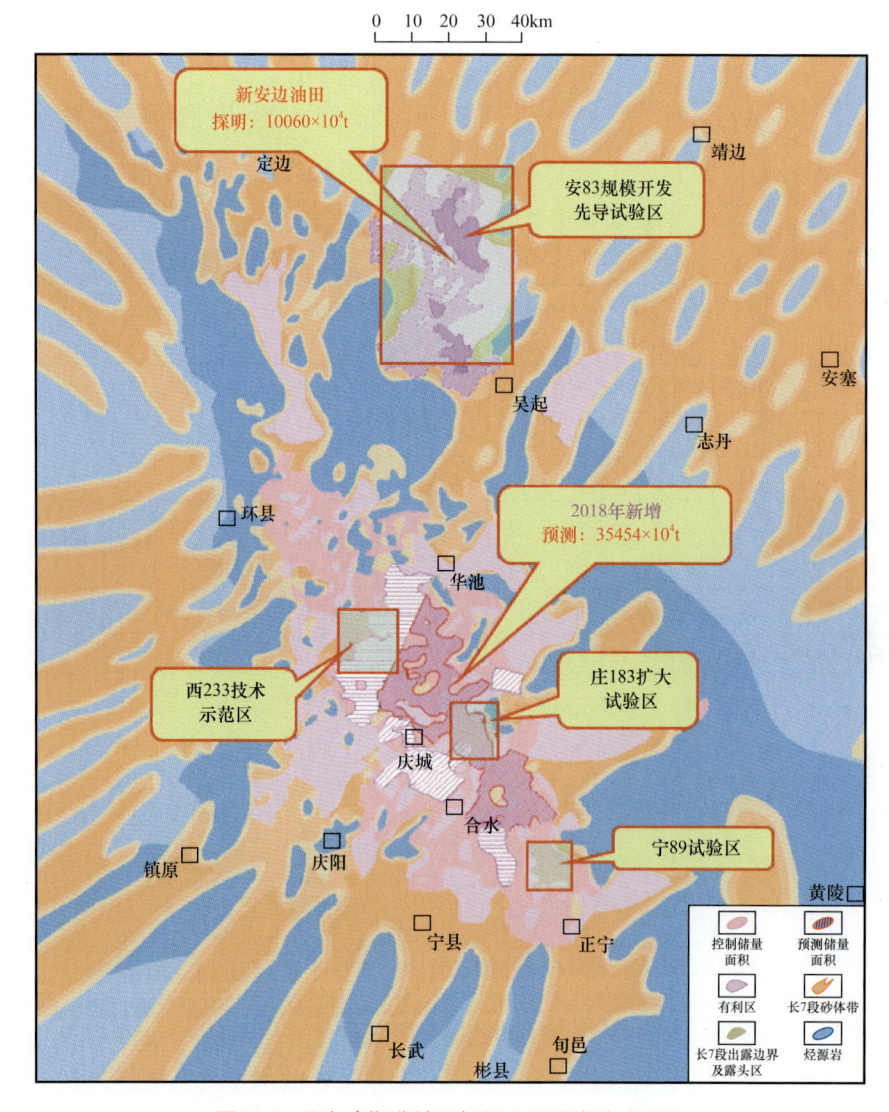

图 5-2 鄂尔多斯盆地延长组 7 段页岩油成果图

第一阶段——"十四五"（2021—2025 年）：重点针对鄂尔多斯盆地长 7_1 和长 7_2 中细砂岩与粉砂岩（源储分异型），勘探开发湖盆中心姬塬—环江—陇东地区的"甜点"区域，落实中高成熟度页岩油可采资源量 $5\times10^8\sim8\times10^8$ t，预计年产量达 $200\times10^4\sim400\times10^4$ t（根据长庆油田分公司规划，到 2025 年产量达 400×10^4 t，届时产量贡献率达 17%）。

第二阶段——"十五五"（2026—2030 年）：重点针对鄂尔多斯盆地长 7_1 和长 7_2 中相对薄层的细砂岩与粉砂岩，勘探部署湖盆中心环江—陇东地区的"甜点"区域，落实中高成熟度页岩油可采资源量 $10\times10^8\sim15\times10^8$ t，预计年产量 $300\times10^4\sim500\times10^4$ t。

图 5-3　鄂尔多斯盆地延长组 7 段源储一体型页岩油勘探成果图

第三阶段——"十六五"（2031—2035 年）：重点针对鄂尔多斯盆地长 7_3 中的泥页岩，湖盆中心姬塬—环江—陇东地区厚度较大、埋深较大，但 TOC 含量高的区域，落实中低成熟度页岩油可采资源量 $10×10^8 \sim 15×10^8 t$，预计年产量 $500×10^4 \sim 800×10^4 t$。

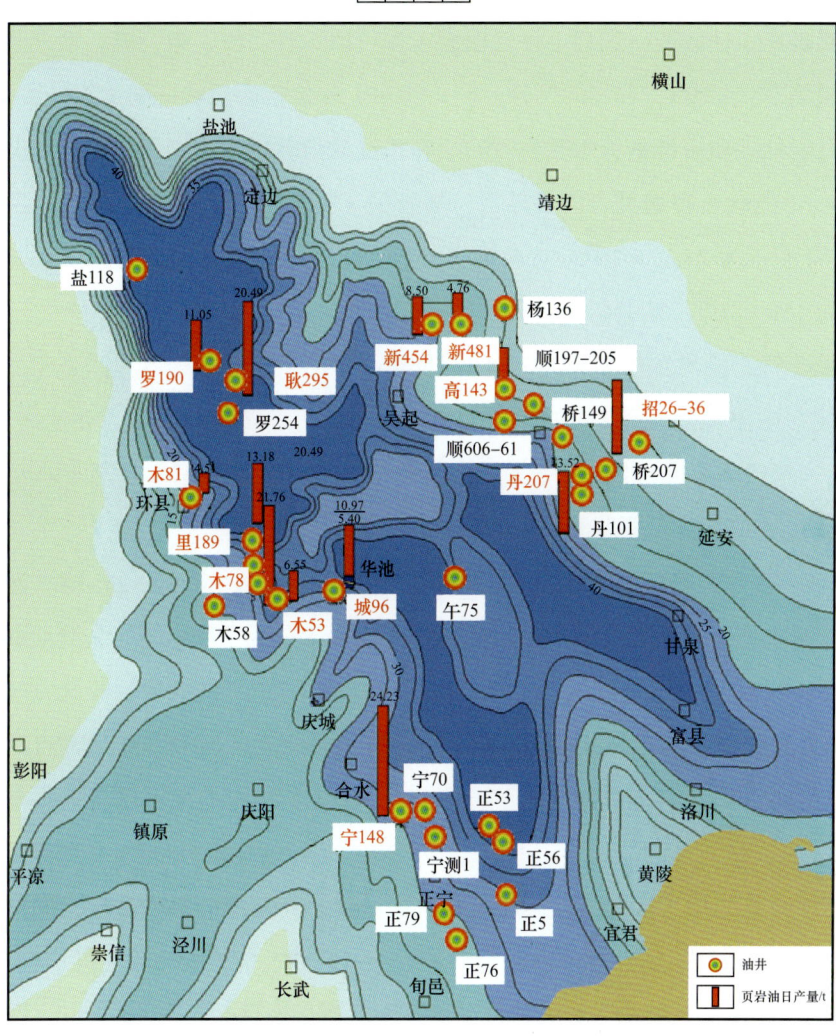

三、松辽盆地白垩系

松辽盆地白垩系页岩油资源潜力大，勘查前景广阔。国土资源部油气资源战略研究中心（2013）初步评价松辽盆地页岩油地质资源量为 $131.9×10^8 t$。中国石油大学（2013）评价松南（青一段、青二段、嫩一段、嫩二段）页岩油地质资源量为 $150×10^8 t$。东北石油大学（2013）评价松北（青一段、嫩一段、嫩二段）页岩油地质资源量为 $188.76 \times 10^8 t$。中国地质调查局（任收麦，2014）评价松南（青一段、青二段、嫩一段、嫩二段）页岩油地质资源量为 $211 \times 10^8 t$。东北油气分公司（2014）评价松南长岭凹陷（青一段、嫩一段、嫩二段）页岩油地质资源量为 $155.4 \times 10^8 t$。在松辽盆地北部大庆油田区域，青山口组勘探面积为 $2.7 \times 10^4 km^2$，普遍见含油气显示，试油 33 口，其中工业油流井 8 口，古龙青一段 TOC>2% 资源量为 $21.17 \times 10^8 t$。吉林油田分公司估算松辽盆地南部青一段页岩油远景地质资源量为 $156 \times 10^8 t$，集中在大安次凹、乾安次凹。

青一段、青二段均发育 TOC>2% 的泥页岩，平面上以齐家—古龙凹陷和三肇凹陷为主。青一段在中央坳陷区 R_o>0.75%，在齐家—古龙凹陷 R_o>1.0%，古龙地区最高 R_o 可达 2.0%；三肇凹陷东南、长垣中北部 R_o<0.75%；青二段在齐家—古龙凹陷 R_o>0.75%，凹陷低部位 R_o>1.0%，三肇凹陷中心 R_o>0.75%。

1981 年，古龙凹陷英 12 井青一段中上部首获工业油流，青一段 2033.7～2083.7m，1 层 50.0m，气举油 3.828t/d，气 441m³/d。1983—1991 年，为了探索泥岩裂缝油藏的勘探开发技术和进一步研究泥岩油藏资源的可动用性，建立了英 12 井泥岩油藏试验区，先后钻探了英 18 等 5 口井，其中英 18 井、哈 16 井获得工业油流。英 18 井日产油 1.704t，日产气 21m³，哈 16 井日产油 3.931t，日产气 606m³。1998 年在古龙地区部署古平 1 井，水平段长 1001.50m，抽汲日产油 1.51t，低产油流；2010 年用新技术对哈 18 井进行压裂，获日产 3.58t 工业油流；2012 年为探索三角洲外前缘泥页岩夹薄层砂类型储层，完钻齐平 1 井获日产 10.2t 工业油流；2017 年与沈阳地质调查中心合作，完钻松页油 1 井、松页油 2 井，在青一段试油分别日产 3.22t、4.58t，进一步证实泥页岩油具有一定勘探潜力。

第一阶段——"十四五"（2021—2025 年）：松辽盆地北部集中在古龙凹陷内部；南部集中在大安次凹、乾安次凹，落实高成熟度页岩油可采资源量 $3 \times 10^8 \sim 5 \times 10^8 t$，预计年产量大于 $100 \times 10^4 t$。

第二阶段——"十五五"（2026—2030 年）：松辽盆地北部集中在古龙凹陷内部、三肇凹陷；南部集中在大安次凹、乾安次凹。落实中高成熟度页岩油可采资源量 $5 \times 10^8 \sim 8 \times 10^8 t$，预计年产量 $200 \times 10^4 \sim 300 \times 10^4 t$。

第三阶段——"十六五"（2031—2035 年）：松辽盆地北部集中在古龙凹陷内部、三肇凹陷；南部集中在大安次凹、乾安次凹，落实中高成熟度、中低成熟度页岩油可采资源量 $8 \times 10^8 \sim 15 \times 10^8 t$，预计年产量 $300 \times 10^4 \sim 500 \times 10^4 t$。

四、渤海湾盆地沙河街组—孔店组

1. 济阳坳陷沙河街组

济阳坳陷的页岩油资源主要分布于东营凹陷和沾化凹陷中—高成熟度生烃洼陷区，即东营凹陷的利津洼陷、博兴洼陷、牛庄洼陷与沾化凹陷的渤南洼陷，主要赋存于中—高成熟生烃洼陷区的沙三下亚段、沙四上亚段两套主力烃源岩层系内。结题的国家"973"计划项目"中国东部古近系陆相页岩油富集机理与分布规律"研究结果表明，济阳坳陷沙三下亚段和沙四上亚段页岩油地质资源量为 $236.96 \times 10^8 t$，其中吸附—互溶油和可动油地质资源量分别为 $196.5 \times 10^8 t$ 和 $40.46 \times 10^8 t$。在济阳坳陷 $40.46 \times 10^8 t$ 页岩可动油资源中，东营凹陷纵向上处于 3000～3500m、3500～4000m 和 4000～4500m 深度范围的页岩可动油地质资源量分别为 $10.3 \times 10^8 t$、$8.9 \times 10^8 t$ 和 $2.6 \times 10^8 t$；在沾化凹陷，分别为 $3.8 \times 10^8 t$、$3.2 \times 10^8 t$ 和 $1.4 \times 10^8 t$；在车镇凹陷，分别为 $0.8 \times 10^8 t$、$1.2 \times 10^8 t$ 和 $2.0 \times 10^8 t$；在惠民凹陷，分别为 $0.6 \times 10^8 t$、$1.2 \times 10^8 t$ 和 $1.8 \times 10^8 t$。

济阳坳陷现今埋深大于 3000m 的沙三下亚段与沙四上亚段均处于异常高压状态，压力系数均在 1.2 以上。因此，依据 TOC>2%、S_1>2mg/g、S_1/TOC>100mg/g、孔隙度>5%、水平渗透率>0.01mD、脆性矿物含量>60% 为可动油和页岩油储层基本评价条件，同时根据有机质热成熟度和页岩油流动性分类（R_o>0.9%，对应埋藏深度大于 3500m；R_o 为 0.7%～0.9%，对应埋藏深度为 3000～3500m；R_o<0.7%，对应埋藏深度小于 3000m），来部署各个阶段页岩油勘探开发的工作重点及实现目标。

第一阶段——"十四五"（2021—2025 年）：重点开展东营凹陷、沾化凹陷高成熟度沙三下亚段和沙四上亚段页岩油有利区带的评价与优选，落实中高成熟度页岩油 $10 \times 10^8 t$ 级有利区带 1 个和技术可采储量 5×10^8～$10 \times 10^8 t$，落实中低成熟度陆相页岩油亿吨级有利区带 2～3 个，建立 1 个陆相页岩油国家级示范区，页岩油年产量达到 50×10^4～$100 \times 10^4 t$。

第二阶段——"十五五"（2026—2030 年）：落实中高成熟度页岩油技术可采资源量 5×10^8～$10 \times 10^8 t$，落实中低成熟度页岩油原位转化技术可采资源量 10×10^8～$20 \times 10^8 t$，建立 2～3 个中低成熟度陆相页岩油补充能量开采先导试验区，页岩油年产量达到 100×10^4～$300 \times 10^4 t$。

第三阶段——"十六五"（2031—2035 年）：开展中低成熟度沙三下亚段和沙四上亚

段页岩油有利区带的评价与优选，优选沙一段、东营组中低成熟度陆相页岩油亿吨级有利区带 3～5 个，落实中低成熟度页岩油技术可采资源量 20×10^8～30×10^8t，页岩油年产量达到 300×10^4～500×10^4t。

2. 渤海湾盆地中国石油探区

渤海湾盆地中国石油探区页岩油地质资源量约 22×10^8t。在辽河油田大民屯凹陷老井油层改造成效明显，老井试油 6 口，其中胜 14 井、安 95 井和沈 253 井见油层；西部凹陷雷家地区沙四段湖相碳酸盐岩勘探开发一体化攻关，预探、评价一体化，完钻井共 14 口，其中 13 口井获工业油流，在北部杜家台、高升油层上报三级储量 9592×10^4t，展现了亿吨级的储量规模。

华北油田束鹿凹陷束探 1H 井、束探 2X 井和束探 3 井试采效果好，晋 97、晋 116X、晋 98X 等多口井获得工业油流，初步估算井控石油地质储量约 4000×10^4t，展示了页岩油良好的勘探前景。

冀东油田高柳地区高 80-12 井沙三段 4 亚段，经压裂改造后，页岩油日产 0.26t，展示高柳断层以南地区的沙一段、拾场次洼斜坡带沙三段 3 亚段底—沙三段 5 亚段页岩油勘探前景。

大港油田沧东凹陷孔二段页岩油属于源储一体型（图 5-4）。采用质量含油率法初步估算，沧东凹陷孔二段页岩油地质资源量约 6.8×10^8t。歧口凹陷西南缘薄互层油页岩、湖相泥状岩、碳酸盐岩间互沉积，含油气特征明显，齐 101X1 井获得高产，证实歧口凹陷西南缘沙一下亚段页岩油勘探潜力。

第一阶段——"十四五"（2021—2025 年）：针对大港油田沧东凹陷孔二段、辽河油田大民屯凹陷沙河街组泥质云岩、白云质细砂岩、白云质泥岩，采用体积压裂技术，落实中高成熟度页岩油可采资源量 2×10^8～3×10^8t，预计年产量 30×10^4～50×10^4t。

第二阶段——"十五五"（2026—2030 年）：针对辽河油田西部凹陷曙光—曙北地区沙四段、大港油田歧口凹陷西南缘沙一下亚段开展页岩油勘探实践，落实中高、中低成熟度页岩油可采资源量 2×10^8～3×10^8t，预计年产量 40×10^4～60×10^4t。

第三阶段——"十六五"（2031—2035 年）：针对辽河油田西部凹陷和大民屯凹陷、大港油田歧口凹陷西南缘沙一下亚段、华北油田束鹿凹陷进一步开展页岩油勘探实践，落实中高成熟度页岩油可采资源量 3×10^8～5×10^8t，预计年产量 60×10^4～100×10^4t。

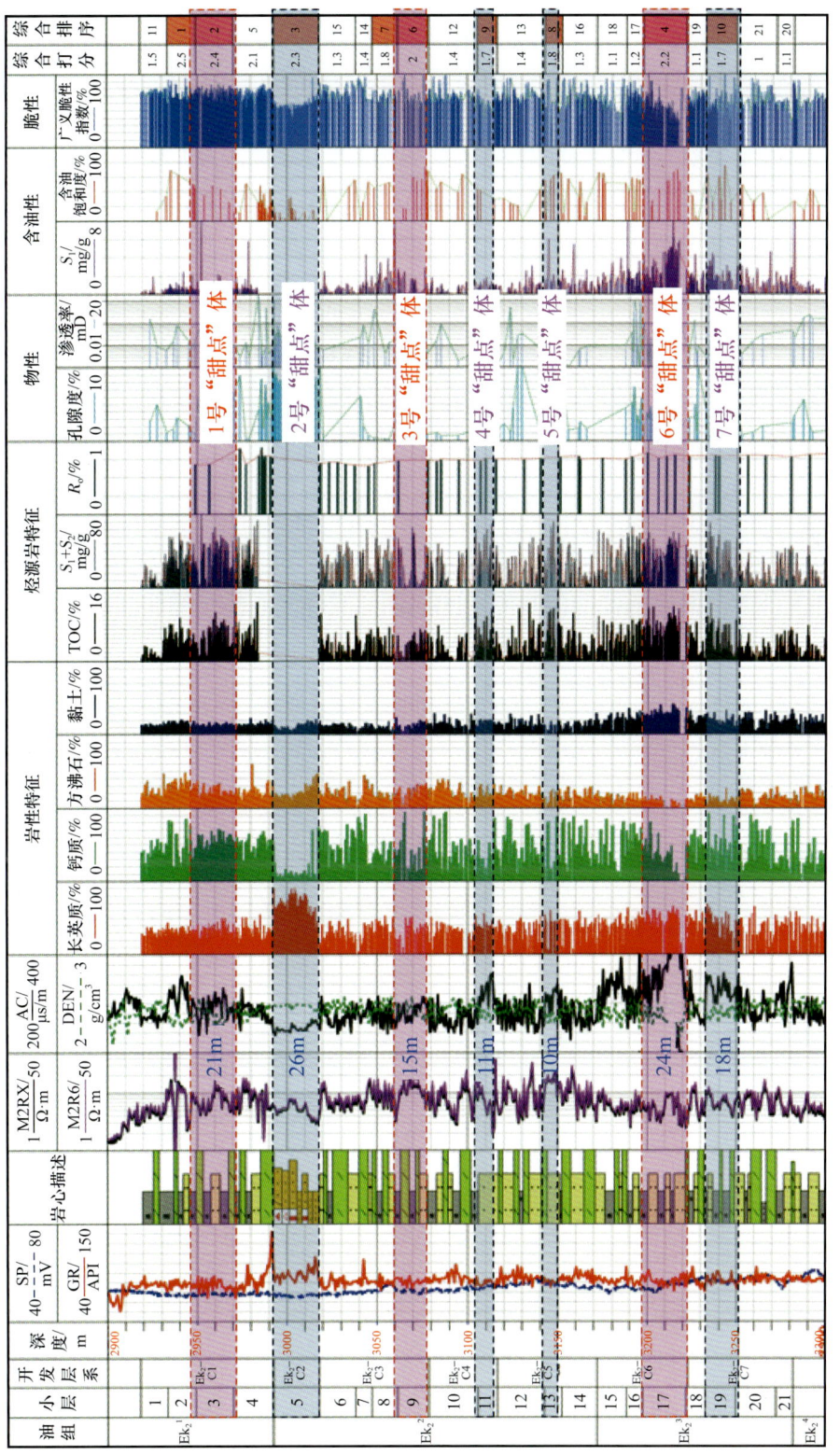

图 5-4 渤海湾盆地沧东凹陷孔二段页岩油纵向"甜点"分布图

五、江汉盆地潜江凹陷古近系和四川盆地复兴地区

江汉盆地潜江凹陷是典型盐湖盆地，潜江组纵向上发育193个盐韵律，两套盐岩层之间夹持的云质页岩地层，具有良好的烃源条件和储集条件，由于上下盐岩分隔、纵向运移条件差，形成了独特的盐间页岩油系统。目前，潜二段基本处于未成熟—低成熟阶段，潜三段处于低成熟—成熟阶段，而潜四段处于中—高成熟阶段。盆地范围内对潜 3^4—10 韵律有较多的研究工作，初步评价单韵律页岩油地质资源量为 $0.5 \times 10^8 \sim 1.2 \times 10^8 t$。2018年，通过蚌页油2井的实施，初步揭示潜四下亚段发育4套较有利勘探层，资源规模有待进一步明确。因此，从目前的勘探与钻井揭示的结果看，潜江凹陷页岩油勘探的重点层区带包括斜坡带、深洼部与背斜带，单层厚度大于8m的层系包括潜 3^4—10 韵律以及潜四下亚段 6、15、27、28、29 韵律，但存在大量尚未揭示的韵律，是潜江凹陷盐间页岩油今后勘探开发重要的潜在方向。

依据 TOC＞2%、S_1＞2mg/g、S_1/TOC＞150mg/g、孔隙度＞5%、水平渗透率＞0.01mD、脆性矿物含量＞60% 为游离油和油储基本评价条件，同时根据成熟度和流动性分三大类（高、中、低成熟度：R_o＞0.9%、R_o 为 0.7%～0.9%、R_o＜0.7%），来部署各个阶段页岩油的工作重点及实现目标。

四川盆地侏罗系自下而上发育自流井组东岳庙段、大安寨段、凉高山组3套湖相富有机质页岩，具有有机碳含量较高、热演化程度高、储集性好、压力系数高等特点。中国石化在川东复兴地区取得重要进展。涪页10HF井东岳庙段试获最高日产油17.6m³、气 $5.58 \times 10^4 m^3$。涪页8-1HF井大安寨段老井复试获日产油43.9m³、气 $1.9 \times 10^4 m^3$。泰页1HF井在凉高山组试获日产油9.8m³、气 $7.5 \times 10^4 m^3$。

第一阶段——"十四五"（2021—2025年）：按照"展开东岳庙、评价凉高山和大安寨"的思路开展复兴地区立体勘探，同时开展潜江凹陷高成熟潜 3^4—10 韵律以及潜四下亚段 6、15、27、28、29 韵律页岩油有利区带的评价与优选，优选中高成熟度陆相页岩油亿吨级有利区带1～2个；优选有利勘探目标3～4个；落实中高成熟度页岩油技术可采资源量 $1 \times 10^8 \sim 2 \times 10^8 t$，建立1个陆相页岩油国家级示范区，页岩油年产量达到 $10 \times 10^4 \sim 20 \times 10^4 t$。

第二阶段——"十五五"（2026—2030年）：重点开展四川盆地复兴地区和潜江凹陷潜4下亚段各韵律页岩油有利区带的评价与优选，开展多韵律立体开发先导试验，优选中

高成熟度陆相页岩油亿吨级有利区带 1～2 个；优选有利勘探目标 2～3 个；落实中高成熟度页岩油技术可采资源量 1×10^8～2×10^8t；页岩油年产量达到 40×10^4～60×10^4t。

第三阶段——"十六五"（2031—2035 年）：重点开展潜江凹陷多韵律立体开发规模和中低成熟韵律原位开采先导试验，落实中低成熟度陆相页岩油技术可采资源量 5×10^8～10×10^8t；页岩油年产量达到 50×10^4～100×10^4t。

第三节　勘探开发关键技术攻关

技术突破是产业发展的先决条件，水平井多分段压裂技术的突破，成为美国海相页岩油气产业发展的重要里程碑。依据对突破陆相页岩油产业瓶颈技术的需求分析和判断，按照先易后难、有序接替的原则，需递进解决中高成熟度高压区、中高成熟度常压低压区和中低成熟度陆相页岩油勘探开发关键技术问题。"十四五"期间，重点解决中高成熟度高压区页岩油的经济有效勘探开发技术问题，对该部分技术进行重点论述，其他两部分作简要论述。

一、中高成熟度高压区页岩油资源勘探开发技术

地质与油藏技术攻关：明确中国陆相页岩油有效储层分布规律、页岩油赋存机理、流动机理，建立富集高产模式；研究含油性、储集性、可动性、可压性、经济性等评价和预测方法，形成地质工程"双甜点"预测评价技术；攻关多类型陆相页岩油藏建模数模一体化技术、渗流与高效开发技术、立体井网提高采收率、CO_2 压裂及吞吐提高采收率等技术。在页岩油地质基础理论、勘探评价技术及装备、页岩油储层精细描述、页岩油流动性评价及"甜点区"识别技术等方面实现重大创新。

工程技术攻关：攻关页岩油水平井井眼轨迹高效导向钻进、页岩油丛式水平井立体开发钻井、超长水平段水平井钻井及水平段"一趟钻"、复杂地层防漏防塌安全钻井以及提高固完井质量等系列钻完井技术；开展页岩油 CO_2 复合压裂技术研究，攻关深层页岩油高导流体积压裂技术、低成本功能型驱油压裂液体系、低脆性页岩油储层高效压裂以及长水平井段经济压裂等技术。在旋转导向、长寿命井下动力钻具、长水平段井眼轨迹优化设计及控制技术以及埋深超过 3500m 页岩储层水平井分段压裂优化设计及施工技术等方面实现重大创新。

地质工程一体化提效技术：做好地质工程一体化协同设计，围绕大型丛式水平井工厂

化立体开发模式，进行技术创新和管理创新，做到"提质、提速、提效、提产"，大幅缩短钻井、压裂周期，大幅降低工程成本，提高单井产能，实现页岩油效益开发。

二、中高成熟度常压低压区页岩油资源勘探开发技术

开展立体"井工厂"优化设计及作业技术、人工改造油气藏有效渗流能力描述和评价技术、高效气体增能压裂和吞吐驱油技术、显著改善储层流动性降黏压裂技术、直井"井工厂"开发技术、重复压裂等技术攻关，在低成本压裂材料、高效化学驱油压裂液体系等方面实现重大突破，有效动用我国普遍存在的常压低压中高成熟度页岩油资源。

三、中低成熟度页岩油资源勘探开发技术

重点开展储层热能高效转换的基础性研究、加热储层物性变化规律研究、储层高效加热技术、化学法改善储层流动性技术、交叉能源复合加热技术、热能综合利用技术、耐高温低成本工具及材料以及大型"井工厂"开发技术等攻关研究，尽早突破中低成熟度页岩油原位改质关键技术，有效动用中国中低成熟度页岩油资源。

第四节　对策与建议

页岩油是石油工业可持续发展的战略接替资源，具有资源量巨大、开采技术要求高、可持续开发时间长、对能源价格和能源安全影响大等特点，通过强化国家顶层设计，保持战略稳定性、技术领先性、开发经济性、环境友好性，能够促进中国页岩油产业长期健康可持续发展。

一、提高对中国页岩油发展战略地位的认识

（1）转变中国陆相页岩油勘探开发难度大、难以有效开发的畏难观念，提高陆相页岩油大有可为的认识。

美国页岩油气也经历了上百年的艰难探索，勘探开发几上几下，过程中充满了质疑的声音、否定的声音、嘲笑的声音。在这样的环境中，虽然一些先行者失败了，退出了，但以乔治·米切尔为代表的一些坚韧的探索者最终走出了一条突破之路。美国从1821年第一口页岩气井发现，到2005年美国页岩气年产量达到$200\times10^8 m^3$，走过了184年的艰苦探索之路；2005年水平井多分段压裂技术试验成功后，仅仅用了12年时间，2017年美国

页岩气年产量达到了 $4747×10^8 m^3$，增长了 23.7 倍。美国页岩油走了相似之路，但突破更快。从 1953 年美国在巴肯区带发现第一个页岩油田，到 2007 年美国页岩油年产量达到 $110×10^4 t$，走过了 54 年的历程。2007 年，水平井多分段压裂技术在页岩油成功应用后，仅仅 10 年的时间，2017 年美国页岩油产量就超过了 $2×10^8 t$，在低油价环境下增长了 200 倍，为美国能源独立奠定了坚实的基础。

中国页岩油正走在突破的关键节点上。在油气赋存富集机理、"甜点"的区域认识上有了重大进展，在关键工程技术上有了重要认识和部分突破，在生产实践上一改"十二五"期间不成功的趋势，多个区域多口井实现了单井产能上的突破。2019 年实现了第一个 $100×10^4 t$，第一个 $1000×10^4 t$ 有望 10 年内实现。更大规模的商业开发也具备良好的物质基础。

（2）提高陆相页岩油可以成为中国东部老油区产量接替重要领域的认识。

总体来看，东部老油区拥有丰富的页岩油资源，实现页岩油商业开发可以成为振兴东部老油区的重大战略举措。

大庆油田作为东部老油田，勘探程度高，中浅层石油资源探明率达 61.5%，后备资源接替不足，上产难度大；原油生产普遍进入高含水阶段，持续高产稳产难度大。职工队伍 24.5 万人，职工家属、子女及与油田有关人口 70 余万人，占大庆市人口 60% 以上，社会责任与经济负担重，维稳压力大。

胜利油田东部探区石油资源探明率达 48.2%，勘探开发主战场济阳坳陷的资源发现程度（探明+控制）达 57.1%，已进入高勘探程度阶段，勘探目标零散、碎小、隐蔽成为新常态，后备资源接替不足，低油价下持续高产稳产难度大。职工队伍 14.5 万人，职工家属、子女及与油田有关人口近 50 余万人，社会责任与经济负担重，维稳压力大。

辽河油田探区石油资源探明率达 51.6%，新增探明储量压力大；到 2015 年已经连续 30 年保持年产 $1000×10^4 t$ 以上稳产，低油价背景下开始亏损，稳产压力大；现有员工 9.1 万人，油区职工家属及相关人员 33 万人以上，社会责任与经济负担重，维稳压力大。

大港油田探区勘探程度高，石油资源探明率达 48%，2014 年以来，受低油价影响，年产量控制在 $400×10^4 t$ 左右，尽管通过"二次勘探"在潜山内幕、斜坡带、成熟区带取得了突破，但依然面临后备资源接替不足、上产难度大的问题。职工队伍 2.6 万人，还有大量职工家属、子女及与油田有关人口，社会责任与经济负担重，维稳压力大。

东部老油田所处的松辽盆地、渤海湾盆地拥有十分丰富的陆相页岩油资源。同时作为老油区，道路管网发达、基础设施完善、技术力量雄厚、开发经验丰富、市场需求旺盛，这也是勘探开发降本增效十分关键的因素，是页岩油商业成功的几个重要组成部分。如果技术能够实现突破，页岩油资源潜力是十分巨大的。

（3）提高中西部地区在页岩油上具备增储上产巨大潜力的认识。

初步评价认为，鄂尔多斯盆地三叠系页岩油地质资源量为 42.39×10^8t，资源丰度为 1.751×10^8t/km^2；准噶尔—三塘湖盆地二叠系页岩油地质资源量为 33.16×10^8t，资源丰度为 2.41×10^8t/km^2。

调研分析表明，准噶尔盆地吉木萨尔凹陷芦草沟组是典型的页岩油储层。其勘探已取得重大进展，具备规模开发的资源基础，主要体现在以下几方面：

第一，二叠系是准噶尔盆地最主要的烃源岩，具有纵向厚度大、平面广泛分布的特征，中—下二叠统普遍发育一套湖相暗色泥质岩与云质岩互层为主的沉积，有机质丰度高，具备形成页岩油的良好区域地质背景。

第二，准噶尔盆地二叠系页岩油是典型的陆相湖盆型，形成于前陆背景的咸化（碱）湖环境，具有三源混积、生烃增压、微缝输导、源内聚集、岩相控储、组合"甜点"的典型特征，有别于美国的海相页岩油。

第三，吉木萨尔凹陷二叠系芦草沟组有上、下两个页岩油"甜点区"，内部发育微、纳米级孔喉系统，平均孔隙度在 10% 以上，平均渗透率在 0.01mD 左右，具有中低孔、特低渗特征，含油饱和度超过 70%，地层压力系数为 1.3，且脆性较好。虽然地面原油质稠、流度低，但地层原油黏度适中，资源可动用基础较好。评价认为该区页岩油相对优质资源量为 4.8×10^8t，是近期开发动用主体，其中上"甜点区"2.5×10^8t，下"甜点区"2.3×10^8t。

第四，玛湖凹陷风城组碱湖烃源岩生烃母质组成独特，具有成熟—高成熟双峰式高效生油特点，生烃能力数倍于传统湖相烃源岩，是断裂带百里油区和玛湖砾岩大油区常规油藏的主力烃源层，也是页岩油勘探重要领域。评价认为该区页岩油地质资源量约为 15×10^8t，相对优质地质资源量约为 7×10^8t。

（4）提高页岩油可能是未来全球石油行业竞争焦点的认识。

页岩油资源量巨大，美国作为先行者，已经实现了页岩油年产量大于国内的常规石油产量，随着技术发展，页岩油产量将超过美国总产量的 70%。俄罗斯、加拿大和阿根廷等其他国家从资源量上也具备这样的物质基础。一旦技术突破，页岩油可能成为未来石油产量的主要组成部分。在低油价制约了其他国家发展页岩油产业的热情和能力时，美国正呈现一枝独秀的发展态势。中国必须抓住这一重大机遇，从国家层面高度重视，积极引导，抓住重要的战略机遇期，加快发展技术，制定全球页岩油发展战略，为保障国家能源安全奠定基础。

二、加强页岩油勘探开发实验室与人才队伍建设

通过"走出去"与"请进来"相结合、科研与实践相结合的办法，加大加快人才队伍建设。加强国家重点实验室与工程中心建设，适时建立页岩油勘探开发国家实验室。组织开展页岩油勘探开发专业人才培养和技术专题培训，提升专业研究人员工作能力，建立不同层次页岩油人才库和专家库，打造一支高素质专业技术和管理人才队伍，促进产业高质量发展。

三、推进页岩油勘探开发重点示范工程建设

通过前期的研究，结合目前现场试验的进展，建议重点建设5大先导试验区，通过先行先试，积累经验，进而推广到全国，以点带面，促进产业发展。5大先导试验区分别如下：（1）准噶尔盆地吉木萨尔凹陷芦草沟组页岩油勘探开发示范工程；（2）渤海湾盆地古近系页岩油勘探开发示范工程；（3）四川盆地复兴地区页岩油勘探开发示范工程；（4）鄂尔多斯盆地三叠系页岩油勘探开发示范工程；（5）松辽盆地白垩系页岩油勘探开发示范工程。

四、制定和完善鼓励页岩油勘探开发的相关配套政策建议

1. 开展资源普查，摸清资源家底及有利开发区，建立信息共享机制

持续推进全国页岩油基础性、公益性地质调查工作，系统掌握页岩油富集盆地地质资料，查明中国陆相页岩油发育特征及富集规律，研究建立工业化的页岩油资源评价与"甜点区"评选标准，并实时开展全国新一轮页岩油资源评价工作，为国家顶层设计夯实资源基础。建立信息共享机制，在取全取准资料、分析化验、研究成果等方面实现充分共享，避免重复投入，提高研究与攻关水平。

2. 加强科技攻关，突破页岩油勘探开发关键"卡脖子"技术

由国家科技部牵头，针对中国陆相页岩油特殊性，加强页岩油勘探开发基础理论和

工程技术攻关，突出解决旋转导向、水平井高效多段压裂、页岩油原位转化及其他"卡脖子"技术装备，逐步降低页岩油开发成本。国家油气科技重大专项延续对页岩油勘探开发技术研究的支持，前沿核心技术攻关纳入国家颠覆性技术研究机制。区分中高、中低两类页岩油资源，加强页岩油国家重点实验室与研发中心建设。

3. 出台扶持政策，减免页岩油开发税费或实施财政补贴

由国家财政部牵头，参照煤层气、页岩气等非常规油气资源开发的财税扶持政策，研究减免页岩油开发增值税、企业所得税、资源税，出台页岩油开发利用财政补贴政策，免征石油特别收益金等，切实降低企业负担，推动页岩油产业顺利起步和发展。从贷款支持等金融政策着手，加大金融政策支持力度，促进页岩油勘查、开采、利用和科技创新。

4. 创新管理机制，激发各方积极性，加大页岩油勘探开发投入

由国务院国资委牵头，优化调整国家投资考核制度，明确页岩油勘探阶段投资不列入成本考核范围，降低开发阶段投资收益指标等，吸引企业投资向页岩油勘探开发倾斜；减少利润考核比重，研究建立鼓励中央石油企业加大页岩油勘探开发投入、保障国家能源安全的考核机制。引入混合所有制，吸收民营企业等社会资本和外资。鼓励地方与企业融合，促进页岩油产业健康发展。

5. 防范潜在风险，杜绝无序开发导致环境破坏及资源浪费

由自然资源部牵头，制定科学的页岩油开发相关用水、环保等标准，促进集约化生产和绿色生产，最大节约用水、用地和保护生态；同时，充分借鉴页岩气开发经验教训，科学设立企业准入门槛，防止大量不具备技术实力的企业一哄而上，造成区块闲置、财力浪费和环境破坏。

后记

在 2019 年 7 月"中国页岩油发展战略研究"咨询项目完成验收之后，根据相关院士专家建议，应在项目报告基础上总结提升编写专著。2020 年初，正当编写组筹划开展本书编写时，一场新冠疫情风暴袭击全球，人类面临着前所未有的挑战！在全球范围内，新冠疫情的大流行，不仅极大地影响着人们的日常出行与正常交流，而且深刻地影响着经济与社会发展。除中国等少数国家外，多数国家 GDP 出现了负增长。全球对能源的需求大幅下降，2020 年全球石油消费量为 40.07×10^8 t，较 2019 年减少了 3.16×10^8 t。油价也一路下跌，2020 年美国 WTI 油价为 39.32 美元 /bbl，较 2019 年减少了 17.75 美元 /bbl，甚至短时间内还出现了 WTI 负油价，开历史先河。这样一种国际形势对起步不久的中国页岩油发展无疑是雪上加霜。对此，笔者忧心忡忡，编写专著的工作也一度暂停。

幸运的是，面对这场疫情，中国政府沉着应对，有效阻止了疫情蔓延，保证了 14 亿人口大国的正常生活秩序与 GDP 的正增长。中国油气工业也保持了较好的发展态势，有效保障了国家经济发展与大众生活对油气的需求。页岩油勘探开发也在持续进行，并取得可喜的进展。我们增强了信心，看到了希望，所以，在 2021 年初，编写组又重新启动编写工作。为了真实地反映"中国页岩油发展战略研究"咨询项目的研究背景以及研究成果认识，除了对相关资料和数据作了适当的更新外，本书保留了项目报告的主要观点和认识，没有补充报告完成后到本书完成期间页岩油勘探开发的新成果和新认识。2021 年 12 月，我们完成了专著编写。然而，自 2019 年以来，在工业界、学术界的共同努力下，中国页岩油勘探开发在多个盆地相继获得突破，进入了一个新阶段。为了反映这些成果和进展，特编写后记，作补充介绍，由于篇幅所限，在这里也只能列举重点，点到为止。

2019 年 9 月 29 日，中国石油宣布在鄂尔多斯盆地庆城县内发现 10×10^8 t 级页岩油田，这是中国迄今为止发现探明储量最大的页岩油田。该项成果获 2020 年度中国地质学会评选的全国"十大地质找矿成果"。到 2021 年 6 月 20 日，庆城页岩油田已经投产油井 277 口，年产页岩油 117×10^4 t；庆城页岩油田在 2025 年产量将达到 300×10^4 t。2020 年，胜利油田在济阳坳陷沙河街组共钻探页岩油水平井2口，其中YYP1井峰值日产超100m^3，FYP1井峰值日产200m^3，6个月累计产9801.9t。2021年，胜利油田分公司济阳坳陷页岩油首批上报预测储量4.58×10^{8}t，已具备全面勘探开发条件，标志着胜利油田页岩油勘探开发取得战略突破。济阳坳陷油气资源总量因页岩油勘探开发战略突破增长40%以上。2021年中国石化华东油气分公司在苏北盆地实现了页岩油的突破，在溱潼凹陷深凹带部署了沙垛1井，压裂后初试日产油50.89t，经过200多天生产，仍稳定在每天27t，显示了断裂发育盆地仍有页岩油勘探的巨大潜力，形成了10×10^4~30×10^{4}t年产能力的页岩油区。2021年8月，大庆油田分公司部署钻探的古页油平1、英页1H、古页2HC等重点探井获日产油30m^{3}以上高产且试采稳定，其中古页油平1井见油生产超500天，累计产原油6000多吨，累计产油气近万吨油当量，实现松辽盆地陆相页岩油重大战略性突破；平面上已有43口直井出油，5口水平井获高产，2021年落实含油面积1413km^2，新增石油预测地质储量12.68×10^{8}t。大庆古龙页岩油将成为大庆百年油田建设的重要战略资源，对大庆油田可持续发展具有里程碑式意义。2021年，中国石油和中国石化同时在四川盆地川东北侏罗系多口井中获页岩油高产，页岩油勘探获得突破。至此，除塔里木盆地外，中国陆上主要产油气盆地均发现页岩油。随着上述页岩油的突破，对中国页岩油地质认识也在不断深化，地质"甜点"选择标准不断完善，储量、产量与资源潜力也在不断更新，近两年的这些变化在本书中没能得到及时反映，在这里特此加以说明。值得欣慰的是，经过2014—2017年四年的低谷期之后，在大家的共同努力下，终于迎来了页岩油发展的春天，笔者和团队成员有幸一直参与这一过程。

作为页岩油战略研究，本书更多关注的是页岩油技术进步及发展趋势分析，没有涉及过多的技术细节。笔者及其团队，在2017年承担了"国家大型油气田及煤层气开发"重大专项中的一个项目："中国典型盆地陆相页岩油勘探开发选区与目标评价（2017ZX05049）"，经过四年研究在地质评价方法与工程技术等方面取得了重要进展，概述起来有如下5个方面：（1）研制了系列基础实验仪器和装置，形成了实验方法和技术规范，大幅度提升了基础数据的准确性，为页岩油资源量计算和可动性评价等奠定了基础；（2）深化了陆相页岩油赋存富集机理认识，找到了优质资源和能够有效开发的"甜点段"，实现了勘探大突破，为国家制定页岩油发展战略提供了有效支持；（3）明确了陆相页岩油微观流动机理，定量表征了不同矿物原油吸附能力，提出了渗析置换、压注驱采的方法，为有效动用陆相页岩油提供了理论依据；（4）深化了陆相页岩油缝控压裂裂缝形态认识，提出了三维协同增效密集缝网构建方法，形成了中高成熟度页岩油井有效压裂技术，大幅度提高了页岩油井产量；(5)探索了陆相页岩油井加热及化学方法改善流动性机理，初步认识了热裂解反应规律，研制了流动性改进剂，室内验证了加热及化学方法的可行性。项目于2021年6月通过最终验收，获"优秀"评价。项目所获得的具体地质认识和工程技术方法，在本书中反映较少。大型油气田及煤层气开发重大专项实施管理办公室正在组织出版该项目系统成果。

2019—2021年，在中国多个含油气盆地，页岩油均获得突破，展示出巨大的勘探开发潜力，增强了决策者的信心。但是也应看到，实际勘探开发效果远没有达到预期。2021年，中国石油页岩油总产量$268×10^4$t，其中鄂尔多斯盆地长庆油田分公司长7段页岩油产量$186×10^4$t，准噶尔盆地吉木萨尔凹陷新疆油田分公司页岩油产量$42×10^4$t、吐哈油田分公司页岩油产量$21.3×10^4$t，渤海湾盆地大港油田分公司页岩油产量$9.5×10^4$t，松辽盆地吉林油田分公司页岩油产量$4.7×10^4$t和大庆油田分公司页岩油产量$1.5×10^4$t。只有长庆油田分公司每桶平衡油价达到55美元，降本增效是当前中国页岩油勘探开发的关键。当前还有页岩油勘探开发理论认识与工程技术方面的系列问题需要解决，诸如：致密油与页岩油的概念、垂直渗透率与水平渗透率、陆相与海相的区别、中低成熟度与中高成熟度、源储与源盖、地质与工程、选区与选"甜点"标准、基础研究与应用研究等方面还有待进一步深化。中高成熟度页岩油是我国页岩油战略突破的重点领域，也是石油稳产$2×10^8$t的压舱石。中低成熟度页岩油资源潜力大，占我国页岩油资源量的60%~70%，但这一部分资源动用难度更大，电加热原位开发从技术上是可行的，但该技术路线能耗高，经济上是否可行还需要进一步研究论证。另外，是否可以通过化学方法、超临界水等方法开采，更需要基础理论方面的研究。十分可喜的是，2018年中国石化首席专家计秉玉承担了科技部变革性技术研究计划中的项目——"稠油化学复合冷采基础研究与工业示范（2018YFA0702400）"，项目目标及核心技术指标是：(1)建立稠油分子组成分析方法，确定关键组分与现有分类方法关系，构建稠油分子模拟模型；(2)建立降黏剂靶向设计与合成方法，创建稠油冷采复合驱油体系；(3)建立模拟测试特需实验装置，测定稠油化学复合冷采物性参数，建立多相多组分数值模拟模型；(4)筛选化学复合冷采示范区，建立示范区选井原则，同时形成化学体系放大生产工艺流程。2019年中国石化高级专家苏建政承担了项目——"油页岩原位转化机理及实现方法（2019YFA0705500）"，项目目标及核心技术指标是：(1)开展热解机理研究，完成干酪根裂解的分子模拟、油页岩热解、孔裂隙结构、渗透率等实验，揭示高效传热机理，建立油页岩原位转化开采的 THMC 耦合数学模型；（2）揭示油页岩自生热加热、高温蒸汽加热、燃烧加热工艺原理，获得原位加热过程中的驱替参数，形成原位开采井网设计方案；（3）揭示油页岩与催化剂的作用机理，构建催化剂的设计方法，合成出 3~4 种一元金属基催化材料；（4）确定油页岩原位开采环境评估指标、地下水环境风险水平影响因素及影响机理等，创建热—力渗流—损伤耦合的一体化模型。这些项目研究一旦达到预期目标，将对中低成熟度页岩油开发起着重要基础支撑。当然，我们也期待"十四五"油气重大专项早日启动，并支持中低成熟度页岩油勘探开发理论技术的攻关研究。

在页岩油地质基础理论研究方面，也面临诸多难题与挑战，最主要是从当前静态描述到地质历史过程的动态恢复。笔者认为，未来陆相页岩油从勘探到开发，应聚焦陆相细粒沉积物理化学生物作用过程与陆相富有机质页岩形成机理、成岩—成烃—成储动态演化与烃类赋存富集机理、不同成岩阶段陆相页岩致裂机制与不同成熟度页岩油多相多尺度流动机理三个关键科学问题。针对上述问题，笔者获得了自然基金委 2020 年度重大项目"中国典型盆地陆相页岩油动态演化与富集机理"资助，项目的主要目标是：揭示上述三大科学问题，阐明不同页岩层系储集性、含油性、可压性与不同成熟度页岩油可动性的主控因素，建立陆相页岩油富集模式，构建页岩油选区评价方法体系，探索陆相页岩油的有效开发方式，为中国陆相页岩油规模经济勘探开发提供坚实的理论基础和技术支撑。项目由北京大学、中国石油大学（华东）、中国石化石油勘探开发研究院与中国石油勘探开发研究院联合承担。

中国页岩油资源潜力大，是我国未来石油稳产增产最现实的资源领域。然而页岩油勘探开发依然面临许多挑战，需要我们继续攻坚克难，不断科技创新，降低成本。科学技术研究无止境，永远在路上。为了中国页岩油的发展，我们累并快乐着！

作者

2021 年 12 月